首部互联网价值测度法理论著作

互联网价值衡量新型方法论

打造新一代互联网的终极秘籍

互联网价值测度

INTERNET VALUE
MEASUREMENT

明宗峰 ◎ 著

SPM 南方出版传媒 广东人民出版社

· 广州 ·

图书在版编目（CIP）数据

互联网价值测度/明宗峰著. —广州：广东人民出版社，2019. 11
ISBN 978 - 7 - 218 - 14047 - 6

Ⅰ. ①互… Ⅱ. ①明… Ⅲ. ①计算机网络—传播学—价值论—研究
Ⅳ. ①G206. 2②TP393

中国版本图书馆 CIP 数据核字（2019）第 257462 号

HULIANWANG JIAZHI CEDU
互联网价值测度

明宗峰　著

出 版 人：肖风华

责任编辑：赵世平
封面设计：张建民
责任技编：周　杰
出版发行：广东人民出版社
地　　址：广东省广州市海珠区新港西路 204 号 2 号楼（邮政编码：510300）
电　　话：(020) 85716809（总编室）
传　　真：(020) 85716872
网　　址：http：//www. gdpph. com
印　　刷：珠海市豪迈实业有限公司
开　　本：787mm×1092mm 1/16
印　　张：23. 5 字　　数：310 千
版　　次：2019 年 11 月第 1 版
印　　次：2019 年 11 月第 1 次印刷
定　　价：55. 00 元

如发现印装质量问题，影响阅读，请与出版社（020 - 85716849）联系调换。
售书热线：(020) 83796826

面对互联网，谁都不敢称自己是智者，因为互联网对我们来说，是未知远远大于已知。借助互联网，谁都能够放飞梦想，因为互联网对我们来说，是红利远远大于弊害。趋利避害，互联网将引领我们进入最好的时代；趋害避利，互联网带给我们的将是万劫不复的深渊。

青少年不但是互联网的原住民，更是推动互联网发展的原动力，还是运用互联网的力量颠覆、重构和建设新世界的源代码。如何为青少年一代的成长提供一个绿色、健康、向上、向善的互联网生态，决定着一个产业兴旺的程度，决定着一个民族繁荣的程度，也决定着一个国家富强的程度。

因此，测度互联网，就是为建设清朗网络空间提供动量参考值，就是为培养青少年成为网络时代的生力军提供晴雨表，就是为建设网络强国提供激发互联网正能量的施工图。在这三个意义上讲，没有对于互联网的科学测度，就没有对于未来民族和国家发展的科学把握，也就无法在互联网主导的新世界中培养青少年一代成为互联网的建设者和接班人。

　　作为一名长期从事网络正能量传播的网络人，我始终关注着如何才能认识互联网发展的规律，如何才能把握互联网发展的趋势，如何才能建设一个天朗气清的互联网生态的问题。明宗峰老师的新著《互联网价值测度》，无疑帮助我们打开了一扇从文化瞭望、伦理坚守、产业创造、社会治理、依法管理和资本运筹等角度深刻认知互联网发展规律的窗户。

　　互联网天生就是一种先进文化。它因时代而生，因创造而美。互联网作为先进文化美在"集细流以成江海"，美在"海内存知己，天涯若比邻"，美在"敢叫日月换新天"。同时，作为先进文化的互联网在开辟自己前进道路的时候，也呈现出双刃剑的特点。不加过滤的兼容，让落后甚至腐朽的文化掺杂其中；过快的迭代，让法治、社会适应和规制管理跟不上步伐，导致了鱼龙混杂甚至乌烟瘴气的情形。这些都从文化层面影响了互联网的先进文化价值。

　　互联网天生就是一种伟大创造。它为新时代当先锋，它为新科技做代言，它为新生代找路径，它为新产业写华章。生产力发展的标志就是生产工具的先进性，互联网是新时代最为先进的生产工具。新生代对既有生产模式的创造性打破必须突破旧有模式的习惯性约束，才能赢得未来，而互联网提供了最为直接的颠覆和挑战旧的生产模式的最佳路径。个性化、场景化和智能化生产日益成为新时代的主导，互联网为这种生产方式提供了全方位的护航。

　　互联网天生就是一种社会良治。新社会发展的杠杆就是各种向上力量的最大汇聚，互联网是融汇社会正能量的平台。因为互联网对于智慧方案在快速传递中的取舍趋同，人类命运共同体的梦想才有实现的可能。因为互联网对大数据的精准演算，人类对于美好生活的向往才能搭上数理逻辑的阶梯。还因为可以在最小损耗值域内对不同社会治理规划进行比较和虚拟实验，人类一致行动的公约数才显得更具说服力。

　　互联网天生就是一种测度理性。谁掌握了测度互联网的方法，谁就掌握了筹划未来新世界的智慧。从文化传承的角度说，互联网的正能量演化机理必须被测度。从产业创造的角度说，互联网的颠覆能力必须被测度。从依法规制的角度说，互联网的利害相权方法必须被测度。从国家创新的角度说，互联网的扶正祛邪功能必须被测度。所有的测度，都归结为一点，那就是必须让最先进的文化产生最先进的效果，让最创新的产业带来最辉煌的发展，让最群策群力的治理呈现最正向的成果。

谁掌握了互联网测度的思维和方法，谁就能成为互联网时代当之无愧的主人。这正是互联网产业界、教育界、管理界和亿万青少年最为迫切的诉求。能科学测度互联网的人，一定是能在互联网时代创造新生态的人。读了明宗峰老师的《互联网价值测度》一书，你一定会产生上述的获得感和成就感，产生面向未来的使命感和行动力。

中国少年儿童新闻出版总社常务副社长
郝向宏博士

写
在
前
面
的
话

    "测度"原本是数学领域"实变函数"中的概念，通俗地讲就是测量几何区域的尺度。这个尺度可以是长度、面积、体积，也可以是其他抽象的可测量的量。测度理论是实变函数论的基础。测度的数学定义十分抽象，作者并不打算对这一概念进行详细的数学上的描述。本书引用这一概念是取其外延意义，并将其应用于互联网领域的价值测量系统，形成虚拟经济体系的价值测量理论。

    为什么要用测度这一概念？因为在互联网领域，具有价值含量的很多对象有别于传统或实体对象，它们既看不见也摸不到。对这些对象的价值判断和量度需要综合多种因素，给出多种参量或指标，并且所使用的算法模型也与传统的度量方式不同。所以，选择测度一词是为了更准确地表达作者的意图。

    我们经常听到某某品牌的市场价值几何几何，某某网站融资估值多少多少，某某软件交易作价怎样怎样等。那么这些价值是如何计算出来的？

用户数的价值如何测量？浏览量以什么方式进行价值计量？转化率又是什么样的价值计算标准？虚拟经济世界里的这些问题几乎让每一个人都产生困惑。

互联网领域有哪些对象需要测度价值？在回答这个问题之前，我们必须先尝试理解这个最基本的问题。其实在互联网领域中，能够展现价值的对象数不胜数。比如，一个网站，一个软件，一个手机 APP，一个项目，一个方案，甚至一个正在策划中的想法。但如何测度其价值则是一件很复杂的事情，因为对每一个抽象事物的价值判断都涉及很多要素。一个网站的价值构成，除投资及品牌价值外，还包括浏览量、赢利模式、注册用户数量等指标。仅就品牌价值来说，又是另一个复杂的测度。测度的数学模型的建立也并非易事，如何利用流量、用户数、PV 或 UV 值、经营流水、利润等参数建立科学的数学评价模型，需要很强的数学功底，并对每一个参数的作用进行大数据分析，再经过不断调试或修正，才能相对合理地反映其价值量评价规律。

本书强调与互联网相关的价值测度。这种测度有正向的，也有负向的。正向价值体现在对社会进步和文明发展所起的促进作用，负向价值体现在对社会进步的阻碍作用，或者让社会在发展中所付出的成本和代价。有些价值是具体的，可以比较清晰地加以描述。有些价值则是抽象的，它的正向或负向价值需要很长的时间周期才能呈现出来，这种迟滞效应会影响许多人对上述价值的判断，尤其是文化与伦理方面的价值测度。

互联网是一个正在蓬勃发展的行业，作为虚拟经济的一部分，无论是电子商务、网络游戏、视频直播还是社交媒体，都呈现出前所未有的繁荣状态，甚至是井喷之势。随着电子支付体系的发展和完善，一些通过虚拟货币手段实现利益的互联网平台更是如鱼得水，冒出了形形色色的网络应用，将中国的互联网技术和产业推向世界前沿，成为经济世界的奇迹，并将一些超乎西方国家理解的现象标注为新世界文明中的中国速度，成为时代的象征。然而，互联网表面繁荣的背后却有着令人担忧的危机，一些看似有序的现象隐藏着不为人知的矛盾冲突，潜伏着巨大的风险。

首先是电子商务系统对传统商业的冲击所造成的巨大破坏。无论是消费者还是生产企业，都对电子商务平台有着越来越多的依赖，形成一种新的商业生态。人们不得不被动地应对形形色色的交易方式，面对大量的假冒品牌、伪劣商品和陌生关系，在精神上往往会滋生一定的阴影。这种阴影的持续扩散可能会造成一定的心理压力甚至恐惧。而一些规模较小的电商平台脆弱的服务所导致的大量投诉，也时刻检验着政府的理性和耐心。

其次是不良网络游戏的泛滥引发的大面积低龄化游戏沉迷现象及所导致的深层的社会矛盾。由于在中国的法制环境下，允许通过虚拟货币手段实现利益，这使得很多实体企业纷纷投资网络游戏，造成网络游戏行业的不良、无序竞争。很多游戏生产及运营企业仅从自身利益考虑，为追逐最大商业价值，根本无视自己应该承担的社会责任，极尽可能地利用人性弱点设置游戏规则，将人性的贪婪、自私、虚荣、好胜、攀比、嫉妒、嗜赌等特性变成绑架并摧毁玩家意志的手段和工具，从而使得无数家庭陷入困境和绝望，并给中国的教育行业造成巨大伤害。

再次是各种社交媒体及视频直播系统对人们价值观的影响和社会伦理的扭曲。一些打着为网民提供社交便利幌子的社交平台，专注于为陌生人制造社会交际机会，背地里却沦为满足人性贪欲和放纵的工具。很多社交和直播平台为了利益不择手段，对社会伦理和道德教化造成严重影响，并在客观上教唆犯罪，引导一些涉世未深的未成年人误入歧途，成为不良网络的牺牲品。

类似的问题五花八门，甚至层出不穷。多年来作者从各种角度对以上问题进行研究，试图发现这些问题得以滋生、蔓延的深层次的原因。尤其是一些与互联网文化相关的伦理问题，强烈地刺激甚至影响着人们对传统文化的判断，把人们的视线吸引到新的伦理与传统观念的差异上来。但这些差异在给我们带来很多新奇感受和利益的同时，也让我们产生了很多困惑和困扰。在虚拟世界里，人与人之间社会关系的道德要求是否遵从传统的标准？在现实世界里人与人之间的交换原则必须遵守等价交换的原则，但在由互联网所建立起来的介于虚拟与真实之间的空间范畴内，等价交换原则却遭到严重破坏，尤其是网络游戏中，游戏公司可以无限制地向玩家出售虚拟道具（需要用人民币来购买），而且可以随意定价。这些虚拟道具并不具备真正意义上的价值，因为它们只是一种可以任意复制的数字！这种在原始社会都必须遵守的交换原则，在文明高度发达的今天却被互联网下的游戏规则给破坏了，是否是合理的？法律存在的意义是什么？法律应该是保障社会公平的，但如此不公平的行为如果都被现行的法律加以保护，法律是不是有需要改善的地方？无穷无尽的问题扑面而来，密集得让人有些窒息。一些迫在眉睫的问题所引发的不良后果已经让我们无法直视。要想遏制不良后果的进一步恶化并避免管理上的失控，必须首先解决一些核心或根源上的问题。比如，虚拟物品的权属的定义，网络游戏的媒体属性，虚拟物品定价的法律基础，电子商务体系的管理规则，互联网时代网络信源的真实及权威性判断，社交平台的色情导向，新闻门户的"标题党"现象等。

　　本书的作用就是试图从学术上探究这些问题的真相及存在的物质基础，指出其生存蔓延的机制，揭露与之相关的管理上的疏漏，给出解决的思路和建议，同时呼吁各行政主管部门做出实际有效的努力。作者也希望，所有的学术讨论最终会转化成推动并促进社会文明进步的真正力量，成为不良网络受害者的福音。互联网是人类现代文明发展的标志，作为普通大众最基本的应用工具，它的每一步发展或成长无一不代表着一个阶段的技术革命，成为人类最新成果的象征。但任何新生事物的出现都同时包含积极和消极两方面的因素，体现出先进和阻碍进步的两面性。我们一方面在承认并接受其合理存在的同时，也要研究其成长发展的规律，发现其潜在的破坏因素，并对未来可能出现的不良后果提出防范和整治的建议，让所有创新的成果能够得到社会的理解与支持，使一切运营、监督和管理的手段不断走向健康发展的轨道，真正让互联网工具展现出其强大的文明发展驱动力，绽放出更加精彩的价值，使其真正服务于民，造福于民。

目 ●
录 ●

第三章 ● ● ● ●

互联网的价值判断

第四章 ● ● ● ●

互联网产业管理

第五章 ● ● ● ●

互联网巨头的战争

第一章

互联网文化与伦理

文化、教育与伦理概念的本质解读 ◎

互联网发展中的文化与伦理 ◎

第一节
文化、教育与伦理概念的本质解读

　　在人们所接触并应用的各种概念中，文化、教育、伦理、道德等可以说是司空见惯，几乎每天都会用到，常常在谈话或演说中随口提起。但是对上述概念的解释或定义则未必十分清楚。就如同数学中的某些概念一样，很多是不能加以定义的，如点、直线、平面、左、右、上、下、长度、面积、集合等。我们一提起，就可以在大脑中清晰地理解这些概念所表达的含义，但倘若要对其中任何一个概念下一个精确的定义，却十分困难，甚至完全不可能。比如，什么是点？当我们试图回答这个问题时常常陷入迷茫的状态。可以理解的东西却无法给出精准的定义，为什么会这样？因为在我们的认知世界中，一些概念是构成认知的最基本单位，它是从我们一开始对世界的感知开始，逐渐在大脑里形成的。它不加定义，也无法解释，对应于信息表达逻辑的最原始节点，是以图像方式堆积于头脑中的。它只能描述却不能定义。之所以不能定义，是因为一旦我们试图给这些概念进行定义时，就会发现定义这些概念所用的词汇比这个概念本身还要难于理解。强制性的解读在逻辑上就会陷入悖论或循环。两千多年前，古希腊数学家欧几里德曾经试图给"点"做过这样的定义，他说，"点没有部分"。首先，这算不上真正的定义，充其量只是对"点"这个概念的一种描述。其次，即便上述描述可以看成是对"点"这一概念的定义，那么该描述中所用到的词汇"部分"又是一个未加定义的概念，而且从本质上讲，"部分"这个词比"点"更加难以理解。所以试图精准地定义"点"这个概念是不可能的。

之所以不厌其烦地介绍这些原始概念，是因为在本书中所使用的一些相关概念与此有相同的属性，并非笔者的认知水平有限，而是这些概念本身就带有原始概念的特征，只可从不同角度描述，而无法精确地定义和说明。

回到开始所提出的几个概念。"文化"是我们最常用的概念之一，我们经常会说某某人有文化，某某人文化程度很高，甚至在日常生活中，我们还会谈论文化产业及文化建设，将文化视为描述社会发展的一部分。弗雷德·英格利斯所著《文化》一书中这样描述：

> 当前，"文化"是这样地流行，以至于人们在描述日常生活中最基本的细节时，不使用"文化"这个词已经是件不可能的事了。人们走进学校，能够感受"校园文化"；来到企业，可以体会"企业文化"；进入政府部门，就会遭遇"管理文化"；如果在超市购物，也会被融化在"消费文化"之中。事实上，是人们选择了"文化"这个词语，然后赋予它某些意义，这样它就构成了一个概念。在今天，"文化"这一用法指的是人们具体的生活方式。正是因为这样的"文化"的存在，人们才拥有自我的意识，并强烈地感觉到生活是如此有意义。

但到底怎么理解文化？很多人也曾尝试对文化这一概念进行定义，但很难形成统一的定义标准。百度百科中有人这样定义：文化就是地区人类的生活要素形态的统称，即衣、冠、文、物、食、住、行等。但这种定义很难让人对这一概念有个具体的理解。文化的哲学定义是：文化是相对于经济、政治而言的人类全部精神活动及其产品。文化是智慧群族的一切群族社会现象与群族内在精神的既有、传承、创造、发展的总和。它涵括了智慧群族从过去到未来的历史，是群族基于自然的基础上的所有活动内容，是群族所有物质表象与精神内在的整体。究其概念的渊源和根本，"文化"是"人文化成"一语的缩写。这句话出于《易经·贲卦·象传》："刚柔交错，天文也；文明以止，人文也。观乎天文，以察时变。观乎人文，以化成天下。"所谓文，就是指一切现象或形象。天文就是指自然现象，也就是由阴阳、刚柔、正负、雌雄等两端力量交互作用而形成的错综复杂、多姿多彩的自然世界。所谓人文，就是指自然现象经过人的认识、点化、改造、重组的活动。

由此可知，文化是一个非常广泛的概念，给它下一个严格和精确的定义是一件非常困难的事情。不少哲学家、社会学家、人类学家、历史学家和语言学家一直努力，试图从各自学科的角度来界定文化的概念。然而，迄今为止仍没有获得一个公认的、令人满意的定义。据统计，有关"文化"的各种不同的定义至少有二百多种。笼统地说，文化是一种社会现象，是人们长期创造形成的产物。同时它又是一种历史现象，是社会历史的积淀物。确切地说，文化是指一个国家或民族的历史、地理、风土人情、传统习俗、生活方式、文学艺术、行为规范、思维方式、价值观念等。

单就一个文化概念，就已经让人头昏脑涨了。我们可以忽略它的各种定义，可以无视人们从不同角度所做的概括和描述，但只要一提起文化这一概念，就在头脑中形成对它所表达或界定的对象的印象，这已经足够了，无须纠结于概念的严谨与准确。

文化经常与文明相提并论，但文明可以严格地定义。文明是指人类所创造的财富的总和，特指精神财富，如文学、艺术、教育、科学等，也指社会发展到较高阶段表现出来的状态。文明是人类的审美观念和文化现象在传承、发展、糅合和分化过程中所产生的生活方式、思维方式的总称。它是人类开始群居并出现社会分工专业化，人类社会雏形基本形成后开始出现的一种现象。它是较为丰富的物质基础上的产物，同时也是人类社会的一种基本属性，还是人类在认识世界和改造世界的过程中所逐步形成的思想观念以及不断进化的人类本性的具体体现。

笔者认为，文化也可以通过文明来加以描述，大致可以理解为文化是文明的特征表现，是标度文明的理论和逻辑。

之所以用一定的篇幅来解释这些概念，是为了在本书中对互联网领域的应用中让读者对相关理论和现象有个更清楚的判断和认识。

第二个需要解释的概念是教育。这个概念比较容易让人理解。如果将文化解释为文明的标度和表现逻辑理论，那么教育就是文化传承的手段。人类的发展离不开教育，每一个时代里教育都是社会关注的重点。如果统治者不关心教育，文化传承的效率就会大大降低，社会发展的进程就会受到阻碍，一定程度上会引起不利因素的反弹，甚至激化社会矛盾，最终导致文明的倒退。

本书频繁用到的第三个重要概念就是伦理。伦理一词在中国最早见于《礼记·乐记》："乐者，通伦理者也。"但此概念与现在所用的概念有所不同。在西方，"伦理学"一词源于希腊文"ethos"，含有风俗、习惯、气质和性格等意思。西方最早的伦理学著作是《尼各马可伦理学》，据说是由亚里士多德的儿子尼各马可根据亚里士多德的讲稿和讲话整理而成的。"伦"字从人（亻），表示与人有关；从仑，仑的本义是类、辈、序，表示人与人之间的条理、次序即人伦。"理"的本义是规律，与道理中的"理"同义。因此伦理学从字面上理解，就是研究人与人之间的排序规律的科学。但排序必须基于一定的标准，这个标准通常就是道德。从这个意义上讲，伦理是基于道德标准研究人与人之间的社会关系即排序规律的科学。中国古代对于伦理的提法有天五伦和人五伦。天五伦即天、地、君、亲、师。天为老大，排序中为第一，地为二，依次类推。人五伦即君臣、父子、夫妇、兄弟、朋友五种关系，基于道德规范，用忠、孝、悌、忍、善作为人五伦关系的准则。从排序上讲，君臣关系为最重，父子次之，夫妇再次。

因为伦理是基于道德规范来研究排序规律的，所以现实中常常以伦理来衡量人的行为。中国古代很多礼节就体现了这一要求。在北方，家中来客人，吃饭时在饭桌（通常是八仙桌）上的排位通常有一定的讲究，最尊贵或辈分最高的长者排在玄武（方位北）位右侧，次尊者居于玄武位左侧，其他按尊卑顺序各有排序规定。当然排序有时也讲求职位的高低。但无论如何，伦理关系最直观地体现了人与人之间基于某种标准下的排序关系。这种关系可以说无处不在，大到国家政治层面，小到家庭关系层面，都受伦理关系的指导和约束。比如，在国家领导人接待外宾的活动中，哪个领导先出场，哪个领导跟随其后，都必须按一定的标准进行排序。即使在就座时也必须考虑这些因素。这就是社会伦理关系的最基本表现。

西方伦理思想发源于古代希腊。公元前 12 世纪至前 8 世纪，希腊社会开始从原始氏族制向奴隶制转化，由于农业、手工业的发展和商业的出现，氏族的血缘结合与"风俗统治"，逐渐被阶级和地域的利害关系所代替。于是，探求新的行为方式和生活秩序的道德思考逐渐从一般社会意识中分化出来，并在传说、诗歌和寓言中反映出善恶、正邪、美丑以及"善人""完人"等道德观念。公元前 7 世纪至前 6 世纪，随着奴隶制城邦的形成和发展，奴隶主阶级的思想家开始探求普遍的生活法则和行为方式。"七贤"的劝善格言，特别是梭伦（约公元前 638—约前 559 年）关于中庸和幸福的思想，成为古代希腊伦理思想的开端。

西方伦理思想作为西方精神文明的一个侧面，不仅受到各个历史时代经济、政治发展状况的制约，而且受到西方文化传统和民族习俗的熏陶。虽然同样体现了奴隶主阶级、封建主阶级和资产阶级为主的伦理思想类型，但与东方伦理思想的历史类型相比，仍有它自身的特点：首先，西方伦理思想发源于古希腊奴隶制城邦的环境中。它适应当时分散、自由、独立的城邦生活方式，比较注重个人德性的完善和追求幸福的价值观，一贯坚持个人主义和自由主义倾向。在个人对社会的关系上，它强调个性自由、个人独立、人格尊严、自我实现等道德观念和伦理原则。其次，西方伦理学作为西方哲学的组成部分，主要不是规定和解释统一的伦理原则和行为规范，而是为个人主义、自由主义的道德生活提供理论的论证。无论是古代、中世纪或近现代的伦理学说，主要注意力都是放在道德理论的探讨和体系的建立上，试图使伦理学与心理学、生物学、政治学、社会学相结合，并力求上升为道德哲学。从历史发展来看，与东方伦理学之重视严格的、稳定的、大规模的规范体系不同，西方伦理学在理论论证方面见长，在规范体系方面比较薄弱。即使形成某种规范体系，除中世纪外，一般没有较长的稳定性和普遍的约束力。

以上概念作为本书普遍使用的概念，力图能够相对完整地让读者从多个角度进行理解。但由于不同的学者对上述概念有不同的解释，所以笔者极尽所能地查阅各种经典，并参照不同资料做了较为详尽的描述。这些概念对于互联网发展进程中一些社会价值形态的描述或表达有着非同寻常的意义，它不但与研究社会进步程度或文明发展成果的界定和评判有着紧密的联系，而且对于预测或描绘未来发展前景及演化规律也有着不可替代的作用。

第二节
互联网发展中的文化与伦理

互联网的发展经历了一个相对较短的过程，自 1946 年世界上第一台电子计算机诞生至今，也不过几十年的时间。在这短短的几十年里，随着计算机技术的快速发展，以计算机为网络节点的互联网应运而生。严格意义上的互联网始于 1969 年美国的阿帕网。它是美军在 ARPA（阿帕网，美国国防部研究计划署）制定的协定下，首先用于军事连接，后将美国西南部的加利福尼亚大学洛杉矶分校、斯坦福大学研究学院、加利福尼亚大学和犹他州大学的四台主要的计算机连接起来。这个协定由剑桥大学的 BBN 和 MA 执行，在 1969 年 12 月开始联机。

另一个推动 Internet 发展的广域网是 NSF 网，它最初是由美国国家科学基金会资助建设的，目的是连接全美的 5 个超级计算机中心，供 100 多所美国大学共享它们的资源。NSF 网也采用 TCP/IP 协议，且与 Internet 相连。

ARPA 网和 NSF 网最初都是为科研服务的，其主要目的是为用户提供共享大型主机的宝贵资源。随着接入主机数量的增加，越来越多的人把 Internet 作为通信和交流的工具。一些公司还陆续在 Internet 上开展商业活动。随着 Internet 的商业化，其在通信、信息检索、客户服务等方面的巨大潜力被挖掘出来，使 Internet 有了质的飞跃，并最终走向全球。

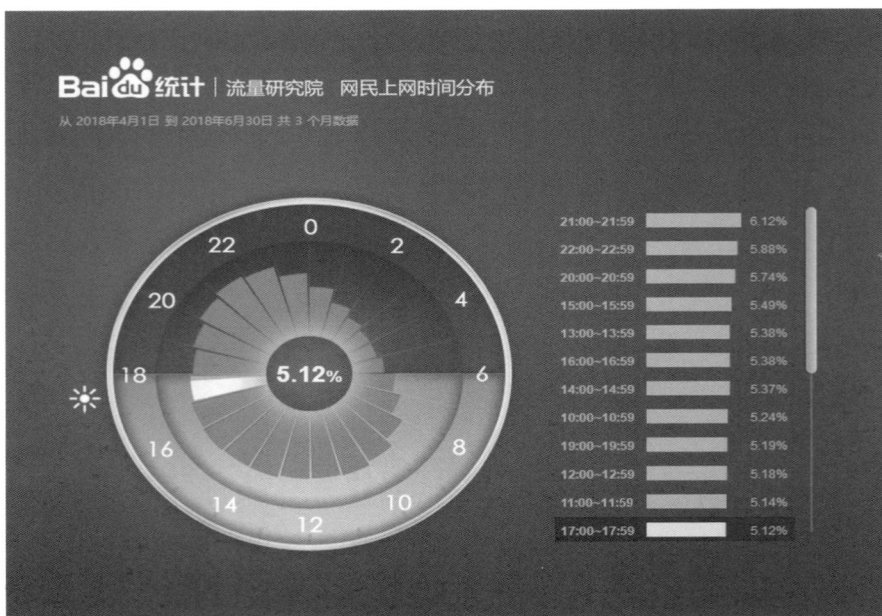

图 1-1　网民上网时间分布图

数据来源：百度统计流量研究院

互联网对社会发展所贡献出的价值不言而喻，我们的日常工作、生活和学习很大程度上依赖于互联网，可以说在今天没有互联网简直寸步难行，时时刻刻都有人通过网络进行工作、学习、交流和娱乐。据百度统计，目前人们上网的时间呈现全天候分布状态，甚至在夜间都有人泡在网上。图1-1是百度统计流量研究院给出的网民上网时间分布，数据统计结果显示的是从2018年4月1日到6月30日之间3个月的数据，基本反映了当前最新的统计结果。

而来源于同一个研究院的数据显示，上网的男女性别属性比例，男性为49.49%，女性为50.51%。上网的兴趣分布则主要集中于软件应用、影视音乐、资讯、教育培训、医疗健康、阅读、游戏等方面，如图1-2所示。

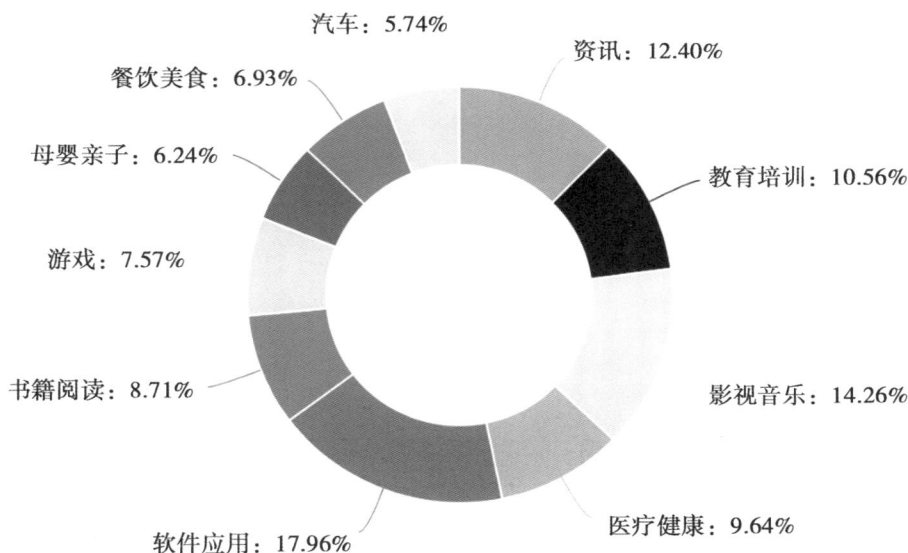

汽车：5.74%
资讯：12.40%
餐饮美食：6.93%
母婴亲子：6.24%
教育培训：10.56%
游戏：7.57%
书籍阅读：8.71%
影视音乐：14.26%
软件应用：17.96%
医疗健康：9.64%

图1-2　网民上网兴趣分布

数据来源：百度统计流量研究院

数据统计时间区间：2018年4月1日到6月30日

图 1 - 3 则清晰地显示了当前互联网用户的年龄结构。从图中可以看出，用户的年龄结构明显呈现年轻化的趋势，这与年轻人的知识结构和接受信息的能力水平有关，它在一定程度上反映了年轻人对互联网的偏好和依赖。当然，在社会群体构成中，年轻人作为创造社会财富的主力，其学习、工作、社交及娱乐方式都更多地以互联网为工具，这也是社会发展的必然。

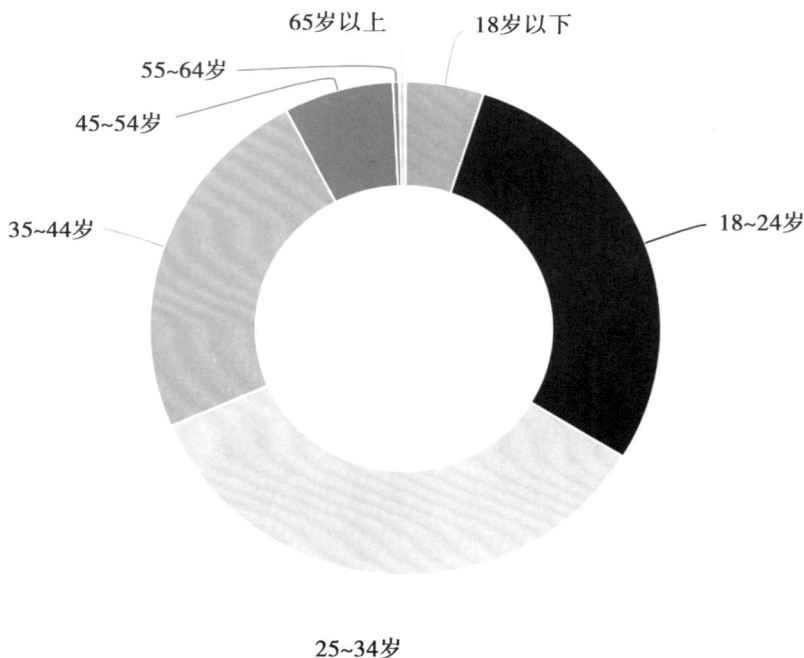

图 1 - 3　网民年龄分布图

数据来源：百度统计流量研究院

数据统计时间区间：2018 年 4 月 1 日到 6 月 30 日

另一个重要数据就是网民的地域分布。它从一定程度上体现了地域经济和文化的发展现状，也反映了地域间的互联网科技发展水平，图 1 - 4 正是这些特征的集中表现。

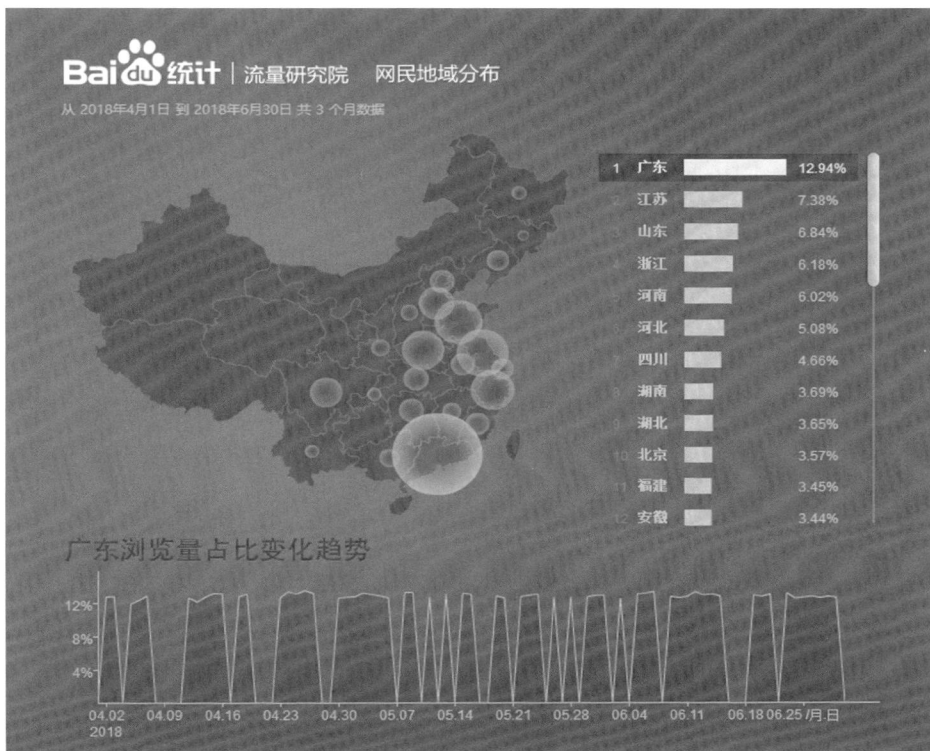

图 1-4 网民地域分布图

数据来源：百度统计流量研究院

数据统计时间区间：2018 年 4 月 1 日到 6 月 30 日

从图中可以看出，广东网民的浏览量占比在全国遥遥领先。一方面展现了广东作为中国经济强省的龙头地位不可撼动，另一方面则说明了广东的互联网经济及技术水平在全国也呈领先之势。

有时候我们还要关心网民的浏览习惯，研究其访问互联网的渠道和方式。这在大数据挖掘和应用已经广泛普及的今天，这些数据的获取已经成为研究互联网价值的重要因素。下面的数据则给出了当前网民的流量入口选择情况。根据百度统计流量研究院给出的数据，可以看出，直接访问平台和通过搜索引擎进入的用户占绝大部分。这说明越来越多的互联网用户不再依赖于导航网站和社会化媒体的引导去登录访问。这也从另一个角度反映出用户对信息获取或参与的主动性的增加。在互联网越来越普及的今天，这种变化已经充分说明互联网已经成为人们工作、生活和学习必不可少的工具，人们更愿意针对自己的需求来利用网络。

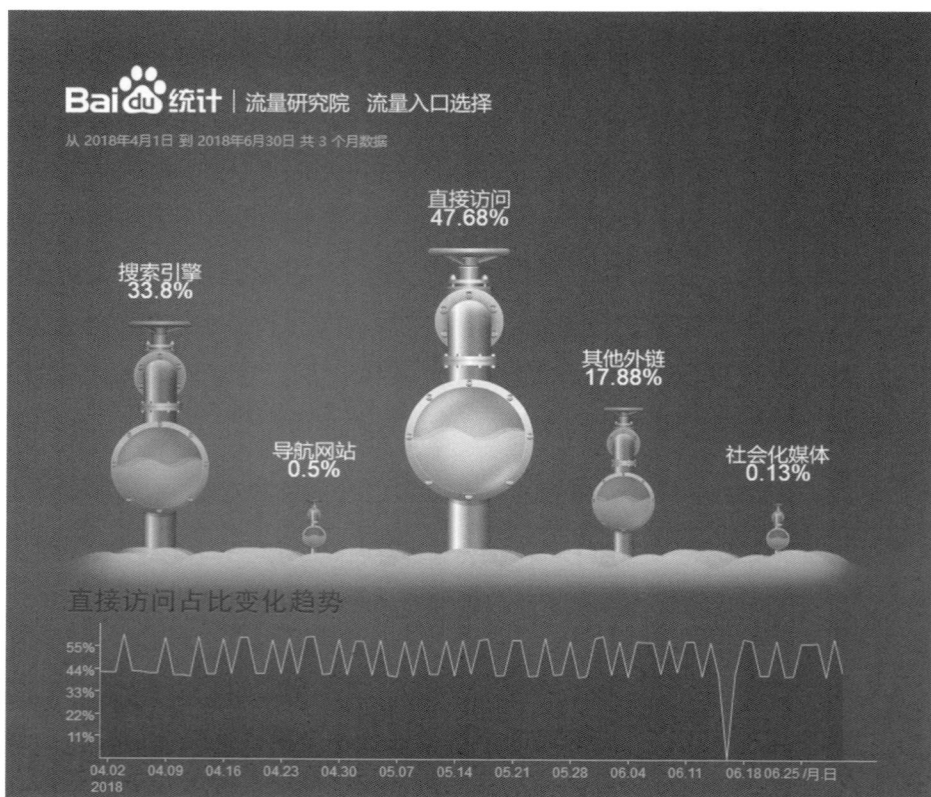

图 1 – 5　流量来源统计图

数据来源：百度统计流量研究院

注：数据来源于百度统计所覆盖的超过 150 万的站点，而不是 baidu. com 的流量数据

以上所有数据都是当前最新的统计结果，反映了当前互联网用户的整体情况。可以看出，作为基本工具的互联网已经深入到社会公众的各个阶

层，并构成了人们生活的重要组成部分。

互联网的繁荣促成了一个全新领域中特有的虚拟经济及价值体系的诞生，并催生了一系列相关的文化现象。但是，互联网在带给人们方便、改善人们的生活的同时也存在着其不可忽视的道德、伦理等问题。这些问题基于人们的道德和社会关系，一定程度上反映了人们的价值判断和认知倾向，并对问题产生的根源、现状和发展做出响应，尤其是需要理顺处理或处置这些问题时的重要程度、轻重缓急和先后顺序。因此，它在某个侧面表现为伦理问题。首先，互联网作为人们工作、生活、学习、娱乐及沟通交流的工具，必然会记录下人们的生活习惯、兴趣偏好、职业特征、收入状况及个人隐私等信息，这些信息一旦被人用做商业用途，就有可能对互联网用户造成个人权利的伤害，甚至给用户造成重大财产或其他损失。其次，互联网上的信息真假难辨、良莠不齐。网络传播与传统媒体不同，具有很大的隐蔽性，传播者处于一个极端隐蔽的地位，而普通互联网用户根本无法判断是谁在这个庞大的网络系统中进行恶意传播，这无疑在很大程度上刺激了人们在网上恶意传播虚假信息的欲望。用户如果缺乏必要的防护意识，很容易被各种虚拟信息或网络陷阱所迷惑，成为网络犯罪的牺牲品。第三，随着各种网络社交平台的快速发展，基于商业利益而建立起来的应用规则，很容易让互联网用户利用这些平台建立起网络世界里的社会关系，进而将现实中的关系映射到虚拟世界中。长此以往，就会对虚拟世界里的活动形成新的习惯，并对平台形成依赖。这种依赖或多或少地对用户的精神或心理产生影响，严重者甚至造成伤害。第四，基于各种娱乐性的网络应用，也常常会对人们的心智产生一定的影响，尤其是网络游戏和视频直播。这些娱乐性的网络平台，常常利用人性的弱点绑架互联网用户的意志，让人对其产生依赖，并通过对人性的刺激摧毁用户的心理防线。所谓玩物丧志，久而久之就会让用户跌进早已设下的消费陷阱。一些直播平台中的低俗现象也常常会对用户的价值观及世界观造成影响，甚至令其产生扭曲，对用户的心理造成危害。另外，在娱乐平台中大量的时间消耗，也给用户正常的工作、生活造成不利影响，甚至对身体造成伤害。第五，失去约束和过度自由的网络环境，常常会纵容人们对物质和精神的追求，刺激过度膨胀的欲望，甚至诱发犯罪的动机。而大量违规行为的存在在一定程度上会加剧社会矛盾的演化，增加社会的管理成本。第六，由于网络管理还存在着一定的漏洞，互联网常常会成为一些别有用心的组织或个人进行虚假宣传或者抨击对手的工具。更严重者，甚至会被一些政治势力利用，通过各种方式向其他国家灌输不同意识形态和价值观，试图动摇、控制或颠覆其政治统治。第七，由于网络可以打破时间和空间的限制，人们的群体交流和与外界的联系可以通过网络快速实现，这会导致人们的集体意识变得越来越淡薄，人与人之间的情感逐渐疏远，在现实中形成精神和情感上的孤立，对人的群体社会属性造成破坏性冲击。

总之，在网络发达的今天，人们对计算机和互联网的利用必将会渗透到社会生产和生活的各个方面。互联网发展带来的技术革命，不断改变着人们的生活方式。信息传播的速度大大提升，企业和个人对网络信息的依赖程度不断加深，信息及数据挖掘技术成为社会中创造高附加值的焦点，并通过它们刺激相关知识产业的进步和发展，甚至带动全社会的经济结构的优化调整，推动社会经济的全面进步。

计算机网络取得今天的发展成就，是人类文明进入到更高阶段的标志，它推动着人类社会向更现代化的方向发展，同时推动了知识经济时代的到来。人们通过计算机网络的连接，打破了原先在时间和空间上的阻隔，拉近了人与人之间的距离，扩大了人类生存的空间，可以说，网络给我们提供了超乎寻常的方便和成功。但是，网络也给社会带来了更多的挑战，它要求我们要以更高的层次去面对新的生活环境，同时不断地改变我们的思想和行为。我们要抓住网络时代带给我们机遇，不断努力推动人类社会向更高阶段发展。

互联网产业形态及价值测度

第一节
电子商务平台的社会价值测度

1.1   电子商务平台的正向社会价值

在互联网快速发展的今天，电子商务这一概念几乎已经根植于每一个人的内心，它甚至构成了我们生活的重要组成部分。我们无须解读电子商务所代表的具体含义，仅就社会所赋予的职能，它的存在就已经成了文明发展阶段的标志和象征。

尽管每个人可能都会对电子商务有不同的表达和理解，但其关键和核心却十分具体，它体现的是依靠电子设备和网络技术进行的商业模式。它不仅仅包括其购物的主要内涵，还包括了物流配送等附带服务。其业务体系包括电子货币交换、供应链管理、电子交易市场、网络营销、在线事务处理、电子数据交换（EDI）、存货管理和自动数据收集系统。整个过程中，利用到的信息技术也十分广泛，包括互联网、物联网、社交软件、数据库、移动通讯技术等。

从结构上看，电子商务最主要的构成要素有四个，分别是：商城、消费者、产品和物流。其业务的形成离不开以下四个方面的关系：一是交易平台。它是在电子商务活动中为交易双方或多方提供交易撮合及相关服务的信息网络系统。二是平台经营者。三是站内经营者。四是支付系统。支付系统（Payment System）是由提供支付清算服务的中介机构和实现支付指令传送及资金清算的专业技术手段共同组成，用以实现债权债务清偿及资金转移的一种金融安排，有时也称为清算系统（Clear System）。

电子商务存在价值就是可以满足消费者利用网络实现网上购物、网上支付，从而节省了客户与企业的时间和空间，大大提高了交易效率。经过多年的快速发展，电子商务已经很大程度上改变了人们的生活方式，甚至改变了很多人的消费习惯。

中国的电子商务起步相对较晚，它从1990—1993年电子数据交换时代开始，经历了雏形期、发展期、稳定期和成熟期等几个阶段，目前在全球已成领先之势。由于电子商务给社会发展带来的巨大促进效应，国家对电子商务的发展一直十分重视。2013年5月28日，国家发展改革委率先做出承诺，表示在可信交易方面，国家工商总局积极会同相关部门，推进电子商务交易主体、客体和交易过程中基础信息的规范管理和服务。质检总局也着手研究了建立电子商务交易产品基础信息的规范化管理制度，建立了基于统一产品编码体系的质量公开制度。商务部则着力推进信用监测体系的建设。在移动支付方面，中国人民银行针对移动支付快速发展的需求，研究制定了移动支付发展的具体政策，引导商业银行、各类支付机构实施移动支付的金融行业标准。在网络电子发票方面，国家税务总局也通过推进网络电子发票试点，进一步完善电子发票的管理制度和标准规范。相应地，财政部则不断完善电子快捷档案的管理制度等一系列的规章制度。同时，在商贸流通领域，商务部会同有关部门进一步完善了交易、物流配送、网络拍卖领域的电子商务应用的政策、管理制度和标准规范。可以说，国家在电子商务的发展过程中给予的政策支持完全符合新型市场发展的要求，客观上推动了中国电子商务由低起点向国际领先水平的快速转变。

研究电子商务的经济价值和社会价值就必须先了解电子商务的产业形态。根据电子商务的表现形式和目前学术界普遍的分类标准，电子商务按交易对象可以分为企业对企业的电子商务（B2B），企业对消费者的电子商务（B2C），企业对政府的电子商务（B2G），消费者对政府的电子商务（C2G），消费者对消费者的电子商务（C2C），企业、消费者、代理商三者相互转化的电子商务（ABC），以消费者为中心的全新商业模式（C2B2S），以供需方为目标的新型电子商务（P2D）等等。其中主流的电子商务为B2B 和 B2C，这两种几乎占据了当前电子商务市场的绝大部分。

电子商务的价值体系十分复杂。本书抛开电子商务本身的商业模式，重点强调其社会价值和经济价值。在信息经济时代，电子商务对经济发展的影响呈现出明显的"乘数效应"，曾经促成了我国传统经济领域的二次腾飞，为广大毕业新青年创造了大量的就业机会，为实现我国 GDP 的快速稳定增长起到至关重要的作用。可以说，电子商务正在发挥着越来越重要的基础平台作用，汇聚了海量生产信息、交易信息与消费者信息，深刻改变着消费行为、企业形态与社会价值创造方式，对我国经济的深远意义远远超过工业时代。根据电子商务研究中心最近（2018 年 6 月 26 日）发布的《2017 年度中国电子商务市场数据监测报告》，可以清晰看到电子商务系统对中国经济发展的贡献。

从市场容量和规模上看，2017 年中国电子商务交易规模为 28.66 万亿元，同比增长 24.77%。其中，B2B 交易额为 20.5 万亿元，网络零售交易额为 7.17 万亿元，生活服务电商交易额为 9986 亿元。相邻两年的数据对比很容易让我们感受到互联网电商的快速增长给人们带来的变化，它让我们联想到中国未来经济发展的趋势和潜力。另外，对这些数据的深度解读也可以让我们了解各个不同行业发展的协调性和健康状况，尤其是国家的经济改革和新型商业模式的变化对经济发展的贡献。

金额：万亿元人民币

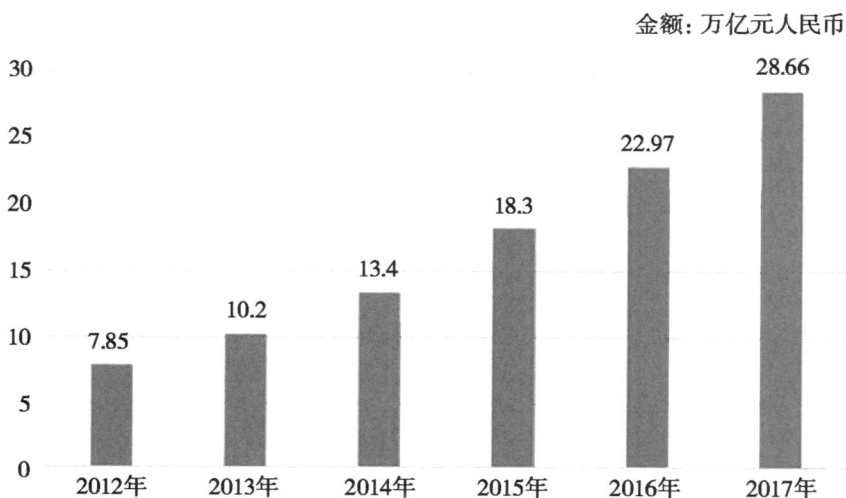

图 2 - 1　2012—2017 年中国电子商务市场交易规模

数据编制：电子商务研究中心；数据来源：www. 100EC. cn

电子商务研究中心通过对调研获得的数据进行分析，给出了以下两个方面的解读：

（1）近年来，政府围绕"互联网 +"、供给侧改革、"一带一路"推出相关政策，积极推动电商市场的发展。随着"互联网 +"行动的持续深入，电商市场向细分领域发力，农业和跨境电商成为重点领域。此外，"互联网 + 流通"和金融服务领域政策法规的出台，提升了电商市场的配套设施。

（2）由传统行业向电商行业转型的单纯线上模式，到如今线上与线下相结合的"新零售"模式，不断为市场提供新的产品服务，创造新的消费者需求，为国内电商行业的发展不断注入了新活力。

2016 年 10 月的阿里云栖大会上，阿里巴巴集团董事局主席马云在演讲中第一次提出了新零售概念，他说，"未来的十年、二十年，没有电子商务这一说，只有新零售。"这一概念的提出在业内引起了强烈的震动，随后很多人对这一概念进行了深入的思考，形成了行业内较为统一的认识，认为新零售就是企业以互联网为依托，通过运用大数据、人工智能等先进技术手段，对商品的生产、流通与销售过程进行升级改造，进而重塑业态结构与生态圈，并对线上服务、线下体验以及现代物流进行深度融合的零售新模式。

电子商务研究中心监测数据显示，截至 2017 年 12 月，中国电子商务服务企业直接从业人员（含电商平台、创业公司、服务商、电商卖家等）已经超过 330 万人，由电子商务间接带动的就业人数（含物流快递、营销、培训、网红直播等），已超过 2500 万人。

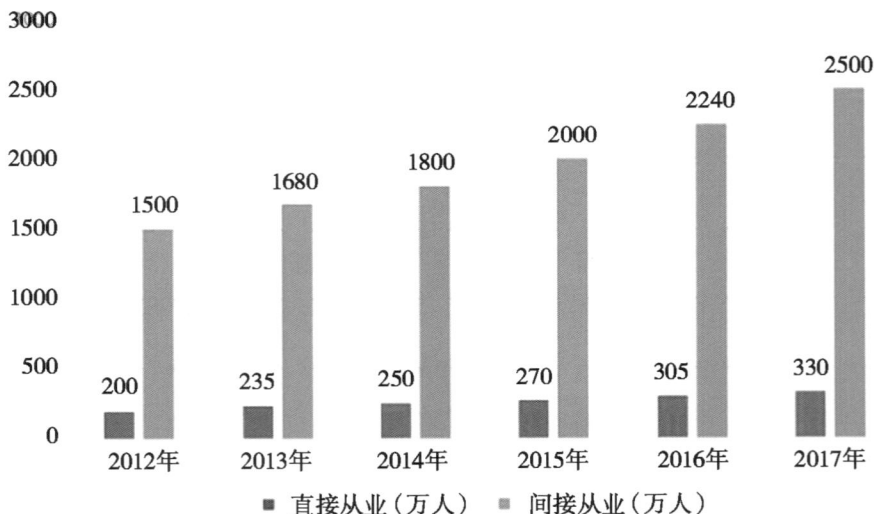

图 2-2   2012—2017 年中国电子商务服务企业从业人员

数据编制：电子商务研究中心；数据来源：www.100EC.cn

从社会学角度分析，这些数据体现的价值意义非凡。它很容易让人直观地联想到电子商务对扩大就业，促进社会稳定所发挥的作用。电子商务研究中心对这些数据进行了深入的解读：

（1）随着电子商务规模的不断扩大，各地政府大力推进电商发展，由此衍生出来的就业市场大幅增加。随之而来的客服、配送、技术等岗位供不应求。传统行业纷纷向电商转型，早期电商商家也在致力于寻求新的商业模式，由此直接为社会提供了大量的电商行业就业岗位。

（2）电商快速发展同时也带动了物流快递等行业的迅速扩张、消费者需求的增加和升级、电商平台商业模式的创新，促使物流快递等企业的创新和发展，从而间接为社会就业者提供了巨大的就业缺口。

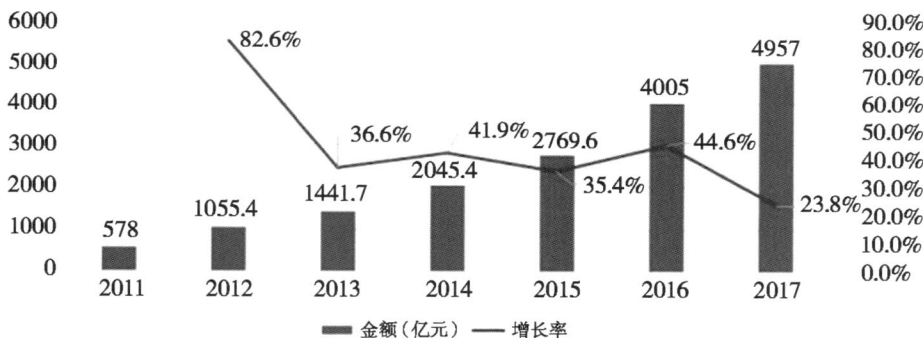

图 2 - 3 2011—2017 年中国规模以上企业营收

数据编制：电子商务研究中心；数据来源：www.100EC.cn

与电子商务密切相关的一个行业是物流行业。近年来随着电子商务的飞速发展，物流和快递行业也蓬勃发展起来。电子商务研究中心也统计了快递行业发展的情况。2017 年全国快递业务量完成 400.6 亿件。2011—2016 年，中国快递行业业务总量保持着高速增长的趋势，其中 2013 年达到增速最快，为 61.51%，2017 年增速最慢，仅为 28.07%。表明目前中国快递行业业务量增速放缓，市场容量接近触顶，行业发展趋于稳定。

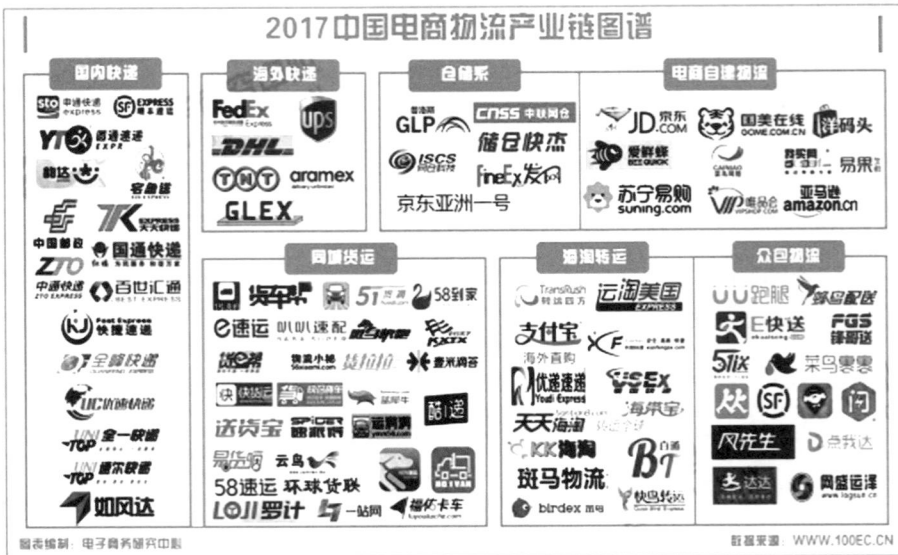

图 2−4　2017 年中国电商物流产业图谱

数据编制：电子商务研究中心；数据来源：www.100EC.cn

电子商务自诞生之日起就开始渗透并引导人们的生活，使人们迅速融入其中并开始思维创新，由此派生出了很多市场机会和商业模式。据电子商务研究中心研究表明，电商物流衍生出多种业态，并朝着多元化、智能化、开放化、国际化方向发展。

（1）一批快递企业迅速崛起，其中较为典型的代表有：顺丰、申通、圆通、韵达、汇通、中通、宅急送、全峰、天天快递、优速快递等。

（2）一些电商企业直接开展物流业务，这些企业包括：京东、苏宁、亚马逊、唯品会、1 号店、国美在线、当当网等。

（3）由阿里巴巴集团牵头成立的菜鸟网络异军突起，试图通过强大的资本力量和不同特色的企业联合来打造遍布全国的开放式、社会化物流基础设施。

（4）众包物流模式受到青睐。这种模式因为能够降低快递平台的运营成本并且提高了寄送快递的效率，所以很多企业纷纷加入到众包模式的行列，这些企业包括：京东众包、人人快送、饿了么"蜂鸟"、美团众包、我快到、51 送、闪送、UU 跑腿、锋哥送等。

（5）以货拉拉为代表的城配货运 O2O 平台如雨后春笋般出现并快速壮大，这些企业主要包括：1 号货的、云鸟配送、罗计物流、蓝犀牛、速派得、满帮集团（货车帮、运满满）、货拉拉、福佑卡车、斑马快跑、卡行天下、叭叭速配、酷 i 递、壹米滴答等。

以上这些数据充分反映了电子商务在中国当今社会经济发展中的作用和价值。宏观上，它在一定程度上改变了社会经济结构的形态，推动了国家产业发展的政策性调整，促进了社会的真正发展。社会层面上，电子商务系统改变了人们的日常购物及消费习惯，提高了商品流通的速度，为社会成员节省了大量的购物时间。物流的发展又促进了社会保障和服务业的进步，并一定程度上为一部分社会人员增加了就业的机会。与之相关的电子支付系统的发展，则彻底改变了人们的支付方式，使社会倾向于无现金支付模式演变，而且这种无现金模式客观上也降低了社会的金融服务成本，推动了国家金融服务机构效能和服务质量的进一步提高。

1.2　电子商务平台的负向社会价值

电子商务在推动社会进步、促进经济繁荣的同时，也给社会带来了一系列问题。随着互联网技术和社会环境的变化，由于管理制度、政策和管理模式上的滞后，一些新的困难和挑战不断呈现出来，甚至在一定程度上演化为新形势下的社会矛盾。而且电子商务本身也会因为网络技术、管理政策、市场环境、服务质量、人才结构、资金需求等因素存在诸多不可回避的困难，这些困难在一定程度上破坏了传统模式已经固化了的秩序，加大了社会管理的成本和风险。仅就中国在电子商务发展过程中遇到的问题，就比一般发达国家多得多，不仅需要解决 EDI 商务由封闭到开放的转变问题、因特网商务中大宗交易的保密和安全问题，以及电子纳税及其管理等问题，而且还要解决一系列特有的问题：

一是金融服务质量问题。电子商务中的结算系统，需要高效的金融服务及其电子化的配合，在全球经济一体化的形势下，如何快速完成不同货币体系的结算，突破国与国之间的贸易壁垒和贸易保护，如何规避政治安全因素的影响等，都需要国家层面的金融机构提供高效且高质量的服务。

二是网络信息环境安全问题。电子商务系统最基本的要求就是首先必须具有一个安全、可靠的通信网络，以保证交易信息安全、迅速地传递；其次必须保证数据库服务器绝对安全，防止黑客闯入网络盗取信息。这对于一般的电子商务运营商或服务商来说，是一个巨大的挑战。

三是支付信用问题。目前电子商务第三方支付平台有很多，除支付宝、微信支付这种比较大的支付平台之外，还存在着 PayPal（易趣公司产品）、易宝支付（Yeepay）、快钱（99bill）、百付宝（百度 C2C）、网易宝（网易旗下）、环迅支付、汇付天下等支付渠道。这些第三方支付平台承载了互联网电商商家和消费用户的信用依赖。用户对这些支付工具选择信任的时候，就意味着将自己在现实中的劳动凭证与一个陌生关系做了赌注。一旦这些支付平台出了问题，就会引起非常严重的社会信用危机，不但会造成金融秩序的破坏，甚至还会引发严重的社会矛盾。

四是服务保障问题。这里说的服务保障，除电子商务平台的技术服务之外，还包括客服系统、物流系统及相关的投诉及反馈等其他问题。电子商务作为互联网时代的新型商业模式或商业形态，其发展之迅猛，远远超出了人们当初的预期和判断。但电商各个环节的相互匹配以及基于外部环境的要求对各个要素间的适应性调整，都必须与互联网技术的发展同步，否则就会导致新的问题。据电子商务消费纠纷调解平台监测数据，在所有物流企业的投诉中，排在前十名的企业和投诉占比为：海带宝22.50%、转运四方15.63%、快鸟转运7.50%、天天快递6.88%、百世快递6.88%、天马迅达4.38%、申通快递4.38%、顺丰速运3.75%、韵达速递3.14%、百通物流3.13%。上述物流企业成为"2017年度全国TOP10热点被投诉物流快递服务企业"。

对上述数据进行分析解读，并结合行业发展实际追踪原因，发现：①海淘转运服务企业存在问题较多，海带宝、转运四方、快鸟转运、天马迅达四家投诉占比过半，达50.01%，存在的主要问题为丢件破损难获赔偿、转运速度慢、收费乱、客户服务差等。②服务质量成为快递行业最受关注的问题，包括天天快递、百世快递、申通快递、顺丰速运、韵达速递、百通物流在内的国内民营快递服务企业的主要问题为配送慢、商品破损维权难等。

结合法律和社会伦理，电子商务的负向价值测度尤其重要，它涉及公众对服务行业的信任，容易滋生不良社会情绪，因此很多问题都必须引起重视。另外，由于负向价值的表现容易反映出行业运行状态的健康状况，所以基于对行业运行状态的健康诊断和社会稳定的基础性预测及判断就可以通过负向价值分析来实现。从法律的层面看，由于制度和管理上的滞后，一些法律规定和管理办法在一定时期内可能会存在漏洞，出现监管的真空。比如，对电子商务领域税收的规定和监管办法，对假冒和伪劣产品的流通监督程序，对商品退货方面的标准性规定等。从社会伦理角度来看，电子商务存在的问题表现出更突出。具体表现为：

1. 对利益的过分追逐和平台质量监管程序的缺失所导致的假冒伪劣商品泛滥和违禁物品丛生

2016年，国家工商总局、中国消费者协会两次对网络交易平台上销售的商品进行了质量检测。抽查的9个电商平台中7个在卖假冒或质量不合格商品，问题率约为77.8%，销售非正品的网站涉及京东、淘宝、天猫、1

号店、中关村电子商城等。其中淘宝网售假情况最为严重。监测结果显示，淘宝网分布样本数量最多，但其正品率最低，51件样品中有32件非正品。最让人感到痛心的是，当前农村市场正在成为不良电商侵害的重点区域。在这次定向监测中，化肥农资产品的非正品最多，在购买的15个化肥农资产品中有12个是非正品。一家销售著名品牌史丹利牌化肥的淘宝店铺，宣称已获得公司授权，卖的都是正品。而据监测，这个所谓的专卖店其实也是在卖假货。

专家指出，化肥并非一般意义的消费品，作为农业中重要的生产资料，它关乎农民的收入和国家粮食生产的安全。如果假货流通规模过大，80%以上的非正品率就将成为影响粮食、蔬菜等农产品供应安全的大事。假化肥的普遍使用，就会对土壤质量、种子、作物产量带来严重危害。

2017年7月24日，《新京报》曝光了一桩惊天海淘平台造假大案，国内所有大型海淘平台，几乎全部上榜！原来那些年我们买到的所谓海淘产品，竟然全部都是中国的山寨货！淘宝网的非正品比例高得吓人，已经远远超出了一般性认知。如果说平台上仅有20%的非正品也还说得过去，但高达62.75%的非正品比例，不仅惊呆了一般消费者，就连淘宝网假货的长期批评者们也大感意外。更早之前，淘宝还把称其为假货集散地的批评者告上法庭，但如此打脸的结果恐怕连平台的经营者本身都始料未及。

当然，非正品不完全等同于一般意义上的假货。国家工商总局定向监测给出了非正品的定义：假冒伪劣产品、翻新产品、非授权正规渠道、含量与宣传不符产品、无3C认证、非中国大陆地区官方正品、不符合《消费品使用说明化妆品通用标签》要求的产品等。但非正品又不同于真品，因为商品流通不容存在灰色定义，将非正品统称为假货也没什么错。在这方面最好的例子是印度仿制抗癌药，疗效与正品无差别，售价为正品的1/10，但因为中国法律不对仿制药开口子，因此从印度购买仿制药回来出售，以出售假药论处，已经有几个人因此入狱了。前一阶段热播的电影《我不是药神》就是对这一事件的真实演绎。

京东号称以打造无假货电商平台著称。在京东全球购平台上，仅进口蜂胶产品种类多达上千种，价格从50到200元不等。但深谙蜂胶市场的吕泽田透露，京东上的进口蜂胶，99.5%的产品属于非法进口或假冒进口产品，几乎没有真正的进口产品。吕泽田认为，中国的蜂胶原料自给都不够用，不可能用来出口，中国不仅不出口蜂胶原料，每年还从巴西进口约50吨蜂胶原料。而澳大利亚当地的法律是禁止蜂胶和蜂胶原料进口的。澳大利亚的所谓蜂胶原料，实际上全部是从中国以"树脂"名义出口的杨树胶。那些进口蜂胶已不是掺假问题，而是压根就没有蜂胶。可见整个蜂胶市场的假冒伪劣之滥。另外，吕泽田称所作报告并未统计天猫平台上的进口蜂胶数量。但是天猫平台上的假蜂胶情况和京东一样严峻，大部分品牌在京东和天猫上同步销售。

在所有的电商平台中，拼多多可以称得上是一个现象级的存在。它的创始人黄峥是一个"80后"，他用他的激情与智慧在短短几年间就造就了一个新的电商平台，甚至成了电子商务领域中的耀眼明星。拼多多自成立至今，也只有四年的时间。在这四年里，拼多多借助于微信的社交力量，以对价格敏感的用户为突破对象，通过分享、砍价、拼团、发红包等方式拼命地狂吸用户，这种在别人眼里的剑走偏锋却促成了平台的野蛮生长。时至今日，拼多多官方宣布，其用户规模已经突破3亿。据新浪财经报道，2018年7月26日上午，拼多多在纽约、上海两地同时举行敲钟仪式，正式登陆美股市场，发行价定在每股19美元，股票代码"PDD"，首日开盘价即达到26.5美元，涨幅近40%，市值一度接近300亿美元。这家仅成立了3年的初创公司一夜之间被视为将挑战阿里、京东电商地位的明日之子，创始人黄峥一跃成为中国内地富豪榜前三十名。

然而这光鲜的背后却有着另外不和谐的声音。有人讲拼多多在美上市，其实是一个荒唐的笑话，是飞蛾扑火自寻灭亡之路。这种声音随着今日头条和各大新闻网站关于拼多多销售假冒伪劣商品的报道而迅速蔓延，最终演变成一场空前的网络围观。

其实，在 2018 年 6 月 8 日，一则消息就已经引起了很多人的关注。全国"扫黄打非"办公室官方微博表示：近日，根据群众举报和媒体报道，全国"扫黄打非"办公室对"拼多多"平台涉嫌违法违规问题进行了深入核查，相关线索已移交有关地方进行查处。全国"扫黄打非"办公室将持续对案件查处情况予以关注。2018 年 6 月 6 日，《法制晚报》报道称，拼多多上有多款涉黄涉暴甚至违法的商品。记者调查发现，拼多多上出现的违规商品可以说不计其数。比如伪基站类商品，一家名为"SSRP 主板设备"的店铺介绍，其所售的"4G 短信 SSRP 基站设备"价格为 4500 元，"是 2017 年最新营销利器、定点短信设备，可选择任意地点，直径 1000 米以内免费群发广告短信"。除此之外，涉嫌违规的商品还包括可提供加工服务的开刃刀、可定制的摩托车假车牌……

而真正引起全国"扫黄打非"办公室关注的是打出"幼女"噱头的充气娃娃商品。有成人用品店商家以"幼女"作为噱头贩卖成人娃娃，其中很多娃娃商品还用了女童的面孔。同时，还有商家销售"催情水"，据说系统还会以此推荐"迷幻剂""失身酒"等相关关键词。在以"成人娃娃"为关键词搜索出来的列表中，还有不少用女明星的名字来做宣传的商品。

拼多多所引发的后果引起了多方面的关注，但让人不解的是，拼多多并没有从完善平台规则入手来解决上述问题，而是以非常简单粗暴的方法来应对一切投诉。拼多多在处理与商家的关系方面也存在很多问题。对于投诉较多的商家，拼多多开创了不一样的方法，那就是冻结货款！这种粗暴的处理方式，导致了很多商家的反弹，引发了一系列的社会事件。

图 2 - 5　拼多多商家与平台的争端

　　电商平台的另一个让人担忧的问题，就是对违禁物品市场化的纵容。因为缺乏有效的监管，除销售假冒伪劣商品之外，一些不法分子甚至借助于电商平台公然兜售违禁物品。这些违禁物品包括管制刀具、枪械、珍稀动植物、文物、化学化工制品，甚至毒品。他们销售违禁物品的手段也十分高明，他们在电商平台所开设的店铺中，并没有什么经营异常，销售的物品通常就是一些普通的商品，表面上看不出有任何违禁物品的痕迹，然而细心的买家可以透过商品图片的特殊标注发现端倪。曾经有一些通过电商平台贩卖毒品的不法之徒，他们为掩人耳目，常常在所销售的服装图片上打上一个带"烟"字的标志。这种约定相当于一个地下暗号，卖家看到这种标志就会心领神会，传统的电商及物流由此就变成了不法分子犯罪的舞台。2018 年 7 月，电视及今日头条等媒体报道了一个陕西 21 岁女孩网购毒蛇当宠物被咬伤致死的事件，这一事件一经报道便震惊了社会，人们发现原来这些危险的东西也是可以网购的，这让很多人感到恐慌，而一些邮包炸弹则让更多人闻之色变。

图 2 - 6   陕西渭南 21 岁女孩琪琪网购的银环蛇

2. 对传统商业模式造成了严重冲击

电子商务的快速发展，一度改变了人们的消费习惯，并对传统商业造成了冲击。关于电商的发展对传统零售行业造成的影响，从一些大型商场的客流量的变化就可见一斑。在电商还没有繁荣之前，每逢节假日或下班时间，一些商场可谓人流如织，甚至人山人海。那种场面让人真正理解了商场对于商品流通的重要作用。很难想象，如果没有商场，人们的生活会发生什么变化。一些中小商铺的兴盛也见证了经济的发展并记录了人们生活质量的改善。然而，随着互联网的兴起，国内以阿里巴巴为首的电商平台异军突起，很快影响了人们的购物习惯。人们足不出户只需动一下鼠标或敲击一下键盘，就可以享受到购物的便利，甚至从中获得另一种不同寻常的乐趣。这种感受通过广告或人与人之间的影响迅速地扩散，在极短的时间内就成了一种时尚和潮流。不懂网购在一定程度上被认为是一种落伍的表现，大有被时代抛弃的感觉。

然而，这种现象的蔓延客观上所导致的后果却让人不忍直视。首先是一些传统的店铺感觉到了巨大的竞争压力，原本作为商业机密的商品价格在各种电商平台上变得十分透明，商家面对消费者已经没有了议价的空间。一些精明的消费者纷纷通过与电商价格比较来与商家进行讨价还价，当两者相差过大时，消费者往往会放弃与店家成交而直接选择网购。这对于顾客流量越来越少的店铺无异于雪上加霜。一些店铺随着成本的增加和利润的减少，纷纷选择关门停业。这种效应的不断演化造成了传统零售企业的凋零，并开始导致市场的萧条。而大型商场也因为客流量的减少而变得冷清，以前那种熙熙攘攘、人头攒动的场面很难再现，很多柜台出现了买家不如卖家多的局面。这种门可罗雀的景象令人感到了市场萎缩带来的寒冬。一些柜台纷纷转租或空置，甚至整个商场或超市都倒闭或停业转型。

电子商务对传统行业造成的影响远不止这些。随着越来越多的传统商铺的倒闭，一些传统企业开始思索如何回避电商的冲击。他们认为，之所以传统商业在电子商务洪流的冲击下纷纷垮塌，是因为人们对新型互联网商业模式的认识不足，没有充分的应对措施。而要避免这种灾难性的危机，经受住突如其来的冲击，就必须充分考虑传统行业的属性和特色。于是一些自作聪明的企业家开始尝试商业转型，他们最先瞄向的就是传统的服务业。像美容、餐饮、物流等行业最先成为电商繁荣下的新宠儿，一些社会闲置资本也开始在这些行业中聚集。但让人始料未及的是，因为人们消费习惯的改变，一些人的工作状态也发生了改变，人们的生活、学习方式都或多或少地受到了影响，甚至连人们锻炼身体的方式都发生了不同程度的改变。很多人不再把晨跑当作锻炼身体的方式，一些人甚至连吃饭都变得有所不同。因为懒得买菜做饭，也不想下楼，吃饭只得靠叫外卖来解决。这种现象的进一步蔓延造就了一批又一批宅男宅女。有人惊呼，在电子商务的冲击下，人们变得越来越懒，社会越来越缺乏活力。就连吃饭这么重要的事情，人们都开始变得应付。这让原本就缺乏人流的餐饮业生存更加艰难，而一些资本在餐饮界的盲目集中和一些传统店铺商家在该行业上的转型，又加剧了这一脆弱的行业的竞争。原本以为有人就会吃饭而屹立不倒的餐饮业，也变得本重而利薄，一批又一批的餐饮店开始易主，其背后的原因就是经营中巨量的亏损。

3. 成为洗钱、特殊服务及非法交易的舞台

电子商务平台的另一个并没有引起社会关注的负向价值就是，它在一定程度上沦为不法分子洗钱的工具。有关这方面的报道和讨论，网上并没有太多的案例，但作者经过多年的观察研究，发现电子商务是很多非法行为进行快捷交易的最有效工具。一些网络游戏的盗号者，游戏公司的内鬼，甚至在网络游戏世界里的骗子，他们把用非法手段获得的虚拟装备或道具，通过淘宝或其他电子商务平台进行变现。这已经是行业内司空见惯的行为。盗取了其他玩家账号或虚拟道具的骗子们，他们通常利用电商平台与游戏世界中的其他玩家进行交易。玩家在电商平台上下单后，骗子就在游戏中将非法手段获得的装备或道具交易给目标玩家。这在一定程度上降低了装备被找回的可能性，因此成为骗子经常利用的手段。

由于电子商务涉及在线支付，一些不法分子，往往通过虚假的电子商务交易，采用第三方支付手段，掩盖资金的来源，模糊资金的去向，从而实现将非法资金合法化。正是因为缺乏监管的第三方支付手段对金融犯罪行为开启了一个通道，所以引起了国家高度重视。目前国家在这方面正在完善立法，并加强监管。而普通的互联网用户可能不明就里，认为支付宝、微信支付等第三方支付工具触动了银行的利益，所以会受到银行的处罚。其实真正的原因并非如此。可能很多用户认为，支付宝可以实现跨行交易而用户无须支付手续费，这实实在在给普通用户带来了实惠，而正是这种对普通用户的利益造成了银行利用政策规定所形成的垄断利益的损失。但

多数用户并不清楚支付宝等支付平台是如何绕过不同银行间的跨行交易壁垒的。从原理上讲，支付宝其实并不能实现跨行交易手续费的免除，但它确实做到了用户跨行交易时无手续费的产生。它其实是用了一个技术上的手段实现了上述目的。支付宝作为一个第三方支付工具，它首先以其所在的公司为主体建立了一个无比庞大的资金池子。这个池子里有足够的资金用来缓冲用户在资金流动时的需要。这个庞大的资金池的作用就是形成一个用户资金中转站。池子的主体公司会与所有的银行建立管道连接。当用户通过支付宝进行跨行交易时，这个池子里的资金就会按用户的意向进行流动。举个例子来说，一个中国工商银行的用户转账到中国农业银行的另一个用户，传统的做法就是跨行转账，手续费在所难免，但借助于支付宝则可以绕过这个障碍。原理是这样的，当中国工商银行的用户利用支付宝申请向中国农业银行转账时，用户的资金其实并不是直接通过中国工商银行流向中国农业银行，而是先流进了支付宝所在主体的中国工商银行账户。而支付宝公司的中国工商银行账户收到用户的款项后，会将自己中国农业银行的账户中相应数额的资金转给用户所对应的中国农业银行用户。这样通过中间过渡的方式帮助用户实现了无手续费跨行转账。简单地说，就是当用户跨行转账时，其实是先将资金同行转账流进了支付宝的大池子中，而支付宝利用池子里的自有资金再同行转账流向用户指向的银行账户。这看上去对用户有百利而无一害。但事实上，这个大池子本身则掩盖了用户的资金流向，这也给犯罪分子的非法洗钱等犯罪行为提供了方便。眼下国家之所以加强了对第三方支付平台的管控，成立网联来管理第三方支付平台，本质上就是希望能够堵住这个漏洞，让犯罪分子无隙可寻。为避免给互联网用户造成不利影响，国家还推出了云闪付系统。2017 年 12 月 11 日，中国银联携手商业银行、支付机构等产业各方共同发布银行业统一 APP "云闪付"。云闪付是银联移动支付新品牌，旗下各产品使用了 NFC、HCE 和二维码等技术，可实现手机等移动设备在具有银联 "QuickPass" 标识的场景中进行线上、线下支付，同时也支持远程在线支付。云闪付系列产品采用了云计算技术，银行卡关键信息的生成、验证、交易监控都在云端完成。云闪付汇聚科技智能、无缝连接等特点，它便捷安全，覆盖生活每个角落，也因此将让大众的支付方式更加智能高效、畅通无阻。云闪付包括了与银行、国内外手机厂商、通讯运营商等合作方联合开发的各类移动支付产品。云闪付旗下产品包括银联云闪付 HCE、银联云闪付 Apple Pay、银联云闪付 Samsung Pay、银联云闪付 HUAWEI Pay、银联云闪付 XIAOMI Pay、银联钱包等。因为是国家主导的支付平台，所以用户可以放心使用。但因为支付习惯问题，人们真正接受它还需要一个过程。

电子商务平台上的另类可能已经让人见怪不怪了。早期的电商可以说无所不能，一些线下无法实现的交易可以轻松地在电子商务平台实现。比如，一些从事色情的非法组织，可以通过电商注册商铺，而上面标注的服务内容则十分隐晦。其实，一些老手很容易通过这些暗示明白其从事的业务。另外一些从事资源交换、资质购买、社会关系疏通、特殊业务办理等在线下不好见光的交易，都可以借助于电商平台轻易地完成。对电商平台的监督与管理从来就不是一件容易的事情。时至今日，我们仍然能够看到在一些电商平台上存在的令人不寒而栗甚至怵目惊心的非常规交易。这些非法行为的存在破坏了正常的经济秩序，阻碍了社会的进步，必然会被社会丢进历史的垃圾中。

第二节
网络游戏的价值测度

2.1　网络游戏的媒体属性

　　网络游戏的媒体属性是什么？这个问题一直以来困扰着整个学术界，到现在为止，国家还没有一个权威的机构对网络游戏的媒体属性给出一个严格的界定。这就导致了一系列问题。首先网络游戏本质上是数字化的服务，所以它具有服务软件的性质。其次，网络游戏是一个网络平台，玩家通过网络连接可以进行游戏任务、交互或协作，因此它明显具有平台的特性。再次，网络游戏具有网络传播的性质，因此它又具有网络媒体的特征。另外，它本身承载了很多文化内容，因此，它必须是一种文化产品。如此等等。

　　因为上述不同的特征，国家很多行政主管部门都声称对网络游戏拥有并行使管辖权。从内容审查、行政管理到运营资质审批等环节存在相互制约，并且责任划分不明，在管理上存在一定程度的混乱。作为一个服务软件，它必须接受工信部约束；作为一个网络媒体，它理应接受新闻出版广电总局的管理；而网络游戏天然的文化属性又必须受文化部门来管理。事实上也正是如此，游戏公司要运营网络游戏，首先要进行软件著作权登记；其次要申请版号，即《网络游戏电子出版物审批》，它是由国家新闻出版广播电影电视总局同意相关游戏出版上线运营的批准文件；另外，它还必须要取得文化部门颁发的《网络文化经营许可证》，即"文网文"。多头管理似乎并无不妥，但在执行时，却存在一些漏洞。比如，网络游戏作为一种电子出版物，内容的随意更新却得不到有效的监管。游戏运营公司基本每周都会更新一次，有的是例行更新，有的则是为了促销等活动，但每次更新在内容上都或多或少地发生改变，游戏在送审时原本是符合新闻出版的一些规定的，但不断更新后可能就会出现各种问题，尤其是对玩家权益造成的伤害被轻易地忽略，而且缺乏后期的监督。

之所以将网络游戏的媒体属性单独拿出来加以讨论，是因为这个问题除了涉及对网络游戏的管理，还影响了网络游戏运营体系中很多其他权益归属的界定。作为一个互联网产品，网络游戏称得上是当今社会最受人关注的对象。它让人忧喜参半。我们心目中的游戏应该是让我们获取快乐的工具，是娱乐大众的平台，是消遣解闷的手段，等等。然而，游戏作为完全中性的东西，在互联网时代却常常被一些企业视为攫取利益的最重要手段。这些企业无视社会道德和责任，一味沉浸于以游戏之名而设计出的消费规则中。他们深谙法律的漏洞，十分清楚游戏盛名之下的多数人理解的误区，甚至利用人们的无知来引导社会舆论，将网络游戏冠以互联网产业的标签，上升至国家发展战略，并以资本推波助澜，使之成为时代的宠儿。然而，很多人或许还不知道，当前许多企业正在运营的绝大多数网络游戏，其实并不具备网络游戏的最本质属性。它只是利用了游戏的称谓，其规则完全背离了公平、公正的精神。换句话说，这些所谓的网络游戏完全不是真正意义上的游戏，它只是利用人性的弱点进行圈钱的工具。

我们把网络游戏称为媒体，是因为其具备信息传播的特征，但具体到其媒体属性的界定却没有形成统一。网络游戏运营中会涉及非常多与用户权益相关的问题，比如对虚拟物品权属的规定，游戏运营平台的客户服务规则，虚拟货币发行的法律依据，虚拟物品的定价标准，用户账号安全保障，等等。这些问题多数与法律相关。但现行的法律在处理由上述问题引起的争端时很多时候显得力不从心。由于立法的滞后效应，只有当一些问题所引起的社会矛盾或引发的社会后果比较严重时，这些问题才能被充分地重视，这时候社会舆论及来源于社会各界的压力才成为推动社会完善立法的真正动力。

比较遗憾的是，在网络游戏已经被视为互联网领域一个重要产业的时期，相应的管理制度却没有真正有效地建立起来，网络游戏已经被一些无良企业滥用为疯狂吸金的工具。因不良网络游戏引发的社会问题日趋严重，甚至一些恶性案件背后都隐藏着不良网络游戏的影子，对网络游戏行业的彻底整顿已经成为整个社会的呼声。作为一个学者，笔者希望通过对网络游戏的媒体属性等方面的深度研究，将不良网游对玩家的权益造成侵害的情节上升到法律的高度展开讨论，从不同角度和侧面将网游运营中与现行法律、法规相抵触的现象进行剖析，并把不良游戏公司无视社会道德的约束，一味追逐暴利而钻法律空隙，或穿行于法律边缘的危险行径予以揭露。同时把人们希望了解的网游发展中的现实及潜在问题给出理性的解释，把来自于社会不同阶层、不同职业群体、不同年龄时段的人群对网游的综合评价分析展现给广大读者，从全社会范围内唤起人们对网游发展现状的关注，并将这种关注汇集成推动社会进步的力量。

2.2　不良网络游戏的帝国主义思维

不得不承认，在互联网迅猛发展的今天，我们正在悄悄地遭遇一场危机——被动地面对一个虚拟的世界，一个将人性、利益和社会关系捆绑在一起的令人恐惧的系统。在这个系统中，所有的人都被一种无形的力量操控着，被引导着走向一个追求荣誉、刺激和自我满足的永远也无法到达的终点。在这个过程中，一切活动都透视出人性最虚弱的本质，彰显着利益至上的原则，最真实地记录下道德和社会信用被稀释和融解的历程。

作为游戏玩家，在最初进入游戏中时，每一个人都曾心怀美好的愿望，希望能够深刻体会到虚拟世界里非同寻常的快乐，享受到现实世界难以得到的精神刺激。但一切快乐都体现在金钱催生下的虚拟道具的艰难分娩，体现在可以无视道德约束的恃强凌弱，体现在凌驾于法律之上的肆意杀戮和快意报复。所有对人格、尊严的伤害和侵犯都被轻易地忽略，一切违背常规的攫取利益的方式都被巧妙地遮掩。当正当、理性的需求被错误地引导，自由贸易和等价交换原则被无情地抛弃，健康发展的机遇被挥霍殆尽之后，这个原本标度文明成果和智慧的系统就会瞬间崩塌，成为一个可以吸食万物的黑洞。被这个巨大的黑洞吞噬的，除了无穷无尽的财富，还有玩家的信任和社会所赋予的责任，留下的是一个个家庭破碎的梦魇，无数人的悲剧和痛苦，以及弥散在空气中的淡淡的血腥。

长期以来，网络游戏引发的社会问题一直牵动着人们的神经。人们好奇，一款手机游戏竟然可以让一些未成年人玩家花费数万元甚至十数万元。是什么原因让一个毫无收入来源的中小学生在一个虚无缥缈的世界里陷入疯狂？网络游戏究竟给那些孩子带来了怎样的快乐？

一年前，一位家长向笔者透露了他已经参加工作了的孩子沉迷于游戏的情况。他出示了他儿子平日的闹钟时间表，让人感觉匪夷所思。当时他的孩子正沉迷于一款名为《仙剑奇侠传OL》的手机游戏，已经影响了正常的工作和生活。《仙剑奇侠传》原本是台湾大宇公司在1998年前后推出的一款单机游戏，曾经盛行一时，给很多人留下了美好的回忆。笔者原以为他提到的手游是大宇公司在原来单机版的基础上修改的，但查询的结果却出乎意料。这款游戏竟然是在腾讯的名下运营，其著作权人是腾讯科技（北京）有限公司和大宇资讯股份有限公司，出版单位是深圳市腾讯计算机系统有限公司，在微信的游戏表单里可以下载。

图 2 - 7 一名玩家的游戏任务闹钟时间表

作为一款经典的单机游戏,《仙剑奇侠传》的剧情、人物、音乐都曾经是一代人的美好回忆。基于对这款游戏的良好印象和对那个家长描述的疑惑,作者通过微信下载了这个游戏,并做了深入的研究。然而,一段时间的游戏体验,却让人很是失望。原本以为手游版《仙剑奇侠传》会延续之前的风格,但结果完全出乎意料。除了有较多的玩家参与之外,这款游戏并没有感觉有什么好玩,它与笔者此前体验过的《剑网三》相比,无论是故事情节还是可玩性方面,都相去甚远。但笔者发现,为这款游戏充值几千、上万甚至十数万的玩家却比比皆是。这在游戏极度泛滥的今天,着实让人费解。这么一款普普通通的手游,为什么会让那么多玩家有那么巨量的消费?

也许我们都有过这样的困惑，一直理解不了一些近乎疯狂的游戏消费行为，认为游戏沉迷问题是社会问题、家庭问题、学校问题和个人问题的综合体，而且一些专家也长期抨击游戏中的色情、暴力、博彩等因素，认为这些不健康特质正是导致沉迷游戏的根源。经过一段时间的体验，笔者发现问题远没有那么简单。在电脑游戏盛行的年代，人们被一款游戏吸引并投入精力多是基于游戏运营企业在各种媒体上的推广和宣传，随着移动互联网的蓬勃发展，那些聚集了大量用户的社交平台很容易通过广告推送将一些用户拉入他们所推出的各种游戏中。当一个用户群体聚集形成的时候，人们受制于某事物并长期参与其中可能并非是由于事物本身，而是隐藏于该事物背后的规则。因而，对于社会上屡见不鲜的超乎人们认知的疯狂游戏消费行为，武断地做一个"心理扭曲或自制力低下"的解读，其实是一个严重错误。有一个比社会主流认知更为扎心的真相，一直隐藏在对游戏企业的声讨指责和各种社会舆论的外表之下，那就是一些不良网络游戏企业推行的帝国主义思维。

帝国主义思维最本质的特征就是垄断思想，这也是大众对帝国主义的基本理解。正是帝国主义思维模式引导下的游戏规则的设置酿成了对整个教育体系的伤害。以一个现实的例子进行对比。我们或许都知道作为世界头号强国的美国，曾以伊拉克拥有大规模杀伤性武器为借口，发动了伊拉克战争并推翻了萨达姆政权，然而直到把总统萨达姆绞死后几年也没有找到大规模杀伤性武器的证据，发动第二次伊拉克战争成了一个国际笑话。但真相并没有这么简单。我们知道，当今以"世界警察"身份自居的美国，在世界各地以维护世界和平的名义到处彰显武力，涉足于世界各地的区域争端。然而，根据一些国际评论家的分析，全球几乎所有的地区性危机中，无论是中东问题、叙利亚问题、乌克兰问题、朝鲜问题还是我国的南海问题，直至中印边界问题，背后都有美国的影子。在一些危机中直接挑唆，制造矛盾，引起周边国家产生武力冲突，直至发生战争。有战争就有消耗，有危机就会引起政治、经济震荡。然后美国就利用自己的美元地位去收割别的国家，或者直接对外出售武器装备获取利益。世界原本和平，地区矛盾可能并不严重，但帝国主义的思维模式就是要制造问题出来，然后进一步挑起争端，使天下陷于混乱，才能符合自己的最大利益。

现在一些无良的游戏企业正是如此。玩家原本怀着一个单纯的愿望，玩游戏也只是为了追求快乐，他们多数也爱好和平，但真正进到游戏后却发现他们所追求的世界远不是他们想象的那么美好。到处充满了凶险，在游戏中每行一步都可能成为别人刀下的冤魂。网络游戏的设计者为什么这么热衷于玩家矛盾的设计？对于局外人来说，和平确实是普遍的追求，但是对于游戏企业来说，和平并不是他们需要的，他们想要的是基于杀戮下的世界混乱和仇恨的无休止蔓延。因为只有这样，才会有虚拟物资的消耗，而获取或补充物资消耗的途径只有一个，那就是向游戏运营企业购买。但游戏运营商不会轻易地让你获取增加战力的核心道具，他们把玩家用以杀人取乐或释放仇恨的物品统统用来出售。只要玩家肯大量地花钱，他们就愿意用他们"制造"出来的道具包装你，让你在与别人的竞争中脱颖而出，除非你的对手比你更愿意花钱。但玩家为什么会按照游戏设计者的思路而陷入无休止的争斗呢？对这一问题的解释可能会让你有所质疑。永远不要低估那些游戏设计精英们的水平，抛开技术，他们也都是极端的心理专家，非常清楚如何引诱玩家落入他们的陷阱。游戏中玩家为求得生存，往往要加入到不同的帮会或仙盟组织。游戏中会设定各种各样的仙盟任务，但仙盟任务资源的归属往往只有一个。为了争夺这些资源归属，不同的仙盟间必须进行战斗，因此必然导致各个仙盟之间一部分结成联盟，而另一部分与之形成对立，成为游戏中的死敌。当一个仙盟对另一个仙盟宣战时，两个仙盟成员之间就变为敌对状态，相互显示红名。在安全区域外，可以相互仇杀。当一个玩家正在挂机或做任务时，经常会遭到敌对阵营的杀害。对于一般玩家来说，如果实力不济，对于对手的杀戮行为往往会选择忍气吞声，但被多次欺负之后，任何玩家都会怒火中烧，或者恼羞成怒，这时候报复是释放怒火的唯一选择。然而要想赢回自尊，就要在战力上能够压制对手，而只有升级装备或提升角色的各种资质才能够让战力得到快速提升。此时，游戏中一个看不见的角色就会贴心地出现在你的眼前，谦虚地为你提供各种服务。最终你心甘情愿地将现实中的劳动成果换成了游戏公司可以无穷复制出来的"数字"。

游戏设计者把增加玩家战力的方式设计得巧妙而且多样，玩家可以在多个方面提升战力。然而无论是哪一个方面都需要不菲的花费。在《仙剑奇侠传 OL》中，玩家正常的角色升级只能获取少量的战力，绝大多数战力的获得都需要付出巨大的代价。仅装备升级一项，就令人不寒而栗。游戏中的装备分为蓝色、紫色、绿色、橙色四种，橙色装备品质最高。橙色装备按级别又分为 70 级、80 级和 100 级不等，级别越高属性越好。但打造高级别装备需要的材料成本巨大。以橙装为例，打造橙装需要神兵碎片。一套装备共 10 件，分别为武器、上衣、腰带、头冠、鞋子、项链、两只护腕和一对戒指。100 级橙装需要神兵碎片 80 个、上衣 200 个、头冠 150 个、鞋子 150 个、项链 60 个、两只护腕 80 个、一对戒指 40 个。加起来共需要 760 个碎片。一个碎片的价格是 1000 元宝，按游戏充值 1 元人民币为 10 元宝的比率，单就打造这一套 100 级橙装，就需要 76000 元人民币。即使在游戏推出的各种促销活动中，按 7 折也需要 5 万多元。但这只是打造装备需要的花费。装备打造完成后，还需要进行强化和百炼。强化根据装备的等级需要不同的紫晶材料，分别从碎石块、紫晶砂、小块紫晶、大块紫晶、完美紫晶到绝世紫晶，玩家可以根据需要将低级的材料合成到高级。紫晶材料可以在紫晶溶洞中采集，玩家每天有 30 分钟的采集时间。通过日积月累，玩家一般都能收集到将装备强化到 80 级所需要的材料。然而，当装备强化到 80 级以后，再进行强化升级所需要的绝世紫晶却无法通过完美紫晶来合成，它需要一种称为晶钻的材料。这种材料非常昂贵，在商城中定价

400 元宝一个，相当于一个晶钻要花费 40 元人民币。而装备从 80 级以后，每强化一次都需要一定数量的绝世紫晶。大致算一下，从 80 级橙装强化到 90 级所需要的绝世紫晶最少要 660 个，这是基于每次强化都成功的前提下的数量。游戏中设置了这样的规则，随着强化等级的提高，每次强化都有一定概率的失败，到后面往往要多次失败才能够成功一次。所以实际强化过程中消耗的材料要比这个数值大得多。算上概率影响，当玩家将一套橙色装备强化到 100 级时，所需要的绝世紫晶的数量可能要超过 2000 个，按每个 40 元的价格计算，单就强化一项，玩家就要付出 8 万元左右的代价。

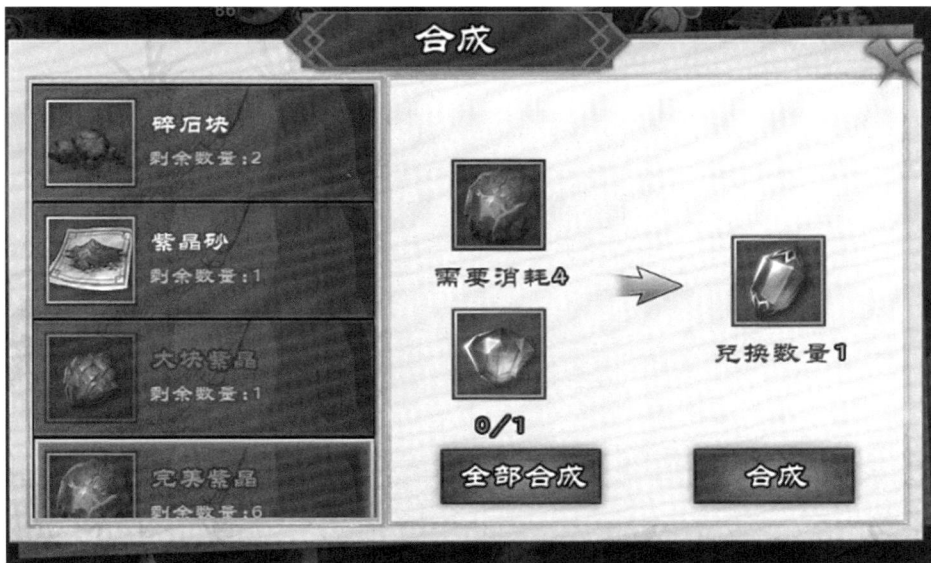

图 2 - 8　强化材料合成

装备升级除了强化之外还有百炼和注灵。百炼就是通过消耗一定的材料提升装备的品相。游戏中百炼的等级分为下品、中品、上品、出尘、灵虚、洞仙、绝世、超神几种，装备百炼需要百炼精、淬铁、钨钢、赤铜、白银、曜金、龙骨、凤髓等材料。一套 100 级橙装，从洞仙到绝世的百炼，除消耗大量的百炼精之外，还需要消耗大约 600 多个龙骨，而龙骨的价格也是贵得离谱，通常要 600 元宝左右，即使在活动促销时也要平均 400 多元宝一个。算下来，百炼一次也需要 3 万元左右。装备百炼到绝世之后，还可以进行飞升，从 100 级飞升到 110 级，从而开启超神装备的百炼。飞升需要凌云丹和凌云图谱等材料，这些材料的获得都十分困难，游戏推出活动时在商城偶尔也有卖，但价格昂贵，常常让玩家付出巨大的代价。而从绝世到超神的百炼，所需要的材料更加昂贵，它需要一种叫凤髓的材料，这种材料买都买不到，需要玩家在活动中充值达到一定的数量后才能零星获得几个。而完成装备到超神的百炼，所需要的凤髓数量也要 600 多个，这对于一般玩家已经是可望而不可即的事。

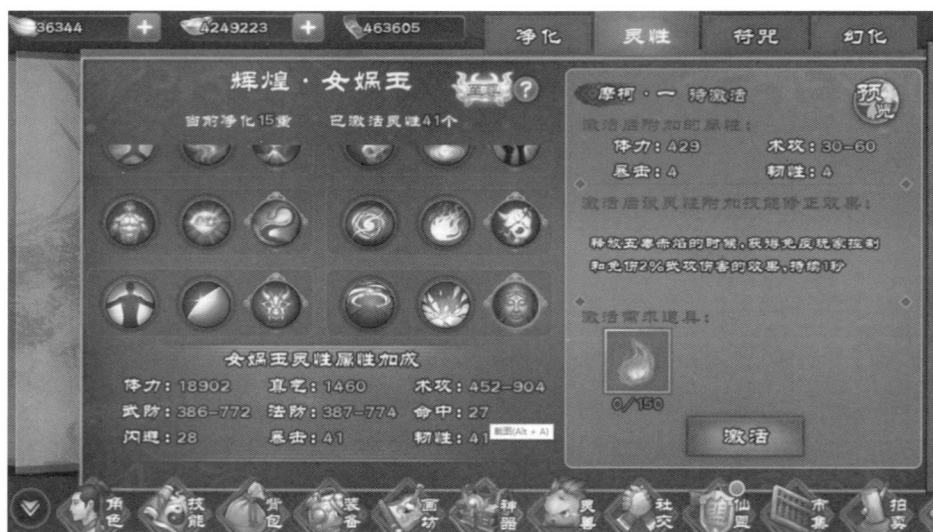

图 2 − 9   神器灵性

除了升级装备外，玩家还可以通过神器净化、神器灵性激活、神器装备符咒、装备坐骑、画坊作画、升级灵兽等途径来提升战力。当玩家的等级和战力达到一定的数值后，就可以对神器中的女娲玉进行净化升级。根据战力，净化后玩家会获得代表神器净化程度的名称前缀，从低至高分别为闻道、炼气、修神、觉悟、聚元、融合、洞虚、化境、超凡、神游、空明。当神器净化重数在 1～11 时，会开放神器灵性供玩家激活。激活灵性需要消耗稀有道具——上古残魄或上古元神。灵性激活后会大幅提升玩家的战力。神器中玩家需要激活的灵性非常多，如对于蛊师角色来说，最开始有护甲、化解、御灵、铠胄、凝神、不灭、钢盾、圣息、真元、铜墙、归元、回梦、铁壁、屹立、续咒、坚韧、聚法、咒场、千锤、心护、天运、不破、灵护、爆裂、武体、仙福、术神、锻骨、铸魂、补天、不朽、永恒、毒萝33 个灵性，后来随着玩家激活达到上限，游戏经过更新又添加了无瑕、不灭、荡妖、无我、无尘、夜叉、无天、无地、摩柯 9 个灵性。每个灵性可以激活到 3 级。但每一个灵性的每一重激活都需要消耗大量的上古残魄或上古元神，将所有的灵性都激活到 3 级可能需要数千个上古残魄或上古元神，而上古残魄和上古元神在游戏中的价格大约分别为 30 元宝和 250 元宝左右，也就是说仅激活灵性一项就需要玩家至少花费十数万元人民币。

当神器净化达到高阶等级，会在神器符咒界面产生符咒位置供玩家镶嵌符咒。据说符咒最高有 11 级。玩家可以通过符石来获得初级符咒，再将低级的符咒合成为高级符咒。但符咒级别越高合成到更高级时失败的概率越高。为了得到高级符咒，玩家通常都会付出大量的心血和代价来收集或购买材料，然而随着符咒幻化的失败，这些材料也随之灰飞烟灭。常常有玩家因为符咒幻化失败而伤心退游。

游戏中升级灵兽更是让玩家头疼。游戏中规定，一个玩家可以装备三只灵兽。普通灵兽可以指定商店购买，要想获得养成属性好一些的灵兽，玩家要在灵兽界面进行灵兽探索，探索一次需要消耗 10 个御灵符，御灵符 8 元宝一个，这意味着每探索一次要 8 元人民币，连续探索 5 次可以 8 折优惠。探索可能会得到驯灵丹、灵兽强化材料、灵兽洗炼材料和灵兽碎片。

图 2-10   灵兽觉醒

常常是玩家连续数百次探索也很难得到自己想要的灵兽碎片，尤其是像蝶妖、炎鹏、炎兽这样的稀有灵兽。合成这些稀有灵兽，每个需要 30 个相应的碎片。为了得到这些碎片，玩家常常要付出几千甚至上万元的代价。而当玩家得到这些灵兽之后，真正需要的花费才刚刚开始。灵兽升级需要经过觉醒、洗炼和强化三个步骤。灵兽觉醒可以激活灵兽技能位，每只灵兽可以觉醒四次。需要灵兽精魄和一到四阶的精元等材料。一阶觉醒需要 200个灵兽精魄和 10 个一觉精元，二阶觉醒需要 500 个灵兽精魄和 10 个二觉精元，三阶觉醒需要 1500 个灵兽精魄和 10 个三觉精元，四阶觉醒需要3000 个灵兽精魄和 10 个四觉精元。一、二、三觉精元的价格分别为 50 元宝、100 元宝和 300 元宝，玩家可以在游戏商城中购买。而灵兽精魄却不容易得到，需要进行灵兽探索，将探索出的灵兽碎片进行分解才可以得到灵兽精魄。但每只灵兽觉醒到后面，为凑齐高阶觉醒的材料，玩家不得不大把大把地投入钱，巨额的消费常常让玩家叫苦不迭。

对灵兽进行强化可以提升灵兽的资质，每只灵兽可以强化到 10 阶。强化需要消耗银两和兽灵珠。随着强化等级的提高，需要消耗的兽灵珠的级别和数量都相应地增加。仅蝶妖从 7 级强化到 8 级强化，强化进度要满 60 才能升级，每强化一次强化进度只增加 1 ~ 5 点，而每次强化则需要消耗 3 个特级兽灵珠。算上概率因素，从 7 级到 8 级的强化，大约需要强化不低于 20 次，消耗不少于 60 个特级兽灵珠。而每个特级兽灵珠需要 4 个高级兽灵珠合成，每个高级兽灵珠需要 4 个兽灵珠合成。算下来，每个特级兽灵珠需要 16 个兽灵珠才能合成，而每个兽灵珠的售价通常在 40 元宝，也就是说仅一个灵兽从 7 级强化到 8 级就需要花费人民币 15000 多元，如果运气不好的话，花费 2 万元也不在话下。而从 8 级强化到 10 级可以估算最少需要 6 万元人民币，三只灵兽仅强化就需要 20 多万元。灵兽强化到一定等级后就可以对灵兽进行洗炼，洗炼可以重置灵兽的资质品质和洗炼资质，但洗炼结果是随机的。从普通洗到卓越往往消耗玩家几百甚至上千的洗炼石。而一个洗炼石的价格最低要 20 元宝，三只灵兽的洗炼往往也要花费成千上万的代价。

玩家提升战斗力的手段中还有一项就是画坊作画。通过激活画卷中的特定画像组合而获得一定的属性和称号，游戏中每天提供了获取画像的任务，但激活画卷中的画像组合需要大量的画像，画卷中全部画像共有 503 张，通过任务很难在短时间内完成画像的激活。游戏提供了一种通过购买画笔作画来获取画像的手段，100 元宝作画一次。但获得高级画像的概率低得可怜，为获得一张高级的画像，有的玩家常常付出几百甚至上千的代价。

游戏中其他提升战斗力的手段，比如装备高级坐骑等，也需要不少的费用，在此不再一一列述。总之，一切眼花缭乱的手段都是为刺激人性而设计。为了促进消费，游戏的设计者可谓是煞费苦心，他们千方百计地找寻人际中可以插入的缝隙，利用系统赋予的特有权力对玩家进行挑唆，一步步诱导大家走向对立。游戏中设计了一个无须花钱就可以获取昂贵材料的途径，那就是跨服挖矿。玩家可以将挖出的黑曜石兑换成白银，规定2000个黑曜石兑换一个白银。这无疑给非人民币玩家制造了获取稀有物品的机会。然而系统规定，每天挖出的黑曜石必须当天兑换，隔天就会清空。通常情况下，玩家在每天仅有的30分钟挖矿时间内只能挖到1600个左右黑曜石，根本达不到兑换白银所需要的数量。但玩家可以通过开红屠杀别的玩家来掠夺别人挖出的矿石。掠夺是获取资源的有效方式，这种基于杀戮的资源获取方式让玩家的仇恨迅速扩散，在一轮又一轮的屠杀、报复中，玩家的理性一点点被消耗殆尽，潜伏于思想深处的欲望被轻易地激活，由吝啬、犹豫、排斥等构筑的心理防线被彻底击碎，最终走进那个被规则早已圈定的大门。

图2-11　仙盟拉镖活动

　　每天晚上8点15分开始，从京城郊外到蜀山到处都是拉镖的人群。遗憾的是，游戏中把抢劫镖车也作为游戏任务，鼓励玩家去对其他玩家进行打劫。在劫镖和护镖的激烈冲突中，所有的仇恨进一步升级，犯罪的激情迅速膨胀，最终在一轮又一轮的疯狂杀戮中，一批又一批的玩家失去理性。这究竟是一种怎样的游戏精神？它会给玩家造成怎样的价值判断？

不要说你多有钱，在网络游戏世界里，你的财富就像飘在空中的一粒灰尘一样微不足道，在一个龙卷风一样的空气旋涡中，不可抗拒地被吸进去，无论你如何挣扎，都无法逃脱被人主宰的命运。

当前多数网络游戏正是秉持了这种思维理念，在游戏世界里他们所做的就是不断地利用游戏规则在玩家间制造矛盾，极尽所能地引导玩家间产生仇恨，再把这种仇恨引导成虚拟物品的消耗。玩家的财富就会在这样的过程中源源不断地流向游戏公司的账户。游戏中玩家的消费究竟有多疯狂？笔者曾对《仙剑奇侠传》中的部分玩家做过调查，没有花过钱的并不占多数，因为受到某种刺激而失去消费理性的比比皆是。花费几万、十几万甚至几十万元的玩家也随处可见。一个名叫十四少的玩家在游戏中竟然充了90多万元人民币！据测算，仅将一套冲霄装备中的上衣和鞋子两件强化并百炼到顶级就要花费十数万元。在现实中一个人如果花费十万元去购买一件上衣和鞋子，那绝对是顶级的富豪，会招致很多人的议论。但在游戏中一些并不十分富裕的玩家却无视自己的经济能力，不计后果地醉心于用金钱去包装角色，试图实现一个个遥不可及的梦想。在浩如烟海的微信游戏玩家中，花费几十万的可以说多如牛毛，在笔者接触的一些中小学生玩家中，为一款手游充值数万甚至十数万的也不在少数。这些来源于四面八方的劳动积累像滔滔的河水汇集成了游戏公司富可敌国的财富。据说仅《王者荣耀》一款游戏，每天就可以给腾讯带来上亿的财富。《王者荣耀》堪称是游戏行业的奇迹，每天超过一个亿的收入在全世界范围内引起了关注，成为一种现象。甚至人们为此还发明了一个新词，把这类游戏称为现象级游戏。2018年腾讯以超过3.64万亿的市值荣登世界排名前五，大有超过微软、苹果之势。然而，有谁想过，这数万亿的财富背后夭折了多少成长路上的花朵？又有谁曾想过，基于平台特权的放纵所引发的社会情绪海啸，以及被扭曲游戏规则吸血后浮现出的一双双无助的眼睛？

图 2 – 12　与一个玩家的对话

长期以来，社会一直关注未成年玩家的游戏沉迷问题，但真正吸引玩家长期沉浸其中的并不是游戏本身，而是以游戏的名头绑定玩家的规则。这是一种什么样的心态？也许我们都曾听说过这样的案例，说是两个人原本为了一毛钱的利益，最终却各花费十数万去打一场官司。难道他们的智商短路吗？谁都知道，最终他们在乎的已经远远脱离了开始争夺的利益本身，而在于试图通过挫败对方来消解自己心中的怨气。可悲的是，社会上正在运营中的多数游戏都无一不在扮演这样的角色。它们一方面十分谦恭地向玩家承诺可以带给玩家的种种好处，一方面在背后霍霍地磨刀，将吸引而来的玩家一个个变成刀下的鱼肉。这是多么令人寒心的事实！而我们社会上一些对游戏并不熟悉的专家，却转移视听，将游戏沉迷问题引向学校、家庭和社会，误导国家的行政管理方向，徒增管理成本而于事无补，甚至隔靴搔痒，放任不良网络游戏成为互联网上的妖孽。

　　网络游戏本来是一个好东西，一个人对游戏的追求是与生俱来的天性，人们总希望可以从中得到快乐，放松心情，甚至学到现实中不易学到的技能。然而被帝国主义思维模式主导的游戏究竟给社会带来了怎样的价值？除了通过畸形的规则将社会财富进行流转，它们创造了多少真正意义上的社会财富？试想，一个为一款手机游戏花费数万甚至上百万的玩家，他快乐吗？充值时满怀怒火和怨气，放下游戏后陡然增加的愧疚和空虚常常让他心神不宁，而家庭也常因为其过量的消费而充满争吵，成为家庭矛盾的导火索。对于一些未成年玩家，花光了自己的压岁钱，影响了身体，荒废了学业，他快乐吗？他的父母快乐吗？我们如何面对不良游戏公司财富的积累，尽是天下父母的眼泪这一残酷的事实？尤其让人难过的是，在一些地区，一些不良游戏企业仍打着国家高新企业的标牌，在危害社会的同时，继续享受着国家的税收优惠和各种补贴。

　　笔者用较大的篇幅、以详尽的文字对一款典型的游戏进行了较为深入的分析，是希望通过对当前一些网络游戏运营中存在的问题的揭露，让社会对其有个充分、准确的认识，同时盼望国家强化管理，对网络游戏市场进行彻底整顿，以净化越来越混乱的网络游戏市场。

2.3　网络游戏的伦理问题

　　如本书开篇所言，网络游戏的伦理问题，其实就是基于道德标准的社会关系问题。网络游戏的伦理问题有哪些？概括地讲，它包括作为游戏主体的玩家群体关系，利益获取原则及社会影响等。其中，网络游戏的玩家对象之一——未成年群体就是首先需要讨论的问题。

　　长期以来，社会上在关于网络游戏这个问题上，对未成年人的讨论一直占据着重要位置，人们不得不严峻地面对这样一个事实，即未成年人对网络游戏的痴迷和由此所导致的一系列社会问题。这些问题涉及家庭、教育及社会的各个方面。为什么人们对未成年人沉迷游戏的问题如此关注？说到底还是国家的长远发展和社会的健康问题。未成年人关乎国家的人才建设和发展的前景，对未成年人健康成长的关心本质上就是对国家前途的关心。可以说没有一个国家会忽视这一问题。然而，在我国的网络环境下，网络游戏的泛滥和无序发展，已经触动了整个社会的神经。它影响了千千万万的家庭，有的因此走向破碎，有的濒临于崩溃和绝望。因为在中国目前的法制环境下，允许通过虚拟货币手段实现利益，而网络游戏又是最具有魅力的虚拟货币发行工具，这使得很多实体企业纷纷投资游戏，造成行业间发展的无序状态。这种状态的不断持续已经让社会付出了沉重的代价。

2017 年 7 月 3 日，人民网发布题为《〈王者荣耀〉：是娱乐大众还是"陷害"人生》的文章，文章从商业利益的角度指出，作为游戏，《王者荣耀》无疑是成功的，然而面向社会，它却不断地释放负能量。此文发布后，腾讯股价暴跌。7 月 4 日，人民网二评《王者荣耀》：《加强"社交游戏"监管刻不容缓》。文章表示，游戏不是天然的恶，但监管是少不了的关键环节。特别是，当移动互联网的普及化、大众化程度越来越高，手机不仅成了人体的延伸，更是作为一种移动终端集纳了各种各样的功能，如果不从源头、过程中把好关、站好岗，很容易让用户深陷其中而不能自拔，最后受害的就不止用户一人。7 月 6 日，人民网发表三评《王者荣耀》文章：《移动时代不会像想象的那样无忧》，称《王者荣耀》引发的热议，应进一步促使人们思考如何过好"移动生活"。这正是一个移动互联的时代。游戏可以社交，随时随地"买买买"，打开手机就直播……人们的生活工作方式被极大地便利和丰富了，也是技术变迁带来的时代红利。利用好技术并充分享受福利，才能提高幸福指数，而不是一不小心"掉进坑里"。7 月 13 日，人民日报四评《王者荣耀》：此次题为《学生沉迷是家庭教育问题》。文章称，很多家长会主动给孩子手机或平板电脑玩——特别是在孩子哭闹的时候——等于请了一个不花钱的"电子保姆"，让电子设备替代了父母的看护。不少孩子都因此沉溺于游戏与社交媒体。人民日报认为，与其抨击手机游戏开发商为了赚钱不讲道德，广大家长不如反思一下自己的所作所为，是不是尽到了应尽的职责。

人民网四评《王者荣耀》，其角度和力度让人回味悠长，且不说评论的出发点是什么，单就评论的起始都是立足于一款游戏对未成年人造成的影响之深。一款每天可以为公司赚取数亿元人民币的网络游戏，其玩家群体竟然有相当一部分是未成年人。也就是说，是毫无收入来源的中小学生成就了腾讯的财富帝国，这是一个多么荒谬的结果！

鉴于《王者荣耀》的影响之大，新华社也紧随其后对《王者荣耀》展开攻击。2017年7月7日，新华社发《"王者荣耀"还是"王者农药"？健康游戏不止于防沉迷》文称，爆款游戏《王者荣耀》再次引燃了手游的争议，甚至由于一些极端案例，被批评为"王者农药""亡者毒药"。实际上，不只是这一款游戏，近年来整个手游市场都十分火爆，几乎成为一种新的全民娱乐方式。手游如何影响未成年人？防沉迷系统能否起作用？健康游戏能否实现？对此，业内专家建议，监管部门应在我国探索游戏分级制度，为以后的监管提供依据，也给游戏开发者设定边界。7月10日，新华社针对《王者荣耀》发表评论文章称，手游不该"游戏"历史。荆轲变成了手持奇怪兵刃的美女刺客，刘备变成了肩扛火枪、身穿风衣的黑帮教父……在手游《王者荣耀》里，几千年来人们熟知的历史人物变得面目全非。这对缺少历史知识的少年儿童来说很容易产生迷惑，历史在这里，真成了可以"被随意打扮的小姑娘"。7月11日，新华社发文称，近来，手游《王者荣耀》因一季度营收60亿元而成为全球最"吸金"游戏。但同时，这款游戏也因大量未成年人沉溺其中而成为众矢之的。一边是巨额市场收益，一边是汹涌而来的批评指责，"叫座不叫好"的"《王者荣耀》现象"，暴露出我国游戏行业野蛮生长的痛点。

从国家级媒体的相继发声，可以看出事态的严重。因为关乎国家的未来，所以引起了全社会的普遍关注也在情理之中。问题是，网络游戏作为互联网领域最具投资魅力的项目，是游戏公司利益的重要来源和支撑，游戏公司一方面在应对社会舆论压力的同时，一方面要给出化解矛盾的手段。遗憾的是，无论社会如何关注、家庭如何声讨，即便是面对媒体铺天盖地的责问与评论，那些被玩家灌饱了的游戏公司大佬们仍然是我行我素，一点儿也不舍得放开那些供其吸血的宿主。我们从不同的层面来讨论与网络游戏有关的社会伦理，试图引领网络游戏通过行业自律来规范或调整自身，然而基于社会道德标准建立起来的公序良俗和社会秩序，却在巨大的利益面前被击得粉碎。国家确实需要网络游戏作为经济发展的核心要素吗？社会的进步是否必须包含网络游戏的普遍蔓延？这些问题其实并不难于回答，但结果总让人感觉无奈。这些不尽人意的结果很大程度上表明，在中国，资本的力量可以渗透到社会的各个角落，甚至影响到高层的决策。这不得不让人感到揪心。

游戏从来就不是一个坏东西，没有游戏的世界会失去很多色彩。但是自从盛大公司经营《传奇》开始，中国的网络游戏就开始走向了一条与"游戏"并不适配的道路。游戏到底是什么？如何解读游戏的概念？小时候，我们都玩过跳绳、拔河、踢毽子、捉迷藏、跳房子、丢沙兜、打纸瓜、老鹰捉小鸡等各种游戏，这些游戏曾伴随着我们度过了快乐的童年。即使是现在仍有很多人玩麻将、纸牌这样的游戏。可以说有了人类就有了游戏，游戏随着人类社会的持续进步而不断发展。但从不同的角度，人们对游戏有不同的理解。到目前为止，还没有发现一个令人满意的对游戏的确切定义。历史上，许多心理学家和教育学家都提出了自己的游戏理论。由于他们研究的角度和对象不同，因此，对游戏的本质做了种种不同的解释。又由于他们所处的时代和心理学发展水平不同，因而形成了各种不同学派的游戏学说。从历史上的柏拉图、亚里士多德到拉夫·科斯特，他们都尝试给出了游戏的定义，但这些定义只是从不同角度对游戏概念进行了描述，还不能称为完整的定义。而《辞海》中则将游戏定义为，以直接获得快感为主要目的，且必须有主体参与互动的活动。这个定义说明了游戏的两个最基本的特性：①以直接获得快感（包括生理和心理的愉悦）为主要目的。②主体参与互动。主体参与互动是指主体动作、语言、表情等变化与获得快感的刺激方式及刺激程度有直接联系。

可以看出，无论是哪种定义，都指明了游戏是一种活动，并且以获取快乐为目的。这是自古至今社会公认的一种表达。它也说明了游戏存在的社会基础和意义。那么问题在于，既然游戏是一种活动，它必然需要人的参与。而且，因为它可以直接给人带来快乐，所以人们会主动参与。因此娱乐应该成为游戏最本质的属性。无论是儿童的自发行为还是成人的组织行为，从游戏中获得快乐，是所有人的共同需求。

社会的发展必然表现为技术的进步和环境的改变，这也催生了不同的游戏形式。每一种游戏形式都刻有它所处的时代的烙印或痕迹。在文明高度发达的今天，计算机和互联网技术的迅猛发展也同时造就了与之相关的电子游戏的繁荣，继而引发了一场游戏革命，人类因此被带入到网络游戏时代。

对于成长中的儿童和青少年来说，游戏不仅仅是获得快乐的途径，也是其身心发展的必然需求。许多心理学和教育学家认为，如果说游戏对于成年人来说意味着休闲，那么对于孩子来说就是工作和学习的途径。在游戏（如过家家、扮演医生病人等）的过程中，孩子们尝试着成人的角色和行为方式；在追逐打闹游戏中，孩子们的动作技能得到发展，自信心得到培养；在和同伴的合作游戏中，孩子们学习社会交往规则，和其他人建立友好关系。此外，游戏也能帮助孩子从情感创伤中得到恢复，因此游戏治疗也是儿童心理治疗的重要组成部分。

网络游戏，英文名称为 Online Game，又称"在线游戏"，简称"网游"。它指以互联网为传输媒介，以游戏运营商服务器和用户计算机为处理终端，以游戏客户端软件为信息交互窗口，旨在实现娱乐、休闲、交流和取得虚拟成就的具有可持续性的个体性多人在线游戏。有别于单机游戏，网络游戏要求玩家通过互联网连接来进行参与。它一般被定义为由多名玩家通过计算机网络在虚拟的环境下对人物角色及场景按照一定的规则进行操作以达到娱乐和互动目的的游戏产品集合。

这个定义以游戏作为原始概念，在游戏元素的基础上对网络游戏做了进一步描述。它指明了网络游戏作为一种多人通过网络进行的活动仍具有游戏最本质的属性，即娱乐性，以给人带来快乐为前提。

总之，游戏最本质的属性就是娱乐，参与者是为了能够从中获得快乐。一些游戏公司也打着竞技的旗号，大张旗鼓地在社会上组织以电子竞技为为名的游戏活动。然而，也许很少会有人意识到，目前正在运营中的主流网络游戏，他们带给玩家的并不是真正的快乐，带给社会的也不是对经济发展的贡献。正如一个玩家所指出的："在中国，多数网络游戏只是网络公司赚钱的工具，而不是真的为了给玩家娱乐，更不是也根本不配用以竞技。从本质上看，它已经脱离了游戏所必须坚持的公平的精神，已经算不得纯粹的游戏。"他还指出，"网络游戏为了利益而设计，为了利益它可以放弃一个优秀游戏所拥有的所有品质，甚至忽略可玩性。玩家可以用金钱购买到游戏币、特殊装备，甚至是等级及一切其他特权，这与作弊又有什么区别？还有什么公平性可言？"或许这种评价太过于主观，但因为过于强调经济利益，以及对人民币玩家赋予特权而导致对游戏公平规则的严重破坏，却是不争的事实。回到原始的概念，什么是游戏？游戏按照不同人的理解和描述应该是在统一的规则下所有玩家都公平参与的活动。但目前游戏市场上正在运营的所有游戏中，有哪些符合这样的标准？他们打着公平精神的旗号，却一味地在广大玩家中滥发虚拟货币和道具，用各种手段诱惑玩家陷入消费的无底黑洞。这种对人民币玩家赋予特权的做法，虚伪得连自已都无法相信，还谈什么游戏的公平精神？可以说，那些所谓的网络游戏连"游戏"这个词都不配称谓，充其量是游戏公司用来圈钱的工具。更何况，未成年人是国家的希望和未来，在广大的未成年人中推销这些消磨意志的虚幻诱惑，还有什么社会责任可言？认真追究起来，一些不良网络游戏单纯追逐利益的放任恣肆，已经不是简单地涉及社会伦理，从长远来看还影响到国家的安全并触及法律。

2.4 网络游戏中的法律问题

2.4.1 虚拟货币的概念

先介绍两个经常被人误读并有可能误解的概念：游戏币和网络游戏虚拟货币。

在与网络游戏相关的货币体系中有三种形式的货币，一种就是我们所熟知的人民币，另外一种就是人们经常讨论的虚拟货币，还有一种是完全属于游戏世界本身的游戏币。

长期以来，很多专家、学者在有关网络或网络游戏的研究或讨论中都对游戏币与虚拟货币不加区分，或者把游戏币归类于虚拟货币，作为虚拟货币的一种形式。但因为它们性质的不同，在将这一对概念应用于一些性质的分析时会导致很多问题，因此不详加区分是不严谨的，也是不科学的。

什么才是真正的虚拟货币？2009年文化部、商务部联合印发《关于加强网络游戏虚拟货币管理工作的通知》（简称《通知》），对网络游戏虚拟货币的概念做出了解释。《通知》认为，网络游戏虚拟货币是指由网络游戏运营企业发行，游戏用户使用法定货币按一定的比例直接或间接购买，存在于游戏程序之外，以电磁记录方式存储于网络游戏运营企业提供的服务器内，并以特定数字单位表现的一种虚拟兑换工具。网络游戏虚拟货币表现为网络游戏的预付充值卡、预付金额或点数等形式，但不包括游戏活动中获得的游戏道具。根据该规定，网游内的虚拟道具如服饰、游戏币、武器道具等将不属于虚拟货币范畴。虚拟货币的使用范围仅限于兑换发行企业自身所提供的虚拟服务，不得用以支付、购买实物产品或兑换其他企业的任何产品和服务。

这种定义尽管仍不尽完善，但它指出了虚拟货币与游戏币不同的本质。在越来越发展的互联网世界里，随着各种代币形式的出现，一些新的支付手段不断产生，这就对虚拟货币的严格及确切定义有了迫切的要求。虚拟货币应该是与人民币有直接关联的，它是由网络服务提供商发行的，用以代替人民币支付各种网络服务的价值凭证。这里需要特别指出的是，它是为方便用户支付而推出的一种网络媒介物，是一种互联网服务的价值实现形式。

虚拟货币有其现实的价值，它是现实中劳动价值的体现，只是因为某种需要被转换了形式。常见的虚拟货币如百度公司的百度币，腾讯公司的Q币、Q点，盛大公司的点券，新浪推出的U币米票（用于iGame游戏）、侠义道元宝（用于侠义道游戏）、纹银（用于碧雪情天游戏）、碎银（用于剑网二中的购买服务）等。

游戏币区别于虚拟货币的本质的特点是，它是游戏世界内部使用的用于购买或兑换虚拟物品或服务的虚拟价值凭证。因为它本身并不具有现实的价值，它是虚拟世界里劳动的价值体现，一旦脱离游戏世界，它将变得毫无意义。作者倾向于把游戏币与虚拟货币区分开来。游戏公司主要是通过虚拟货币来实现利益的，而绝不是游戏币。可以说，游戏币只是为了体现玩家在虚拟世界里的劳动价值而被制造出来的价值凭证，它只能在游戏世界里流通，无法脱离游戏而独立存在。游戏币的存在，其必要性在一定意义上更甚于虚拟货币。因为没有它就无法完整体现一个虚拟世界的价值观。而虚拟货币很大程度上只是网络服务商实现利益的手段，对于用户并没有更多的好处。

用一句简明的话来概括虚拟货币与游戏币的区别,前者是现实劳动价值的体现,后者是虚拟世界里劳动价值的体现。有些游戏公司也倾向于将两者用同一概念来描述,只是为了混淆玩家的游戏活动与其圈钱的行为,很大程度上是为了掩人耳目。

网络游戏中的法律问题很大一部分是由于发行虚拟货币而引起的。

2.4.2 网络游戏推广中的法律问题

1. 广告欺诈行为

现在多数游戏推向市场的时候都公然宣称"免费""永久免费"或"终生免费",有些不但"免费"而且还有奖励。但免费究竟是一种怎样的概念?说到底这应该算作一个网络陷阱。

游戏宣称的"永久免费",是指玩家在游戏中正常游戏时间不再收取点卡或包时费用,也就是说作为玩家无需购买点卡就可以进行游戏。但是,游戏公司会推出各种所谓的增值应用服务作为获取收益的手段。为了追求利益,这种增值性服务其实也成了破坏游戏平衡的手段。玩家辛苦所得的经验可能远不如那些买了双倍经验卡的玩家来得快捷,这种做法会让很多玩家产生挫败感,进而刺激更多的玩家去消费其增值应用服务。

这些宣称免费甚至发奖励的游戏其实就是先用低门槛或者不设门槛的方式诱使玩家进入游戏,然后再通过精心设计的陷阱让玩家堕入道具收费的圈套中。而且这些虚拟道具的价格往往超出了一般人的想象,各种各样的免费形式,最终还是让玩家付出了更大的代价。这种挂羊头卖狗肉的做法是否属于商业欺诈?它是否侵犯了玩家的知情权?需要法律的界定。

2. 用非法手段引导用户进行注册

很多网络游戏在取得用户的过程中,为吸引用户的眼球,使用了很多种非常规的手段。我们经常在网上看到一些醒目的标题,这些标题本身作为一种新闻信息常常会引起人们的关注，但一旦点击这些标题，看到的却并不是标题所标识的内容，反而将用户导入某个网络游戏的注册网站。更有甚者，有些还利用人性的弱点，把一些含有色情的图片或文字做成链接，吸引用户点击，然后再引导用户完成游戏的注册。

2.4.3 网络游戏设计上的法律问题

1. 对等价交换原则的破坏

国家允许网络服务商发行虚拟货币，这在一定程度上相当于赋予了他们发行人民币的权力。因为玩家是一个非常庞大的用户群体，在这个群体中发行虚拟货币，用虚拟货币支付购买其任意复制的虚拟物品，就等同于用毫无价值的数字来换取用户的真金白银。游戏公司之所以不用人民币直接购买，就是为了规避人民币支付可能带来的各种法律风险。但无论怎样的转换形式，其劳动载体的功能是一直存在的，它都可以看成是人民币的其他形式。

在网络游戏中利用虚拟货币手段向玩家兜售虚拟物品的行为存在巨大的法律风险。首先，它直接破坏了"等价交换"的原则。玩家付出的是现实中的劳动标度，而游戏公司付出的则是可以任意复制的数字。从这个意义上讲，它与印钞并没有什么区别。因为虚拟物品可以无限制地被复制出来，而几乎不需要任何成本，它是一个无中生有的东西。有的人可能会说，游戏公司研制游戏付出了大量的人力、物力，网络游戏本身就凝结了很多人的劳动，所以用这种方式获取利益无可厚非。这里，需要强调一点，这种劳动是体现在网络游戏本身上面，它可以以它提供的服务向用户收取费用，但这种服务不能超越法律所保障的公平原则。举个例子来说，如果一个公司投入了大量的人力、物力研究出了一台可以印钞的机器，所印制的钞票与真版的人民币并无区别，那么它就可以堂而皇之地印刷人民币吗？显然是不行的。因为它违背了法律所保障的原则。"等价交换"也是法律所保障的原则。在巨量的玩家群体间通过消耗玩家的虚拟货币来推销可以任意复制的数字，就相当于无限制地用一种数字载体来占有玩家现实中的劳动成果。这显然是不公平的。另外，由于虚拟货币完全是无中生有的东西，游戏运营商可以设置各种规则在游戏中对虚拟货币进行大量消耗，玩家用人民币来兑换虚拟货币只是游戏公司的单方规定，究竟有没有法律的依据至今都没有一个定论。因此从法律层面上，这种获取利益的方式是不健康的，应该加以修正。

2. 虚拟物品的无约束定价行为

在网络游戏中，某些虚拟装备动辄上百甚至上千元，游戏人物的一件衣服比现实中的还要贵很多。玩家要集齐一整套极品装备，需要花费数万元甚至数十万元，这么高的价格早已脱离了价值规律并违背了等价交换的原则。

在我国，网络游戏有数以亿级的玩家群体，然而在这个庞大的消费群体中，虚拟物品的定价却任由网游公司来随意决定，并没有经过国家有关部门的审核和批准。是谁赋予了游戏公司对虚拟物品任意定价的权力？这种权力的泛滥对玩家群体造成了多大的伤害？国家对关乎国计民生的物品的价格波动一直十分关注，甚至国务院会出台相应的措施进行干预。但在网络游戏这个庞大的虚拟世界中，所有的监管、约束都一片空白，物价职能部门因为缺乏相应的法律条文只能袖手旁观。长此以往，将会对整个社会的经济造成严重不良的影响。

3. 虚拟货币对金融秩序的冲击

现代金融体系中，货币的发行由国家控制，央行负责对货币运行进行管理和监督。而作为网络上用来替代现实货币流通的等价交换品——网络虚拟货币实质上同现实货币没有太大的区别。不同的是，发行方不是央行，而是网络公司。如果虚拟货币的过度发展使其形成了统一市场，各个公司之间可以互通互兑，或者虚拟货币整合后形成统一的标准。那么从某种意义上来说，虚拟货币就是通货，很有可能会对传统金融体系或是经济运行形成威胁性冲击。

文化部出台的《网络游戏管理法规》规定网络游戏虚拟货币应当遵守以下规定：

（1）采取有效措施保障网络游戏虚拟货币的使用范围仅限于发行企业自身所提供的网络游戏产品和服务，不得用于支付、购买实物、兑换其他单位的任何产品和服务。

（2）保存网络游戏用户间的购买记录和转移记录等相关信息。保存期限自用户最后一次接受服务之日起，不得少于180日。

（3）禁止以预付资金占用为目的的恶意发行行为。

（4）在发行网络游戏虚拟货币前，将发行总量、种类和单位购买价格等情况报送发行企业注册地省级文化行政部门备案。

这种规定限制了网络游戏虚拟货币的发行和使用范围，禁止了它的双向流通。这样规定的意义在于对金融风险的控制，因为一旦国家赋予了虚拟货币的双向兑换职能，它很快就会演变为一个方便洗钱的工具。

然而，网上虚拟货币的私下交易已经在一定程度上实现了虚拟货币与人民币之间的双向流通。因为玩家是一个十分庞大的用户群体，在这个群体中每个人除了游戏之外必然存在大量的其他需求，只要通过第三方平台把用户的各种需求进行转换、对接，很容易就能实现双向流通的职能。随着参与虚拟货币业务的机构的不断出现，这种交易成为各种网络犯罪销赃和洗钱的平台已成事实，如果不加限制可能会进一步引发其他一些不良行为。

4. 用随机方式获利的争议

《网络游戏管理法规》对网络游戏的经营范围曾作出过明确规定：网络游戏运营企业不得提供随机抽取等偶然方式，诱导网络游戏用户采取直接或变相投入法定货币或网络游戏虚拟货币方式获取网络游戏产品和服务。

这个规定已经明确限定了"开箱子"和"开箱子"的变形方式等用概率事件手段诱使玩家消费的行为都属于违规行为。但事实上,因为用概率事件圈钱的效率具有明显的优势,所以很多网游企业都对曾经尝到过的甜头恋恋不舍,有些将"开箱子"改头换面,伪装成更加隐蔽的形式,有些则明目张胆地继续着开箱子的财富梦想,对文化部的管理法规置若罔闻,依旧我行我素。

5. 合法伤害程度的法律缺失

在网络游戏中,因为可以对其他玩家进行攻击而无须承担攻击造成的伤害后果,使得一些玩家由此找到了发泄情绪的渠道,而且乐此不疲。但游戏中合法伤害的程度有多大,却没有一个法律的界定。事实上,网络游戏中当一个玩家无端受到其他玩家的挑衅和虐待的时候,他所遭受的精神伤害不可小觑。尤其是自己能力不及别人时,如果受到欺负或凌辱,那种想报复又无能为力的心情可能导致情绪失控甚至精神崩溃。游戏中曾有玩家公然以5000元人民币的代价向其他玩家悬赏购买某一玩家的家庭地址,原因就是在游戏中经常受到虐杀而又无可奈何,恼羞成怒之下希图在现实中对仇人进行报复。据调查很多玩家都有过类似的心态。

其实现实中这些玩家并没有任何矛盾,所有的敌对情绪都是由网络游戏引发的,是游戏规则应用于用户身上的极性表现。正因为游戏允许违背玩家意志的恶意PK存在,才导致了玩家可以不经过对方允许便对其发起攻击,从而给对方造成了精神伤害。一般情况下,这种伤害的程度与玩家受到的暴力侵害程度和对方的蛮横态度密切相关。当反复受到对方强制性的违背自己意愿的武力伤害时,精神伤害程度可能会陡然上升。

《网络游戏管理法规》在网络游戏的经营范围中曾经明确规定,网络游戏运营企业不得在网络游戏中设置未经网络游戏用户同意的强制对战,即违背玩家意志的恶意PK是被禁止的。但由于强制PK是引发玩家矛盾的有效手段,对于促进虚拟物品的销售至关重要,所以这一条规定在很多游戏中根本得不到落实，法规中限制恶意 PK 的条款形同虚设。

6. 与社会道德背离的网游精神

评价一款游戏是否健康，首先要看其所倡导的价值观和网游精神。一些不良的游戏非但允许恶意 PK 的存在，而且还鼓励抢劫、杀人，纵容甚至怂恿偷窃、敲诈等行为，对玩家的世界观和价值观造成错误的引导，其社会危害性不容忽视。根据对一些案例的分析，一些未成年玩家在现实中走向犯罪就是受到这种不良价值观的影响。这种违背社会道德的价值取向之所以存在，是因为它可以有效地挑起玩家间的争端，在玩家间不断地制造仇恨，从而有利于虚拟物品的大量消耗。但与社会道德背离的网游精神注定会受到社会的谴责，在网络游戏不断规范发展的过程中遭到摒弃。

7. 网络游戏的洗钱功能

当网络游戏中的装备和道具被游戏公司赋予了可交易的属性并附加了"价值"之后，网络游戏就具备了洗钱的功能。一些不法之徒利用黑客或其他欺骗手段，盗走他人的资金去购买网络游戏中的装备和道具，然后再通过其他支付平台将这些装备或道具甚至游戏账号出售给其他玩家，从而将非法所得变成形式上合法的收入。

2.4.4　网络游戏内容上的法律问题

1. 对虚拟物品权属的规定

很长一段时间社会上对虚拟物品权属的规定争执不下，出现了各种各样的声音，有的认为玩家付出了金钱，应该归玩家所有。有的则认为虚拟物品实质上是一种存储于网络游戏或其他虚拟环境的服务器中的电磁记录，不论虚拟物品在虚拟环境中表现为何种形式，其本身只是按照一定规则或指令形成的电磁数据。特定网络游戏中的虚拟物品依赖于该网络游戏，一旦该游戏不再运营，该游戏中相应的虚拟物品亦不复存在，所以虚拟物品不属于游戏玩家。

有的专家甚至还指出将虚拟物品合法化的硬伤。他认为，虚拟物品的价值从何而来，决定了虚拟物品的价值到底归谁所有。网络游戏中的虚拟物品，不过是电脑主机的一段数据而已。首先有游戏制作人员对游戏规则和系统的设定，游戏按规则进行到一定程度，虚拟物品是对游戏中人物的奖励而已。他还特别强调，这里提到的是游戏中的人物，并非现实中的人物。虽然虚拟的游戏人物是由现实人物所控制，但是他只能按照游戏规则去玩，脱离了游戏的虚拟人物以及虚拟物品是不存在的，游戏在虚拟物品的存在方面起着决定性作用，因此虚拟物品只与游戏人物有关，它的价值不属于游戏玩家。

这种说法似乎有一定的道理，但这个观点难以回答这样一个问题：既然玩家对虚拟物品不具有所有权，那玩家花钱购买的是一种什么权利？

曾有专家撰文指出，虚拟物品只是以电磁记录的形式存储在游戏服务器磁盘中的一段程序，不具有现实的形态，是游戏公司借以表达和提供的游戏服务的一部分，不能归属于无形财产，更谈不上所有权的归属。这种观点认为，对于玩家而言，带来精神愉悦的不是虚拟物品，而是游戏公司借由表达和提供的游戏服务。并且还认为，所有虚拟物品的"使用价值"都是一样的，就是让玩家更好地享受游戏。所谓虚拟物品的"价值"，其实不是游戏装备的价值，而是游戏服务本身的价值。玩家花钱购买的不是虚拟装备，而是一种特殊的服务。

暂且不说这种观点的对错，单就因为虚拟物品只是电磁记录不具有现实的形态而不能归属于财产的说法，就难以让人心悦诚服。照此推断，以电磁记录形式存储于银行服务器中的个人存款记录也只是一些数字而已，难道也算不得个人财产？而且虚拟物品只是一种游戏服务的表达更难以阐明服务的期限和服务内容所适用的法律依据和法律原则等关键性问题。

回到上面提到的问题。游戏公司设计出了形形色色的虚拟物品，并将这些虚拟物品以有价形式出售给了玩家。那玩家花钱购买到的是一种什么权利？按照相关的司法解释，以盈利为目的的销售行为将视为商业行为，应受到《消费权益保护法》的规范和约束。如果玩家不具有对所购买虚拟物品的所有权，那么玩家付费所得只能是一种使用权或服务权。按照《消费者权益保护法》第二十二条的规定，经营者应当保证在正常使用商品或者接受服务的情况下，其提供的商品或者服务应当具有的质量、性能、用途和有效期限；而第十条则指出，消费者在购买商品或者接受服务时，有权获得质量保障、价格合理、计量正确等公平交易条件。这就是说，如果玩家付费得到的是一种服务，那么服务应该有期限的约定。而事实上，如果玩家因为某种非主观原因，需要中断或无法享受游戏服务，或者玩家认为游戏提供的服务与自己所付出的费用存在不公平的因素，那么游戏公司应该按照《消费者权益保护法》与用户进行争议协商。但事实上，玩家只要购买了虚拟物品的"使用服务"，无论是否真的使用，也不管使用多长时间，都已经与游戏公司无关。并且游戏公司不断推出新的更高级的虚拟物品的做法，客观上造成了玩家的虚拟财产的蒸发、贬值或"服务质量"下降。这种由游戏公司单方面原因导致的对玩家的不公平，也没有受到任何约束。玩家因此提出退出或取消服务，但没有主张退还服务费用及任何形式的损失赔偿的权利。

2. 内容更新在审查上的漏洞

因为网络游戏的媒体属性没有明确界定，所以国家行政主管部门对网络游戏的监管存在一些交叉，并且网络游戏也因此存在部分内容审查上的真空。游戏公司经常为修改一些漏洞来更新游戏，看上去合情合理，但是游戏公司也常常利用游戏更新来推出一些新的虚拟物品和游戏规则，使玩家的权益受到损害。

网络游戏作为一个文化产品，在投入市场后，在整个运作过程中，其内容的不断更新和随意改变，是否又经过了文化部门的监管和核准？一个最初被核准投入市场运作的文化产品,是否具有随意更改其内容的权力?是谁赋予了它的这种权力?游戏公司可以不经玩家的同意而随意更新游戏规则和内容,对玩家造成的损失谁来承担?事实上网游公司正是利用这种监管上的漏洞来"处置"玩家的虚拟财产,使玩家不断陷入被吸取财富的巨大旋涡中。

3. 对防沉迷系统的破坏

由于防沉迷系统影响到部分玩家的游戏体验,造成了不同年龄层次玩家的不平衡,在一定程度上也影响到了游戏公司的利益。于是一些不良的游戏利用技术上的优势对防沉迷系统进行规避,游戏通过设置一些特殊道具来帮助玩家消除防沉迷系统的影响,甚至直接出售升级经验,把防沉迷系统变成圈钱的新工具,使得国家推出的对未成年人保护的措施形同虚设。

2.4.5 网络游戏运营中的法律问题

1. 网络游戏在区分服务对象上的责任

网络游戏是作为一种网络服务,其获利的主要来源是玩家,但玩家群体中有很大一部分是未成年人,国家对未成年人上网及玩游戏有所限制,制定《未成年人保护法》,禁止未成年人进入网吧就是基于这方面的考虑。但游戏公司既然从玩家身上获利,就有义务对服务对象进行区分,而不是由国家来承担责任。网络游戏应该设置一定的门槛,不能对所有的人都提供服务,至少对一些特殊的群体有所区别,尤其是中小学生。而且,游戏公司在技术上也有能力做到对不同群体的区别服务。现在国家推行网络实名制,这对于打击网络犯罪、净化网络环境、推进诚信建设是非常有必要的。但由于网络注册的自由性和随意性,实名制在网络游戏中并没有被严格地执行。游戏公司固然无法做到对用户实名认证,那可以委托国家的行政主管部门协助进行认证,只要向国家支付一定的费用就可以实现。实名认证之后,就可以对网络游戏实行举报制度,如果游戏公司向不适合的群体提供了游戏服务，家长或监护人就可以向相关部门进行举报。这样就可以从根本上杜绝未成年人沉迷网络游戏的现象。

2. 网络游戏协议中的霸王条款

玩家最初在进入网络游戏时都会被提示承诺遵守《网络游戏使用协议》。不管协议内容如何，只要玩家点击同意，就意味着用户已经详细阅读了协议的内容，并同意遵守协议的规定。对于玩家而言，由于协议使用的是格式条款，只能被动地接受。这种格式合同中存在很多对游戏公司免责的条款，这些条款事实上已经违背了公平的原则，玩家作为弱势的一方，根本没有办法主张或维护自己受到侵害的权利。而且协议最后一般还有这样一条：本公司对协议有最终的解释权。这让用户更加投诉无门。

事实上，根据我国《合同法》以及《消费者权益保护法》关于格式合同的限制性规定，游戏运营商作为网络游戏服务格式合同的拟订方，有义务按照公平的原则确定其与玩家之间的权利与义务，并应该采取合理的方式提请玩家注意免除或限制自己责任的条款，并按照玩家的要求，对该条款进行说明。双方对网络游戏服务合同条款的理解发生争议的，应该按照通常理解给予解释；对于格式条款有两种以上的解释，应做出不利于游戏运营商的解释；游戏运营商不得以格式合同、通知、声明、店堂告示等方式做出对玩家不公平、不合理的规定，或者减轻、免除其损害玩家合法权益应该承担的民事责任，格式合同条款含有以上内容的，该内容无效。但这种不公平的认定却缺乏相应的标准。

网络游戏的服务协议中的"霸王条款"五花八门。例如很多网络游戏运营商会在游戏服务协议中包含如下条款："由于拥护及市场状况的不断变化，××网络公司保留随时修改服务条款的权利，修改本服务条款时，××网络公司将于官方网站首页公告修改的事实，而不另对用户进行个别通知。若用户不同意修改的内容，可停止使用××网络公司的线上游戏，若用户继续使用××网络公司的线上游戏，即视为用户已经接受××网络公司所修订的内容。"这完全是无视合同意思表示一致乃合同之根基的法律原理，赋予自己单方面的随意修改合同的权利。还有的协议中这样规定："××网络公司对于用户使用线上游戏所发生的任何直接、间接、衍生的损害或所失利益不负任何损害赔偿责任。若依法无法完全排除损害赔偿责任时，××网络公司的赔偿责任也仅以用户使用线上游戏所支付的价值为限。若用户违反服务合同条款或相关法令，导致××网络公司，或其关联企业、受雇人、代理人或其他相关履行辅助人因此而受到损害或支出费用（包括但不限于进行民事、刑事、行政程序所支出的律师费用），用户应承担损害赔偿责任。""用户应该了解并同意，运营商所属线上游戏可能因公司本身、其他合作厂商或相关电信业者网络系统软硬件设备的故障、失灵，或因合作方及其相关电信工作人员人为操作的疏失而全部或部分中断、暂时无法使用、迟延或因他人侵入××网络公司私通篡改或伪造变造资料等，造成线上游戏的停止或中断或用户档案缺失，用户不得要求运营商提供任何的补偿或赔偿。"玩家作为合同的一方，对于违反合同的一方提出索赔是再正当不过的权利，对于因运营商自身或者其合作伙伴的过失或过错造成网络游戏无法进行、玩家人身或财产受到损失，玩家都有权利向网络运营商进行索赔。这种单方面地限制玩家合法的索赔权利和索赔数额的规定违背了最起码的公平、合理原则，应该被认定为是无效的条款。再例如很多合同中规定："对于用户所登录的个人资料，视作用户同意××网络公司及其关联企业或合作对象，在合理范围内搜索、处理、保存、传递以及使用该资料，以提供用户其他信息及服务或做成会计资料，或进行网络行为的调查研究，或其他任何合法使用。"在网络社会中个人的隐私空间越来越小，如何更好地保护消费者的隐私权是各国网络立法的重要考虑因素之一，而该条款仅仅以"合理范围"这样的模糊措辞来使用玩家的信息和资料，难免会侵犯玩家的隐私权。更有甚者，有的网络游戏使用协议声称，"用户注册的账号激活该网络游戏服务后，连续180天没有登录该款网络游戏，则自满第 180 天当天的 24 时起，公司有权采取措施终止向用户继续提供该款网络游戏的服务（包括但不限于：取消该款网络游戏的剩余游戏时间、游戏金币、游戏物品；删除该款网络游戏的注册信息、角色信息等一切相关信息），且不对因此所导致的任何损失负责。""如果系统发现用户数据异常，无论用户对该异常数据产生是否负有过错"，公司都有权对该账号进行"中止、终止、删除"，并要用户认可"公司有权做出上述行为，并承诺不就上述行为要公司做任何补偿或退费"。

事实上，很多霸王条款都是出于对自身利益的保护而过于主观，比如上述"180 天"期限的设定没有任何法律依据，"剩余游戏时间、游戏金币、游戏物品"及"注册信息、角色信息"均属于用户合法财产，即便在提醒用户确认后删除也应当给予相应额度的补偿。对于数据异常，无论用户有无过错，都要用户全部承担，属于典型的霸王条款，违反《中华人民共和国合同法》，而"在不事先通知的情况下"搜集用户软硬件信息，涉嫌侵犯用户隐私权。

3. 网络安全的责任划分

网络游戏运营商作为提供网络服务的合同一方，有义务保证系统的安全，有义务为玩家提供一个安全、稳定、高质量的系统环境，有义务保存玩家的游戏数据和信息。这类似于乘客乘坐交通工具，承运人有责任保护乘客人身及财产的安全。在实践中，往往是因为游戏系统的漏洞或者运营商进行系统合并导致玩家的游戏数据或装备的丢失，因此笔者认为如果是由于运营商的原因或过错导致系统出现漏洞而导致玩家的装备等虚拟财产丢失，运营商应该赔偿玩家的损失。但如果是因为外因，比如黑客入侵、病毒入侵造成系统出现问题从而导致玩家数据、财物损失的，应该具体分析运营商的系统是否达到一般技术要求的水平，是否尽到了一般的注意义务。

不过，真实的情况千差万别。当玩家申诉账号被盗的情况时，游戏运营商往往借口无法判断是盗号还是线下交易而拒绝提供追回服务，而玩家由于无法提供有利于自己的证据，最终只能自认倒霉。而盗号者除了在游戏内交易外，也可以通过诸如5173、淘宝等交易平台进行变现。这些交易平台事实上已成了不法分子销赃的渠道。

随着各种体裁游戏的出现，网络游戏中的各种新的法律问题还会不断出现。因为它是社会矛盾的呈现方式，所以必须要引起整个社会的关注。只有对网络游戏进行深度体验，并结合现有的法律规范，开展各种研究，才能真正建立网络游戏行业的有效评价体系，并以此规范整个行业的健康发展。

2.5　网络游戏应承担的教育职能

网络游戏从诞生之日，就承担了以娱乐为主要职能的责任。可以说，网络游戏本应是以带给玩家快乐为使命的。但网络游戏是新媒体时代的产物，除了娱乐之外，它还具有媒体的属性，可以传播思想，并能够宣化教育。

前文已经论述过，文化是人类精神成果的汇总，是代表文明发展的标志。而教育则是文化传承的手段。但教育的方式有多种，可以口口相传，可以以身示范，也可以通过正规的学校教育手段来实现。无论是哪一种方式，都需要完成文化的传承。这就意味着只要实现文化传承的目标，就可视为教育的成功。

一般认为，教育作为一个行业，最不容易受到经济周期的影响，甚至越是在经济萧条的时候，这个行业越景气。从2008年起至今，已经有大量的风险投资进入这一领域，联想资本、红杉资本、华兴资本、KPCB等国内外大大小小的风投都纷纷下注。被人们熟知的，如华尔街英语、环球雅思、巨人学校、东方爱婴、万学教育等，其背后也都有风投的身影。据不完全统计，各类在册的培训机构已超过 10 万家。

　　然而，巨量的资金投入并没有给投资者带来可观的回报，在教育上投资成功的，屈指可数。是什么原因导致了这一结果？是投资的力度不够，还是市场定位出现了问题？明明市场有大量的需求，但为什么没有取得相应的结果？这让一些投资机构迷惑不解。

　　其实，几乎所有的投资机构都忽略了一个重要的事实。教育作为一个特殊的行业，有其自身的特点。作者通过数年的研究，发现教育的需求不同于其他行业的需求，它是被动的。因为教育作为一项培养人的活动，需要得到受教者的理解和响应。而施教者因为处于主导地位，往往忽略了教育对象的这一要求，所以最终导致一切需求导向成为一厢情愿的设想。

　　基于对网络游戏的研究，笔者发现，网络游戏之所以能够吸引玩家，是因为它充分利用了人性的弱点，将人性中的贪婪、自私、虚荣、好胜、攀比、嫉妒、妄自尊大、嗜赌成性等全部设计成游戏规则，对玩家用户进行意志的消磨和心理上的绑定。这种力量所带来的后果就是玩家的游戏沉迷，并促进了需求的主动刚性。而促成教育的动因则来源于对人性积极方面的激发，人性的积极因素包括人的求知欲、好奇心、冒险精神、集体荣誉感等，对这些要素的激发需要相对强的力量。相比于游戏而言，这种力量要弱小得多，所以教育需求往往是被动的需求。直观上看，玩游戏可以上瘾，但学习却很少有上瘾的现象，这就足以说明这两者之间的差距。

　　网络游戏因为具备主动需求的特征，即玩家的参与是积极的，所以更容易实现知识和信息的传播，因此网络游戏天然具有教育的功能。但因为教育需求的被动性，开发教育职能在获得方面会有较长的周期且容易失去用户，所以很多游戏公司并不情愿利用网络游戏从事教育职能的设计。笔者经过很长一段时间的研究，通过深入比较游戏与教育的区别，发现了游戏与教育之间的天然联系，并结合游戏的特点与教育发展的规律，给出了通过游戏方式发展教育的手段和方法。

将游戏思想引入教育，是很多教育家梦寐以求的结果。多年来，不少人通过很多种方式做了尝试，但除了寓教于乐的教育方式之外，并没有找到更适合的游戏化教育形式。而现代教育由于受到社会环境的影响，施教与受教双方将更多的精力专注于应试，学习不能与劳动相结合而是与考试相结合，从而导致教师未能起到真正的传道授业解惑的职责，也未能真正做到因材施教。这些原因都对教育效果和教育质量造成不良影响。笔者认为，试图通过寓教于乐的方式改变、提高教育效果，理论是可行的，但这并不是最完美的手段。要想从根本上提高教育的效率，必须考虑将教育本身设计成游戏。基于这种思路，作者通过多年的教学实践，探索出了一条以游戏思想提高教学效率的路径，并以自己所执教的班级进行了验证，收到了较为理想的效果。

首先，不妨深入分析一下传统教育形式所存在的效率低下的问题。这个问题的根源最终指向是因为无法彻底解决教育被动性需求的矛盾所造成的。尽管有越来越多的教育手段用以改善教育的效果，但相比于其他行业仍然存在很多实际困难。除非提高需求的刚性，像新东方教育，将需求刚性最强的用户区分并筛选出来，否则，很难达到理想的效果。

以目前相对流行的一对一培训为例。作为一个异军突起的教育培训形式，一对一培训尽管在概念的炒作上做了很多文章，但其发展并不像预想的那样顺利，很多一对一培训机构目前仍是生存艰难。很多都走向用设定好的规则吸收用户的资金，最终变成一种互联网金融骗局。之所以导致这样的结果，是因为这种教育形式所达成的效果与用户的期待有较大的差距。深层次分析发现，一对一教学难以形成规模是因为它无法克服以下困难：

（1）在一对一教学中，家长付出太多。家长需要面对自己的孩子，甚至需要全程参与整个教学活动，这必然导致家长被动地付出太多时间和精力。

（2）老师付出太多。老师必须全程参与，而且占主导地位，这将导致老师的劳动消耗过大，使得老师的精力被过度占用，无法进行创造性的课程和教学设计。

（3）学生处于被动状态，无法发挥主观能动作用，因学习负担的加重和学习兴趣的不足而导致接受度差，使得教学过程枯燥。

（4）由于施教老师仅受利益驱动，缺乏工作激情，使得教学效果无法事先预估。

（5）投资回报周期相对较长，难以实现规模化扩张。

所有这些问题都由教育的被动性需求特点所决定。如何将教育的被动性需求变为主动性需求？或者，如何改变教育的表现形式，将教育过程以游戏的方式加以呈现？这个问题的有效解决是实现教育需求刚性增强的关键。

笔者曾经数年对这一问题进行研究，试图深层次探讨问题的根源。在长期的教学过程中，发现了大学生沉迷于网络游戏的普遍现象，了解了不良网络游戏对教育造成的伤害。出于一个教育工作者的社会责任，笔者曾深入网络游戏内部，并耗费数年时间对网络游戏让人沉迷的机制进行研究，发现并总结了网络游戏中形形色色的绑架玩家意志的游戏规则及肆意吸金的陷阱和黑幕。在对网络游戏深度体验的过程中，作者将游戏与教育在不同层面进行对比，除发现两者需求的主动性与被动性的区别之外，还发现了两者之间相互转化的路径。基于此，作者认为要想彻底改变教育内在需求的动力问题，就需要对教育的环节和形式进行改革。

受游戏中人性被利用的启发，笔者突发奇想，如果将网络游戏对人性弱点的把握与常规教育对人性积极因素的引导结合在一起，综合运用这两种力量，设计出一种将学习以游戏的方式进行操作执行的教育形式，改变教育形式的被动性需求，无疑对教育效果的提升会是一种巨大的促进。这一想法在笔者教学过程中得到了验证并取得了出人意料的结果。下面的例子是笔者在教学过程中的真实应用。

　　笔者所讲授的课程之一是《工科数学分析》，是计算机学院和软件学院的必修课。这门课相对于其他课程有一定的难度。通常情况下，该课程的讲授环节与课堂练习环节需要一定的时间比例设置。课堂内容讲完后要留有一定时间安排学生做课堂练习，多数老师会要求学生做课后习题，或者预习下一节的内容。但笔者通过多次的观察发现，尽管老师做了要求，但学生并不积极响应，大部分学生都很随心所欲，有的看手机，有的看些别的东西。真正按老师要求去做的，只有少数人。笔者从人性角度换了一种表达，根据课堂留余的二十分钟左右的时间，选择了课后习题中的十个左右的典型题目，要求学生在规定的时间内进行速度比赛，并以此来检验学生对本节内容的掌握程度。在规定的时间内率先完成的举手示意。这种新型的表达方式所导致的后果就是，大家迅速投入到紧张的做题中，教室内鸦雀无声。很明显这是一个巨大的改变，课堂效率提升了很多。笔者并没有额外增加任何付出，但学生学习的积极性却有了明显提高。从这一点可以看出，将游戏中的竞争机制引入学习所产生的效果。

　　因为从教学的设计和学习的过程上分析，学习有四步曲。第一是课前预习，在上课前找出疑难问题，这是提高听课效率的重要环节。第二是课上听讲，课堂上认真听讲是提高学习质量和学习效率的最主要保障。第三是课后复习，这是巩固课堂效果的必要手段。第四是适度练习，这是将学习进一步升华，做到熟能生巧并最终达到融汇贯通的不可缺少的环节。为提高课堂效率，笔者经常要求学生课后预习下一节的内容，但在课前检查时发现真正预习过的学生只有10%左右，甚至多数学生完全没有课前预习的习惯。针对这种情况，笔者做了一个很重要的尝试，首先强调了预习的重要性，并对下节预习内容做了安排，同时要求，下节课开始时会在班上随机抽取三至五名学生给其他同学就课程中的知识结构、基本概念、重点和难点等进行讲解。这种尝试起了出乎意料的效果，下次上课检查时发现，预习的比率达到了70%以上。后来总结发现，之所以出现这样的效果，也是因为引入了游戏中的对人性刺激的因素：一方面给有表现欲望的学生一个表现的机会，另一方面也给一些担心出丑伤害到自尊的学生增加一些心理压力。无论是哪一种情况，客观上都促进了学生预习的动力。

笔者将游戏中的很多机制不断融入教学过程，虽然自己并没有增加额外的工作量，但却收到了相当好的成效。于是笔者开始研究如何将学生的学习过程以游戏化的方式来实现，通过很长一段时间的探索与分析，最终完成了这一构想。以下是笔者对游戏化教学形式的详细设计。

设计思路：①引入竞争机制；②利用人性的弱点（贪婪、自私、虚荣、嫉妒等）设置促进学习效果的游戏规则；③激发学生内在积极的因素（好奇心、求知欲、荣誉感等要素）；④培养学生不断强化自身的力量；⑤改变学生的不良学习习惯；⑥培养学生的耐心与毅力。

教育形式的设计：

对于在传统教育中表现不尽如意的学生，按照相同的年级进行综合测评。再根据学生评测的结果进行分类，将相同表现水平的归集于一个虚拟的班级，然后辅导老师在虚拟班级中监督执行设定好的教育游戏规则，并通过网络或其他手段公布学生对学习游戏规则的表现结果。具体的操作步骤为：①选择传统教育中表现不理想的学生对象。这些对象的不理想表现包括：有不良的学习习惯；学习不得要领，效率低下；缺乏理想，学习没有动力；意志薄弱，吃不得苦；耐心不足，学习没有条理；基础差，成绩低落；有性格或人格上的弱点，对学习有畏惧倾向；对自己没有信心。②对于具有上述表现并参与计划的学生进行系统评测，发现并记录导致问题的主要原因。③根据学生评测的结果对学生进行分类，将水平相近的学生划归到一起，在网上组建一个虚拟的班级。④招募并任命辅导老师或班主任对所建立的虚拟班级进行管理。管理的手段是基于设定好的规范的教育游戏化规则。⑤辅导老师监督落实教学规则的执行，并对学生在虚拟班级的表现进行记录，同时将记录的结果在网上公示。⑥设立奖励基金，根据学生在虚拟班级的表现（竞争得分）对其进行奖励。

上述准备工作完成后，可以执行设定好的教育游戏规则。为实现对虚拟班级的每一个学生的激励，在充分考虑到可执行性的前提下，学习规则按游戏的形式来设置。具体内容为：

（1）指定虚拟班级中两个学生每天进行一次答题比赛，胜利者将获得10个积分。

（2）全班每周举行一次单词记忆比赛，每个学生将一周内记住的单词数量进行记录，以统计数量的十分之一作为奖励积分。

（3）每周背诵一篇课文，完成任务的将获得10个积分。

（4）每天学校布置的作业（不是虚拟班级中的作业）圆满完成的（指书写规范，并且全部正确）奖励一定积分。

（5）指定两人一组，每天在所学教材范围内找寻一个问题难倒对方，获胜的一方将获得10个积分。

（6）辅导老师根据学生的情况，每周出一定数量的题目做悬赏擂台，答对的将获得10个积分。

（7）鼓励学生出题难倒老师。每难倒老师一次奖励10个积分。

（8）找寻教科书中存在的问题，每找到一处经辅导老师核实的，获得10个积分。

执行监督管理：

为分散辅导老师的监督管理压力，将虚拟班级中的学生进行一定的组织建设，建立起一套相对完善的组织管理体系。每个虚拟班级指定一个班长，任务核查协调员若干。由辅导员给班长授权对整个班级进行管理，班长则分派核查任务给协调员。实行环状监督。对每个学生分配一个编号，首尾相接形成环状。比如 A 核查 B，B 核查 C，C 核查 D……，Z 核查 A。这有助于大家相互监督、相互促进。辅导员对监督者奖励一定积分，并给以额外奖励。但对于不能履职的协调员要给以一定惩责。为保障公平，班长和协调员按一定时间周期轮值。

为使奖励措施更加有效，在执行过程中可引入网络游戏中的魔法值、体力值、精力值、生命值等属性，并重新命名为智慧值、勤奋值、天才值、耐心值、毅力值等。依据不同的学习规则，把学生的竞争结果进行属性加成（获取积分），并把综合得分作为最后奖励的依据和参照。在该计划中，老师的职能由传统教育形式中授课为主变为监督、引导和管理为主。

本系统的设计充分结合了网络游戏对人性的把握，将学习过程以游戏的思路加以呈现，通过对一定数量的人群的试验，起到了较好的效果。学生原本枯燥的学习过程变得如游戏般有趣，这在很大程度上改善了对学习缺乏信心的学生的厌学状态。

从本质上讲，教育目的是由人提出和制定的，体现着人的主观意志。由于人们对教育持有不同的价值观，因而在制定教育目的的依据等问题上便形成了不同的主张。从一般教育理论层次上来说，教育的核心目标就是激发学生的内在潜能，使其各方面得到最充分的发展。网络游戏原本只是娱乐的工具，但它天然的媒体属性和传播特技应用于教育也会使之成为不可或缺的手段和工具。所以，网络游戏的价值呈现还应包括其有待于进一步开拓的教育功用。对于一个行业的发展来说，附着在教育上的网络游戏其未来的前景不可限量。

2.6 网络游戏成瘾性分析

在有关网络游戏的价值判断讨论中，某些问题始终困扰着很多网民。网络游戏令人沉迷的机制是什么？不良网络游戏对玩家有哪些危害？什么是健康的网络游戏？国内外有很多专家都曾对这些问题进行过深入而细致的研究，但都没有形成系统而专业的理论。笔者历时十数年曾深入研究过超过100款不同体裁和风格的网络游戏，积累了一定的经验，在此笔者将这些研究进行系统的整理和总结。根据对国内一些主流游戏的调查和测评，不良网络游戏令人沉迷的机制与其游戏规则所设下的陷阱密不可分。

2.6.1 虚假或变态的广告宣传

首先通过虚假或夸大的广告宣传，对玩家进行诱惑。为了快速地圈定用户，新推出的网络游戏往往采用各种形式对用户展开宣传攻势。网络、报刊、电视、地铁、楼梯及社区广告都是游戏宣传常用的形式。为了引起关注，一些游戏还常常利用明星代言等形式进行包装。最直接的推广方式则是通过营销人员在网吧里对上网用户进行推销。无论哪一种推广形式，它们都有一个共同的特点，就是用最吸引人的画面或字眼对玩家的眼球进行刺激。很多网站甚至不惜使用虚假、欺骗等手段对用户进行误导，充分利用用户的好奇和贪欲做恶意的引导。我们经常会看到一些网站上的不良文字宣传，"让男人心跳，让女人脸红的游戏""你绝对撑不过三分钟的游戏"等都会让好奇的用户落入其虚假宣传的圈套。更有甚者，一些网站还利用一些极尽暴露的色情图片引起玩家的欲望，这些图片都会将点击它的用户引向网络游戏的注册界面。

另外，也有一些标题党的恶作剧式的推广方式，他们常常通过在网站上发布一些极具吸引力的标题新闻来引诱用户上当。当用户看到这个标题的时候，常常会出于好奇，想读一下该标题下的内容，但点击标题，也将用户引向网络游戏的链接。或许我们都曾遇到类似的现象，诸如"习总一席话，让日本人目瞪口呆"这样的标题，一旦点击，就会弹出网络游戏注册的界面。

还有一些宣传显得十分过分。以前在网易首页上曾出现过"上班打老板，想玩就玩"这样的游戏广告。这种广告语非但过分，而且非常恶毒。它用最直白的语言向用户传递一个信号，这样的游戏是非常方便在上班时间玩的，可以与老板玩捉迷藏的游戏。在游戏还没有推出去之前，这样的游戏形式已经充分暴露了它不良的本质。

在形形色色的网络游戏中，几乎所有的游戏都没有对玩家进行区分，用户进入游戏没有任何门槛。这种做法说到底完全是为了最大限度地圈定用户。用户的数量是网络游戏公司获利的最可靠的保障，无论男女老幼，无论地位职业，只要进入游戏成为他们的客户，就促成了游戏成功的第一步。

有些小游戏为了能第一眼就吸引住用户，不惜使用充满诱惑的图片和文字作为图标，引诱玩家进行体验。下图是在 360 游戏频道中的部分截图，令人哭笑不得的是，在"汇集海量绿色小游戏"的标题下，赫然列出"脱衣秀""打屁股""调教女仆""人间胸器"和"美女猜拳脱衣"这样的游戏，且不说内容如何，单就游戏的名称就已经与健康游戏背道而驰。

图 2-13　360 游戏频道中的截图

也有一些游戏打着免费的幌子招摇撞骗，声称游戏终生免费，但实际上只是用这种"挂羊头卖狗肉"的方式掩盖其兜售虚拟物品的事实。更有甚者，有的游戏非但打出免费，而且还发工资、送礼包之类的宣传。这里使用了模糊概念，工资并非现实中的钞票，而只是游戏中的金币而已。

2.6.2　捆绑玩家的游戏规则

网络游戏其实就是一个真实的虚拟世界。所谓真实是说游戏基于一定的世界观或游戏背景，把现实世界的社会关系、经济形式、装备道具、交易商城等客观存在的要素映射到网络游戏中而形成一个与真实世界对应的虚拟社会系统。它涵盖了等级、职业、技能、任务、怪物、地图、宠物等基本组成模块。

现在多数游戏都走免费路线，游戏公司声称他们卖的不是游戏而是游戏体验。其实，他们直接向玩家出售的是经验、装备道具、地图和其他特权。一个不争的事实是，网络游戏收费模式的演变趋势一步步见证了游戏从时间消费走向卖经验、卖道具、卖地图等特权形式直至实现平台化收费模式的过程。这充分体现了游戏攫取社会财富的能力。

最原始的收费模式，是通过向玩家提供持续的游戏娱乐服务来获得收益，即靠向玩家出售游戏时间来盈利。这也是目前最健康的收费形式。在这种模式下，用户的数量就代表着盈利的水平，游戏的一切活动都围绕着延长用户的在线时间为主要目的，所以提高游戏质量是游戏公司发展的唯一选择。游戏内的一切价值都可以用游戏时间的累积来衡量，此种情况下，用户的升级会很缓慢，爆出装备的过程也很漫长。这种模式在某种程度上会降低用户的体验。想当年，《传奇》在推出道具收费之前，那种穿迷宫、跑地图的艰辛曾经让很多玩家吐血，只是为了消耗玩家的游戏时间而已。这种模式下每个用户对游戏公司收入的贡献都是只体现在游戏时间的长度上，并没有其他的差别。游戏公司最需要做的事就是设法提高游戏的质量，增加游戏的可玩性。游戏中也没有人民币玩家，所有玩家升级、打装备的过程都需要一步步积累，游戏公司也不鼓励道具的线下交易。

而随着新的游戏收费模式的出现，游戏内开始出售一些辅助功能的道具，比如改变天气的卷轴、改变玩家形象的外装、增加喜庆气氛的焰火等不涉及用户的攻击力、防御力，不增加用户经验值和移动速度的道具。这种道具由于并没有打破游戏的平衡，所以不会引起玩家的反感。而代币体系的发展，客观上助长了人民币玩家的出现。每个用户对游戏收入的贡献开始拉大，活动由以游戏乐趣为目的转向促销，游戏商城开始成为游戏收入的主要来源。此种情况下，游戏公司会通过游戏商城公开出售具有特定属性的装备或道具，游戏慢慢向平台化转移，销售几乎无成本的虚拟物品成了赤裸裸的目的。

而由于中国的法制环境允许这种现象存在，进一步刺激了游戏运营商追逐利益的欲望和决心。这在一定程度上助长了其利欲的膨胀，使得其在不受监管的条件下完全享有对虚拟物品设计和定价的自主权，从而必然导致虚拟物品的泛滥。而游戏公司随意对虚拟物品定价的行为，也使得虚拟世界里通货膨胀成为必然，这种人为制造的通货膨胀最终也成为游戏公司攫取社会财富的最有效的手段。

在这种情况下，人民币玩家大量涌现。不同玩家对游戏公司的贡献进一步拉大，游戏乐趣开始向愿意付钱的玩家倾斜。而享受"免费"权利的玩家则变成游戏中的"陪绑"，成为供人民币玩家取乐的工具。相比于人民币玩家，免费玩家通常获得的不是快乐，而是经常被刺激或虐待的"耻辱"，当这种负面的情绪刺激积累到一定程度，免费玩家就有可能失去心理平衡，晋升到人民币玩家的行列。当然，也有大量的玩家完全不为所动。然而正是这些"陪绑用户"的存在，才使得一些愿意花钱的玩家可以用人民币轻易换取到超越其他用户的权力。由此可见，"陪绑用户"的数量正是高端玩家消费的动力。

目前，部分网络游戏还存在其他形式的收费模式，比如内嵌广告等形式，但并没有成为主流。

2.6.3 网络游戏让人沉迷的机制

网络游戏令玩家着迷的原因究竟是什么？下面先以 RPG 和 ARPG 类型的游戏一一列举。

1. 对初级玩家的持续奖励

一般玩家刚进入游戏时，可能什么也不熟悉。对于初级玩家，游戏首先要做的就是对这些玩家的指导和培养。一般情况下，游戏都会设置任务指引和帮助系统。而且对于初级玩家来说，新手的任务都异常简单，往往点击一下鼠标，移动一下位置就会获得经验和奖励。玩家完成这些任务非常轻松，基本不需要别人的帮助。这与现实中的情况完全相反。在现实中，对孩子的早期培养和教育是一生中最难实现的部分，常常教会一个字都要耗费很大精力，只有当孩子成长到一定的阶段，才会变得相对轻松。而网络游戏会让初级玩家感觉一切都易如反掌，所有的目标都能轻易实现，而且每实现一个目标就能获得相应的奖励。这种持续的正面刺激不断强化了初级用户接受挑战的决心，提升了其参与活动的热情。最终在新手任务的指导下，玩家慢慢地熟悉了环境，习惯了游戏设置的各种规则，一步步走上了角色成长的道路。

2. 游戏故事的感染与吸引

网络游戏一般都有一个主线故事，以这个主线故事为背景设置了一系列世界任务。新手任务引导玩家熟悉了游戏环境和操作要领之后，世界任务就会被激发启动。网络游戏最吸引人的地方在于，玩家是整个故事的主角或当事人，亲自扮演一位角色在一个虚构的世界中活动。在一个大的游戏规则框架下，玩家有很大自由发挥的空间。这是电影、电视所不能相比的。正是这种亲身的参与性，使得角色本身被赋予了一定的"生命"特征，玩家很容易入戏，很容易被游戏故事所感染。而随着一个个世界任务的完成，玩家会在不断增加的经验和金币奖励中感受到角色成长和虚拟财富的积累所带来的乐趣，尤其是角色升级时各种能力的增强会让玩家产生一种强烈的成就感。由此玩家会逐渐对自己所操控的角色产生感情。游戏中无穷无尽的支线任务和日常任务，也给玩家带来不少成长和积累的乐趣。

3. 虚拟世界里社会关系的形成

玩家在游戏中执行任务或参与活动时，可能会结识很多玩家朋友。这种朋友关系是真实的，就像 QQ 的好友一样，是通过网络联结在一起的一种关系。但这种关系在一定程度上要强过 QQ 好友的关系。因为在网络游戏中，除了聊天之外，玩家与玩家之间更多的是一起参与游戏活动，或者相互配合，或者相互帮助。这无疑会增进玩家与玩家之间的交流与协作，更进一步增加了相互之间的感情。更深入的合作还可以让玩家结成联盟，比如加为好友、成立帮会、建立同盟、拜师收徒等。因完成任务的需要，玩家间也可以临时组建队伍。游戏本身的设置也对玩家进行团体划分，比如加入门派、阵营等。

游戏中社会关系的建立，让玩家感受到感情世界的丰富与多样，帮会、同盟、师徒甚至婚姻关系的存在让玩家不再孤单、寂寞。

尽管游戏的角色人物都是以虚拟的形式存在，但玩家给自己的虚拟角色所注入的，都是自己真实的思想和情感，该角色在虚拟世界所表现出来的喜怒哀乐，都是玩家的主观意识的体现！有人说："游戏里的角色是我，但又不是我，而是另一个人，仅仅是由我所掌控的；现实中的也是我，也是由我掌控，但是两者的本质是不同的。网络是虚拟的，人也是虚拟的，没有什么真实性可言。不会影响到我的生活，同样，现实也不会影响。"其实不管游戏里的与现实中的你偏差有多大，两个世界所诠释的都是同一个人，只是换个形式而已。两个世界所表现出来的不同性格，其实都是一个人的，只不过是潜在的性格，恰巧在游戏情缘中被激发出来而已。由此可见，虚拟世界，是一个缩小的现实世界，并非一个虚拟的网络把游戏上的一切都虚拟了，虚拟的仅仅是一个存在的形式。

如果玩家在现实的工作、学习中得不到肯定，受到歧视或轻视，往往会有逃避现实的愿望，而游戏恰恰在精神上给予了他一种安慰和保护。游戏中玩家之间的关系完全不依赖于实际生活中的玩家的真实状态，所以会让玩家很快有一种归属感，在某种程度上会依赖甚至迷恋于游戏中的自由与放纵。而当玩家在虚拟世界里建立一定的地位和势力之后，又会受到其他玩家的仰慕与崇拜，甚至被视为偶像而被其他玩家追随。这会进一步加剧玩家逃避现实的欲望，玩家由此会在虚拟世界中找到价值。游戏中玩家的社会关系越复杂，玩家就越舍不得离开游戏。

4. 漂亮画面的感染

在网络游戏这个虚拟的世界里，游戏的美术风格也会构成对玩家的吸引。一些地图中美丽的风景常常让玩家流连忘返。在诸如《剑网三》《九阴真经》之类的3D游戏中，地图中的景色堪比图画，玩家穿梭其中如身临其境。游历于游戏的各个地图就好比去全国各地做了一番旅游，置身于迷人的风光之下，总会令人心旷神怡。而一些漂亮的人物造型，对玩家的吸引也不可小觑，尤其是英俊、妩媚、洒脱、风流倜傥的角色人物在玩家的操控下，会产生一种莫名的豪侠情意，一种强烈的带入感会让用户沉浸于角色的情感而忽略了虚拟与现实的差距。

5. 模拟经营的乐趣

根据游戏规则，玩家可以学习一种或多种生活技能，这是制造虚拟物品的重要环节。玩家可以通过生活技能获取到某些生活材料，再用这些生活材料来合成或制造所需要的物品。游戏中的生活技能通常包含采集技能（比如挖矿、伐木、抽丝、神农、采药、剥皮等）和制造技能（比如制药、炼符、缝纫、烹饪、冶炼、锻造等）。熟练掌握生活技能不但可以帮助玩家获得所需要的物品和道具，还可以让玩家凭借自己的"手艺"，在游戏中积累起丰厚的财富。一些热衷于致富的玩家，很迷恋通过各种技能来采集或制造物品，然后再以摆摊或叫卖的方式交易给其他玩家，从中获利。不断增加的虚拟财富也会让玩家体验到非同寻常的成就感和乐趣。

有一些玩家除了自己采集制作虚拟物品之外，还喜欢倒买倒卖。他喜欢穿行于各大交易市场，根据市场行情进行低买高卖。更为严重的是，一些玩家甚至相互勾结对市场进行垄断，通过操控市场进行渔利。沉湎于各种经营策略来获取利益也是很多玩家无怨无悔的选择。

6. 游戏中的杀人快感

一些玩家非常迷恋游戏中的武艺比拼或强制 PK，打架是他们在游戏中获得快乐的重要手段。

"抽大麻有瘾，吸毒品有瘾，你们还不知道杀人也有瘾，"日军第三十八师团二三〇联队十二队三十四小队宫本见二在日本病危时曾经忏悔说，"这是一种在世界上能居首位的瘾。它能让你产生一种屠戮的快感，也能让你知道什么是生杀大权的实质，这是最刺激的人间游戏。你可以因为杀人而感到自己存在的伟大和自豪。"

人性中有一种原始的欲望就是征服欲，但现实中可能因为种种条件而无法满足或者遭受压抑，于是就试图通过网络游戏来释放。而且现实中杀人是要付出代价的，任何一个人都不可能无视法律的存在而肆意妄为。

通过调查，很多沉湎于网络游戏的玩家，都是被网络游戏中几乎不受约束的杀人的刺激所吸引。据报道，曾经有一个被父母送去戒网瘾的孩子在回答记者时说："感觉游戏中 PK 的时候特爽，在玩《街头篮球》时，进攻时每次赢球的时候都感觉很爽。还有就是《魔兽世界》里面，只要别人被欺负了，我就去帮别人忙。把对方杀掉的时候特有感觉。我们动不动就是先杀别人，杀完别人，别人又叫人，本来是两个人的单打世界，最后变成了一场战争，那时候感觉特别兴奋。"这个孩子只是一个中学生，玩得最疯的时候，曾经在网吧一个星期没有睡觉，饿了就到吧台买点零食，买点辣子。被辣子一辣，精神起来了，他就接着玩。要不就与同学搞个包间，把烟酒都放在里面，实在有人顶不住了，就在包间躺一下，其他人接上去。

很多案例表明，网络游戏中超越现实法律之上的杀人特权，造就了很多玩家通过虚拟世界尽情发泄情绪，展示其杀人才华的"奇迹"。他们把追求极度的快感视为最高目标，通过屠杀、伤害别人来获得快乐，尽情体验别人挣扎、痛苦和死亡时的刺激。而所有这些放纵的行为都不会因为玩家的违背常规而受到惩罚。既能放纵自己的邪恶又能免于处罚，是一些玩家选择网络游戏的直接原因。

7. 虚拟荣耀的满足与刺激

玩家在现实中可能一事无成，也可能倍受轻视。现实中出人头地并不容易，但在游戏中，玩家通过努力可以相对轻松地改变游戏中的命运。当玩家在游戏中建立了一定的社会关系之后，就有可能通过利益联盟获得一些特殊的地位和待遇。能够对众多玩家发号施令，是一种莫大的荣耀。须知，所有的虚拟角色的背后都是一个个真实的玩家。现实中受人轻视，但在游戏中受到尊敬，让一些玩家充分享受到了游戏所带来的巨大满足。无论是何种身份的玩家，一旦享受到这种刺激，都会欲罢不能。

8. 游戏中的爱情

许多网络游戏都推出了婚姻系统。虚拟婚姻最大限度地满足了一些玩家精神层面的某些需求，给他们提供了相对安全但又不乏刺激的情感体验。通过网络认识异性玩家，在长期的交往或相处过程中，相互之间具备了一定的好感，游戏中的婚姻可能就成了双方一种共同的需要。通过游戏婚姻，游戏配偶间可以更亲密地相处，更方便相互照顾，相互关心，并能获得游戏本身提供的特殊的婚内服务。当然这种服务只是增强玩家双方某方面的属性和技能，并不具有任何现实的意义。

虚拟婚姻的出现，打破了婚姻的传统定义。它把建立在网络之上的虚拟的情感通过一种虚拟的形式进一步联结起来，给用户带来另外一种非同寻常的幸福和快乐。"夫妻"双方除了遵守游戏中婚姻系统的相关规则之外，并不需要在现实中为对方承担责任和义务，这就使得虚拟婚姻的形式更加宽泛、自由。一些玩家因此而醉心于这种虚拟的情感生活，游戏的吸引大过现实中的其他诱惑。

9. 社会化成瘾

这也是值得关注的一个方面。当一个人对一款游戏并不了解的时候，如果被人撺掇或者听到周围太多议论，就可能导致其对该游戏产生兴趣，尤其是对于时兴或流行的游戏。如果一个人对周围人所评论的事物缺乏了解，会有落伍的感觉，会担心被人小瞧，于是可能会被动地受别人感染而进入游戏。像QQ农场当初刚开始盛行的时候，很多用户是因为朋友的参与而被动地参与，并非完全出于对游戏的喜爱。只有当深入其中的时候，才开始有所沉迷。而在大学校园里，一些学生对《魔兽世界》的沉迷开始也是因为受到了周围其他玩家的影响。

10. 各种游戏任务的影响

在游戏世界里，做大量的任务是每个玩家的必修课程。游戏也是通过各种各样的任务系统来引导玩家深入游戏的。根据游戏的主线故事和支线故事，游戏任务分为世界任务和支线任务，游戏也提供一些每天都可以重复的日常任务。但哪一种任务的完成都会给玩家带来一定的收益。这些收益除了包含角色升级所必须的经验、声望和金币等奖励之外，还包含一些在游戏中生存所必要的装备或道具。通过完成游戏任务来积累虚拟财富，是大部分玩家的必然选择。这也是导致很多玩家沉迷游戏的主要原因。当玩家在游戏中熟悉了各种任务系统之后，就会对各种任务的难度、耗时和收益情况有个判断，玩家就会根据自己的精力选择一些认为值得做的任务。每一个任务的完成都意味着玩家在虚拟价值的累积上又前进了一步。如果遗漏某些重要的任务，常常会让玩家感觉损失惨重。但游戏中大量的日常任务常常也会耗费玩家太多的时间。

11. 极品装备的刺激

在游戏中树立令人尊敬的地位是每个玩家的愿望，但这很大程度上需要用实力来展现。游戏中展现实力的标准之一就是对极品道具的拥有。很多玩家经常因为游戏中的一件装备而陷入疯狂。由于获取道具的手段因游戏而异，不同的游戏可能会有不同的规则或途径，但多数游戏都需要玩家付出一定的努力或精力。因而一路跋涉或奔波在追求极品道具的道路上，会让玩家产生一种期待的满足感。而当一个玩家真正拥有了这样的道具之后，那种巨大的幸福感和成就感又会形成一种更强烈的刺激，让玩家进一步沉迷。

12. 一些不良的游戏规则

一些不良的游戏规则也会导致用户无法离开游戏。比如一些衰减的机制。游戏中设置了一些对玩家有较高吸引力的任务或目标，而且这个目标对于一些玩家至关重要。玩家为了实现这个目标，通常每天要持续地完成任务以对某些要素或属性进行积累。但游戏也设置了一种让玩家很无奈的规则，就是当某种属性积累到一定程度之后，就会在一定时间内按一定比例进行衰减。这就使得那些对目标有追求的玩家根本无法放弃每天的任务。因为一旦任务中断，非但无法进行属性的积累，反而会使得以前积累起来的成果付之流水。从心理上让玩家产生一种强烈的感觉，一旦中断游戏，哪怕是偶尔几天的离开也会损失惨重。

这种规则在一些小游戏中的逆向使用也会让玩家流连忘返。比如按规定，玩家每天登录游戏就会收到系统赠送的礼包，连续登录的天数越多，赠送的礼包就越大，礼物就越多。当一个玩家已经连续登录过很长时间之后，就舍不得中断游戏。因为一旦中断离开，就意味着要重新开始计算积累时间，这也会让玩家感到损失很大。

13. 其他刺激的手段

一些不良的网络游戏也会把现实中一些法律所禁止的规则引入游戏。比如具有赌博性质的开箱子模式、一些可以吸收玩家道具的炼化系统、带有色情成分的图片或文字，这些都对一些玩家构成诱惑或吸引。有些过分的游戏甚至将一些传销、彩票形式作为获利的主要手段。这些不良游戏规则常常会激发玩家性格上的弱点，引起十分严重的精神依赖。

总之由于网络游戏的类型五花八门，此处无法一一列举所有游戏让人沉迷的原因，但以上所述基本上包含了相当一部分 RPG 游戏绑定用户的手段和规则。

沉迷于网络游戏的现象已经成为一个严重的社会问题。很多专家和学者从不同的角度都进行了研究和分析，并给出了各种不同的结论。但笔者认为深入揭示这一现象产生的根源，必须深入到游戏内部去亲自体验，并倾听多数玩家的声音。

当听到一些成年人对孩子沉迷于网络游戏所表现出的不屑的神情，就令人非常难过和无奈，似乎他们在取笑那些沉迷于游戏中的人缺乏自制力。其实这些人自以为是的盲目评断很大程度上给社会造成了误解。想当初在偷菜盛行的日子里，不也有很多中老年朋友沉湎其中吗？他们曾经半夜里定下闹钟，还不是为了几棵不能吃不能卖的虚拟青菜？这种游戏对于一些 RPG 类型的游戏玩家，根本没有任何吸引。在他们眼里能够对这种游戏产生兴趣，更是难以理解。这些中老年朋友之所以会产生这样的心理，完全是因为没有接触或者没有深入体验过更深层次的游戏。游戏成瘾，其实不分年龄、职业，只要深入其中都会受到诱惑，只是因为个体的差别，上瘾的程度会有一定的差异。所以千万不要对自己并不了解的现象随意发表评论。

2.7　不良网络游戏的陷阱

网络游戏的负向价值来源于不健康的游戏规则以及对社会造成的伤害。2016 年 5 月 3 日清晨 5 时许，广州警方在番禺区南村镇某工业区内抓获灭门杀害 6 人案疑犯苏某。"苏某被抓时没有过多反抗。"警方介绍，苏某在供述作案经过时，并未特别激动，算是在常态化的精神状态下，不平静但也尽量进行了供述。专案组民警介绍，29 岁的苏某高中毕业，离过婚，2008 年开始在包括广州在内的珠三角城市打工，曾经在电子厂工作。经初步审查，犯罪嫌疑人苏某交代，其沉迷于网络游戏，因升级游戏中的高级装备需要大量金钱，故萌生出盗抢财物的念头。

类似的事件层出不穷。据网友反映，2008 年韶关发生的一个 17 岁少年杀害店铺夫妻二人的案件，其作案的动机与番禺灭门惨案如出一辙。

据统计，很多刑事案件（抢劫、勒索、绑架、偷窃等）都或多或少地与网络游戏中的高消费有关联。在互联网高度发达的今天，在网络游戏泛滥的时代，为什么对虚拟物品的追求会让人达到如此疯狂的程度？网络游戏究竟有什么魔法让人性变得如此残忍？对于局外人来说，这些问题似乎很不可思议，甚至认为沉迷于网络游戏的行为十分荒谬。很多家长对孩子沉迷于网络游戏表示很难理解，总疑惑网络游戏有什么好玩的？其实换位思考，麻将有什么好玩的？烟有什么好吸的？酒有什么好喝的？不还是有很多成年人玩麻将通宵达旦或夜不归宿吗？不是也有一些中老年朋友曾经沉迷于偷菜游戏吗？这些看似不可理解的行为，其实过程都是相似的，原理也一样。而且，每个人的自制力也有所不同，出现这样的结果，一定有其客观的原因。

笔者经过数年的研究，从网络游戏让人上瘾沉迷的机制、网络游戏中的陷阱和网络游戏中的法律问题等多个角度，试图揭开这些深层次的问题。限于篇幅，笔者仅将网络游戏中的陷阱向读者作一些展示。

2.7.1 对人性弱点的激发和把握

虚荣、好胜、自尊、贪婪……人性有许许多多的弱点，这些弱点在网络游戏中都成了被反复利用的对象。人性的弱点被激发的后果，就是导致人们失去理智，这也是游戏公司最重视的心理现象。据游戏公司内部人员介绍，很多游戏公司都聘请一些心理学和教育学专家来研究人性的弱点，并把研究的结果应用于网络游戏的设计中。笔者根据几年来对游戏的体验与了解，认为在人性弱点的把握上，不良网络游戏中的陷阱主要有以下几个方面。

1. 对用户进行等级划分，刺激玩家的虚荣心

通过制定游戏规则对用户进行等级划分，是网络游戏刺激玩家的有效手段。根据付费情况，玩家被分成不同的类型，给予不同的称号和特权。这些称号和特权在游戏中又会成为向其他玩家炫耀或卖弄的资本，并在与其他玩家的竞争中占有一定的优势。这在一定程度上会让普通用户产生一种心理上的不平衡，进而导致对常规角色成长手段失去耐心。为满足虚荣心，或维护自尊，很多玩家都因为这种规则的设置而走上了被引导消费的道路。

这种规则在其他一些游戏类型中也普遍存在。比如在 QQ 秀里面，付费用户就可以拥有漂亮的衣服和形象，而免费用户则非常非常简单，甚至只穿一条短裤，给人一种寒酸的印象。

2. 在玩家间挑拨是非，制造矛盾

在一些声称免费的网络游戏中，对玩家进行挑拨离间、搬弄是非、制造矛盾是游戏公司获取财富的主要手段。一些游戏规则还直接导致玩家相互产生敌意甚至仇恨。比如，设置一些比赛，允许玩家与玩家进行一些非常规手段的竞争；允许玩家对其他玩家进行恶意 PK；设置阵营，将不同阵营的玩家置于相互敌对的状态；设置特定任务，引起玩家对稀缺资源的争抢；对人民币玩家赋予特权，破坏游戏平衡；设置帮会之间的资源争夺战；通过 PK 或其他竞争方式进行资格分配；对声望、财富、军功、武力等进行排名。

引起玩家相互争斗的手段五花八门，不同游戏有不同特点。有些较为过分的甚至将开宝箱的数量也进行排名，对于前几名的玩家会给以特殊的

奖励，这种做法使很多玩家陷入疯狂。很多为了取得排名第一的奖励，最终付出了沉重的经济代价。

玩家在相互竞争的过程中，可能会因为利益或其他因素而产生矛盾。这种矛盾很容易上升为玩家之间情绪的对立，再进一步激化就直接导致玩家之间产生仇恨。而释放仇恨的途径往往就是玩家间直接开战。无论战斗结果如何，都会进一步加深相互之间的仇恨。对于失败的一方，报复就成为接下来最希望做的事。这种矛盾不断循环，永无休止，最后的结果就是试图通过不断地强化武器装备，不断地相互报复来解决争端。然而，整个过程玩家双方并没有得到什么，游戏公司却恰好利用了玩家间的这种矛盾不断地向争端双方兜售虚拟物品。在玩家间不断升级的冲突中，游戏公司源源不断地获取财富。

令人非常愤慨的是，有些不良的游戏公司，会人为雇佣一些托或枪手对玩家进行恶意PK，甚至直接让公司内部员工冒充玩家，穿着极品装备去屠杀别的玩家。在游戏中无端被羞辱常会令玩家愤恨交加，此时如果玩家感觉自己有一定实力一般都会选择反击。但反击的结果常常是再次受辱。玩家的装备或者技术与这些托都有不小的差距。多次受到伤害之后，被激怒的玩家有可能会因暴躁而失去理智，报复对方就成了首要的选择。当看到对方装备强于自己时，便有一种比拼的冲动，于是购买材料、打造装备等行为就不再难以接受。即使一些实力明显不济的玩家，当过多地被人折磨或羞辱之后，也会萌生报复的欲望，这种欲望在一定程度上会加剧其消费的心理，使得很多购买行为变得不理性。

在一些急功近利的网页游戏中，这种让员工冒充玩家去攻击其他玩家的行为更加常见。曾有朋友就多次受到过其他玩家的恶意攻击，后来经查证是游戏公司内鬼的行为。这种行为对于很多游戏公司在提高收入方面是非常有效的，但一旦被发现或识破，直接的后果就是导致公司的信誉下降，用户流失。

3. 利用玩家贪婪的心理设置消费陷阱

贪婪几乎是所有人与生俱来的心理，人对于利益的追求常常是下意识的。面对利益诱惑，人本能的反应就是追逐或向往。当然每一个人自身也会有一定的防范意识，在风险与利益面前并不是所有人都有相同的选择。但无论何种情况，一个人选择的结果是权衡利弊之后的决断，风险因素并不排除在考量之外。

网络游戏充分利用了人性最虚弱的一面，用人们的"贪婪"本性来引导消费。比如，为庆祝节日或答谢玩家，游戏中可能会设置这样一些活动或任务，在一定时间内玩家只要收集某种材料达到一定数量就可以兑换丰厚的奖励，有可能是一种极品的装备或其他道具。而这些任务中收集该种材料的数量经常有时间或数量的限制，这会引起玩家的争抢。即便是每个玩家都有机会获得这种材料，由于每个玩家受现实生活等各种因素的影响，也有可能无法完全参与所有的活动。到最后，真正能够集齐规定数量的玩家寥寥无几，多数玩家都离规定的数量有不大的差距。此时，兑换的期限已到，玩家已经无法再通过任务或活动获得这种材料。在此种情况下，玩家通常会因为无法集齐材料而感到遗憾，如果丢掉就意味着前功尽弃，十分可惜。而丰厚的奖励对玩家又是一种绝对的诱惑。于是，游戏公司就利用玩家的这种心理打着为玩家着想的幌子，在商城中出售这种材料，表面上是给没有集齐材料的玩家一个兑换奖励的机会。由于数目相差不多，多数玩家在购买这种材料时一般都不会犹豫。而且因为网络商城的"帮助"最终实现了兑换奖励的目标，似乎还占了很大的便宜。殊不知，这恰恰是游戏公司设下的消费陷阱。利用人们贪图奖励的心理特点，让玩家的购买行为变得自然而且顺理成章。

在游戏中，当所有的玩家都兑换了这种道具之后，其实又都回到了同一起跑线上，与大家都没有这种道具的效果是一样的。游戏公司常常反复利用人们这种趋利的心理，每推出一种活动和道具都能够带来源源不断的财富。

2.7.2 各种巧妙的规则和手段

除了上述对人性弱点的刺激之外，网络游戏所设置的陷阱中还存在令人眼花缭乱的巧妙手段。这些手段在一定程度上并不容易被玩家所察觉或发现。

1. 人为制造通货膨胀让虚拟物品贬值

网络游戏中最有效的吸金方式，就是不断地推出新的极品装备或道具。在某一个特定的时期，网络游戏会推出该阶段有代表性的高级装备。获取这些装备对于玩家来讲是一个艰难的过程，非但要耗费大量的精力和时间，而且也会付出相当数量的金钱。极品装备之所以能够让玩家趋之若鹜，是因为它可以给拥有它的人带来强大的威力和至高无上的荣耀。很多玩家为了得到这些道具，在现实中不惜通宵达旦、节衣缩食。然而，当多数玩家都付出了大量精力和金钱获得了这种极品装备之后，大家又回到了同一起点，相互之间并没有谁更占优势，世界似乎又趋于"和平"。为了消除这种和平状态，游戏公司会不失时机地推出更高级的装备。这对于他们来说，只是修改一下形状和属性，就如同把一改成二这么简单。但这种改动却让玩家曾经拥有的极品道具迅速落后、贬值，甚至被淘汰。于是虚拟世界的平衡与平静又被打破，玩家陷入到新一轮极品装备的追逐中。

对游戏公司而言，新的极品装备代表的只是一些符号和数字，可以无限复制而几乎不需要什么成本，但对于玩家来说，想拥有它就必须付出大量的精力和金钱。游戏公司就是反复不断地利用这种模式，源源不断地吸收着玩家的财富。

2. 不断更新游戏内容

为了修正一些漏洞和系统错误，更新游戏内容原本无可厚非，但是游戏公司也常常利用游戏更新来推出一些新的虚拟物品和游戏规则。新的虚拟物品对玩家的吸引和诱惑，前面已有分析，因为意图隐藏得较深，它所引起的玩家的反感程度可能并不强烈。但游戏规则的更新可能会直接导致一些玩家蒙受损失。比如，有些玩家出于某种任务需要，已经囤积一些特殊的材料，但游戏更新后，可能会推出新的规则，这些材料可能不再成为必需。这就意味着玩家此前所付出的代价已经变得没有多少价值或意义。有些新的游戏规则会直接让玩家蒙受损失。比如修改部分物品为时效物品。玩家可能拥有大量该种物品，但因为时效的规定，可能在规定时间内根本无法将这些物品消耗完毕，最终导致未使用的物品成为过期的废物。还有一些规则的更新或改变体现在玩法上。新的玩法可能会打破玩家此前已经建立的固定模式或利益联盟，使旧的获取虚拟价值的手段不再适用，甚至让在某些方面原本已经有了雄厚积累的玩家重新回到原点。

3. 以打击外挂的名义封号

很多玩家可能都遇到过游戏中被提示使用了第三方软件而被强制下线，或者无故被封号。被踢出游戏还不算严重，至少还可以重新进入游戏，但是账号被封就令人十分郁闷。打电话找客服寻求解释，得到的结果往往是因玩家使用了第三方软件，违反了协议而对账号进行了封号处理。这会让很多玩家不解，自己明明没用任何外挂软件，而游戏公司是如何查到自己用了外挂呢？有调查发现，一些被强制踢出游戏或被封账号的玩家，大多是从未对该游戏有过任何消费行为，真正地响应游戏公司"免费"的旗号去体验娱乐的。正是因为从未进行过消费，所以这类玩家会被认为对游戏没有绝对的热爱，对其进行踢号或冻结账号处理算是一种惩戒或警告，只是因为找不到更好的理由，只得以莫须有的罪名让其"被使用了第三方软件"。

4. 特权体系的不断升级

在网络游戏及某些网络应用中有一种被称为特权的体系，堪称最完美的陷阱。这是网络游戏或其他网络服务运营商完全为了利益而精心设计的陷阱。因为是特权，所以向用户收费就显得天经地义。用户只需交纳一定的费用就可以享受某种特殊的权利，这种特殊权利可以凌驾于普通用户之上，对普通用户的网络行为造成一定的潜在危机。为了维护自己的网络权利和网络安全，用户也可以通过付费升级拥有另一种特权，进而可以限制或消除其他用户对自己网络行为的潜在影响。这样就存两种特权，一种可以对别人施加影响，另一种是抵制或消除别人所施加的影响。一般情况下，当很多用户拥有了第一种特权之后，会引起其他用户的恐慌，从而导致受到"威胁"的用户会付费拥有第二种特权。这样拥有第一种特权与拥有第二种特权的人其实都回到了出发点，与相互没有特权的效果是一样的。但运营商会根据用户的情况推出第三种特权，当然这也是一种收费服务。第三种特权可以突破第二种特权的保护，而使得第二种特权失效。用户只要再付出一定的费用，就又可以对已经拥有第二种"防护"特权的用户施加影响。于是，新的付费行为打破了已经形成的第一级平衡，又会造成部分用户的心理危机。于是，运营商会不失时机地推出第四种特权，只要用户再进行付费，就可以抵制拥有第三种特权的用户对自己的不利影响。这样付费行为就在运营商不断推出的特权升级过程中交替着持续下去。最终用户付出了大量的费用，却都是在网络服务运营提供的游戏规则下面参与了一级一级的"捉迷藏"的游戏。

这种现象已经在某些网络游戏或网络服务中出现。举个例子来说明这种陷阱的机制。比如，在一个游戏环境中有大量的用户存在，有些用户可能希望看到哪些用户在线、哪些用户隐身登录。这时系统会提供一种付费道具，如"探照灯""嗅探器"等，它可以帮助用户查看到自己所关注的人是不是在线，何时登录过系统。但这种行为已经让某些用户感觉到潜在危机，认为自己的隐私可能存在不安全因素。于是系统会向这些用户提供另外一种付费道具，比如"防护罩""雾化水"等，它可以让试图使用"探照灯"的用户无法查看到已经使用了"防护罩"的用户。用户的需求总是真实的，名义上为了满足用户，系统又会推出更高级的道具，比如"照妖镜""显魂幡"等，玩家购买使用后又可以查看到已经使用过"防护罩"的用户的状态。当部分用户感觉到使用"防护罩"也不安全的时候，便会向系统购买更高级的防护道具，比如"天罡罩""隐身草"等，又可以对使用了"照妖镜"的用户进行防护。如此下去，便会诞生无穷无尽的引起用户对立的虚拟道具或网络特权。运营商也会以此获得源源不断的财富。

2.7.3 更加极端的情形

一些更加极端的情形几乎让所有的玩家都深恶痛绝，但又无可奈何。以下所描述的陷阱常以不同的形式出现在不同的网络游戏中。

1. 利用数学概率吸收财富

开箱子模式是一些不良的游戏公司利用人性"嗜赌"的弱点来获取利益的最直接、最有效的手段。随着用户的投诉和社会的质疑，很多游戏公司已经取消或修改了开箱子的模式，不再直接提供宝箱靠出售钥匙这种简单的方式获取利益。开箱子模式取消了，但并不意味着以数学概率吸收玩家金钱的方式没有了，而是换成其他一些更加隐蔽更加难以被识破的形式来欺骗玩家。但无论哪种形式，都具有一个本质的特征，就是先设置一些奖励或礼包，然后把这些奖励用一种隐讳的形式包装起来，吸引玩家通过某种渠道去获取。需要指明的是，不同的游戏对奖励的包装形式千差万别，有的形式在表面上根本看不出"外壳"，甚至让玩家根本联想不到是"箱子"的形式。它只是用某种常规手段代替了那种具体的"形"，其"神"仍然是存在的，而且从未脱离用概率吸金的本质。

比如，在一些游戏中会推出一些高级装备锻造或升级的任务，玩家在打造完成之后，所得装备的属性并非是一个确定的值。游戏之所以这样设置，是因为它可以通过这种形式，设置一个概率事件来进一步引诱玩家为之付出金钱。通常游戏会提供让玩家重置属性的机会，但这个过程需要消耗一定的材料，当然这种材料作为一种催化剂或添加物并不是免费的，需要付费（实际花费的是人民币）购买。购买材料的花费一般并不贵，通常是几元一次。很多玩家都认为，高级装备的打造业已花费了不菲的银子，何必再为这区区几元钱而计较。于是当玩家感觉所得装备的属性不十分满意时，便会再消费数元购买材料对属性进行改造。但出现令人满意的属性的概率并不高，通常玩家改造或重置过很多次之后仍无法获取令自己满意的属性，无数次尝试之后才可能有一个令人满意的结果。于是积少成多，到最后才发现，获得好的属性原来也是一个十分耗钱的过程。

游戏中还有形形色色的利用概率事件吸收玩家财富的手段，鉴于游戏庞杂，不能一一列举，希望读者通过所描述的原理和机制进行辨析。如果您是一位玩家，那只要涉及不确定性改变结果的规则，而每次改变都需要付费，那一定是开箱子的变形！

2. 把"防沉迷系统"变成圈钱的新工具

国家推出防沉迷系统，是为引导未成年游戏玩家在游戏中能够有所节制。防沉迷系统对游戏时间做了如下规定：

玩家在单款游戏中持续在线游戏时间累计计算，称为"累计在线时间"；玩家在单款游戏下线后，其不在线时间也将累计计算，称为"累计下线时间"。累计3小时以内的游戏时间为"健康"游戏时间。累计游戏3小时之后，再持续下去的2小时游戏时间为"疲劳"游戏时间。累计游戏时间超过5小时为"不健康"游戏时间。

如果玩家累计在线时间达到3小时，系统就开始警示"您已经进入疲劳游戏时间"。如果玩家累计在线时间达到5小时，系统就开始警示"您已进入不健康游戏时间，请您立即下线休息。如不下线，您的身体健康将受到损害，您的收益已降为零"。此后，每15分钟警示一次。

防沉迷系统的推出在一定程度上缓解了未成年人沉迷网络游戏的现象，

但也引起了一些玩家的抵制和反对，并对游戏公司的收益造成一定影响。为了迎合一些玩家的意愿，并减少防沉迷系统对游戏公司造成的损失，一些游戏公司利用自己的技术优势，巧妙地设计各种游戏情节帮助玩家绕过防沉迷系统。比如，推出各种额外增加健康经验的道具，玩家使用后又可以继续享受健康的游戏时间。这既增加了游戏公司的收入，同时又使得防沉迷系统形同虚设。更有甚者，一些不良的网络游戏，直接把防沉迷系统变成了吸金的工具。它明白地告诉玩家，国家推行的防沉迷系统在游戏时间上做了限制，常规的游戏活动对玩家的角色成长已经有所约束，让玩家对防沉迷系统产生心理抵触，然后向玩家推出更快更高效的升级或成长机制。只要玩家愿意花钱，就可以完全无视防沉迷系统的影响。于是"经验值"也推上了可被销售的榜单。玩家花钱购买经验就可以直接快速地升级，而无须再通过打怪或做大量的任务来获取经验。因此，国家推行的防沉迷系统在一些不良的网络游戏中反而成了圈钱的新工具。

2.8 移动互联网背景下社会交往系统的重构

移动设备与网络游戏相融合，改变了以往网络游戏的形态，具有便捷性、可移动性，拥有更加庞大的潜在用户群。手游产品的盛行形成了手游产业链，手游市场的发展壮大形成了自身的市场磁场，吸引着大量的掘金者加入手游行业，目的是为了分一杯羹。由于手游研发成本相对较低、市场准入门槛低和潜在的高收入，手游团队如雨后春笋般涌现出来，手游产品也如潮水一般泛滥在各大门户与应用商场。用户与游戏开发团队之间的连接通过虚拟空间改变了现实空间中原有的社会交往系统。

为什么人们交往过程中建立起物质上与精神上的联系，及以情感作为维系社会秩序纽带的传统的社会交往系统，会随着手游的发展而改变？而又应该如何重构社会交往系统？

认识问题是解决问题的前提，笔者认为造成传统交往系统改变的原因主要有两个：

其一，每一种文化产品都承载其本身具有的社会价值观念，手游作为一种文化产品，它同样在影响着整个社会的交往系统。手游在倡导便捷式娱乐的同时，形成了个人娱乐满足的空间形态，从而出现了互联网的"门禁社区"。手游文化也因此营造了以个人为体系和核心的社会交往系统。现实社会的门禁社区割裂了传统意义的社会交往系统，手游抓住用户独处的习惯，抓住用户内心虽然习惯独处却害怕孤独的弱点，在虚拟社会构建了一个与现实社会类似的"门禁社区"。现实社会的"门禁社区"造成了生活的破碎性。生活破碎性指的是每一个人的生活都是支离破碎的，彼此之间的交流也是破碎的，每一个人的每一部分的生活都是零散的，即便两个人有交流，也只是破碎的交流，交集仅仅是存在于某一方面，甚至只是浮于表面。正是因为这样的生活破碎性形成了个人自我空间，而这个空间与互联网的虚拟空间有着极大的契合性，因为虚拟空间在某些程度上掩盖了个人空间的真实性，也让个人空间得到了扩展，并且在虚拟空间中慢慢将破碎的生活变得表面上的完整。手游在虚拟空间中构筑另一种生活的完整性，它通过社交平台来构筑社交空间，通过游戏攻略分享和排名榜来构筑虚拟社会竞争体系。体系的形成使得手游构建起虚拟空间与现实空间交叉的个体社会空间，传统意义上的交往力因此减弱，从群体的交往活动朝着个体体验感受满足发展，分享成为宣告存在的意义，而不再是欢乐的源泉。

其二，人们对娱乐的主动需求导致了手游的市场的扩大。手游作为娱乐应用产品，它具有的便捷性与移动性让它更加容易成为日常生活中破碎时间的消遣工具，手游也更容易改变人们的兴趣点，特别是对青少年。相比较于教育与工作的被动需求，人们更加倾向于寻求娱乐享受。兴趣点的转移导致人们在交往过程中交往方式的转变。手游营造的"个体社区"改变了人们的社会交往的意愿度与交往的参与意识。

　　手游契合了人们生活娱乐时间相对破碎的情况，也满足了人们在短暂的时间内的娱乐需求，但是手游营造的社会交往系统却不利于人们生活的交往与社会和谐的建设。基于造成当前社会交往系统改变的原因，笔者认为需要通过改变游戏的形态与内容重构社会交往系统，提高社会个体之间的交往意愿与提高交往参与意识。

　　第一，通过教育资源介入游戏，打造绿色手游，防治手游上瘾，提高人们的现实社会交往频度。游戏与教育是塑造个人的价值观的重要因素。游戏是在公平的游戏规则内让玩家主动参与到其中，并且在其中获得娱乐与知识的同时学会公平竞争。游戏是玩家认知社会的最基本的类型之一，而游戏内在的文化则是塑造玩家性格与价值观念的最直接的来源之一。手游开发团队在自身设定的规则内，通过捕捉玩家的心理弱点来迫使玩家沉迷其中，并且利用道具与人民币之间的关系破坏最基本的公平环境。玩家从已制定的游戏规则中得到的是恶的许可，而非善的喜悦，他们从游戏中源源不断地吸取着运营商强硬加载在他们身上的负能量。玩家在现实中遇到的林林总总可能会让玩家陷入失意者的感觉，虚拟世界似乎成了一种规避失败与责任的避风港。他们在虚拟世界中可以丢弃现实的不满与失败，通过满足原始的征服欲望，幻想自己成为成功者。与此同时，游戏开发团队让玩家规避了现实世界中不良宣泄方式带来的责任与免于选择摆脱方式的自由，满足欲望的同时，体验了前所未有的成就感。这个时候，那就需要教育来引导玩家获取正确的价值观念，抵制被动控制。教育作为个人品性塑造最直接的来源，当教育资源的介入并且成为手游内容的一部分的时候，教育资源不仅仅提高了手游的质量与拓宽了手游的形式，更重要的是人们可以通过接收知识，并且通过游戏的实践认知得到知识与形成自身的价值观念，而这个观念是源自玩家自身通过手游的娱乐过程中的思考，而不是研发团队对玩家的强制灌输。通过改变手游的内容，引入现实社会的内容，玩家在虚拟空间践行社会实践，感受社会，增加现实空间对玩家的吸引力，提高玩家的社会交往频度。

第二，通过将游戏引入教育体系，使教育从被动接受转为主动参与，重构教育参与者的兴趣点，提高人们的社会交往意愿度与参与意识。教育作为被动需求的存在，与娱乐的主动需求相比，不容易引起人们的兴趣。通过将游戏的规则引进教育体系内部，教育参与者通过游戏娱乐的方式参与到教育教学体系内部，让玩家在现实的社会中感受游戏带来的满足感。教育参与者通过自身设定游戏规则，并且通过闭环监督的原则保证游戏的公平性。教育参与者在接受教育的过程中由被动接受转为主动参与，提高了自身的参与度的同时，感受到教育带来的愉悦感。与此同时，在公平的游戏规则的基础上，在教育体系内增加激励机制，鼓励教育参与者在游戏规则内公平竞争，满足教育参与者的荣誉感的同时，增强游戏参与者之间的交流与主动交流精神。此外，游戏与教育体系的结合，教育参与度提高的同时，教育也由单向的传道授业向师生双向互动方式转变，让教育参与者在接受教育的同时感受到参与群体活动的乐趣。通过鼓励教育参与者制定游戏规则，营造有利于学习的环境，激发教育参与者内心对学习的兴趣，改变对教育兴趣偏低，而投入更多兴趣到游戏中的情况，从而提高人们的社会交往意愿与社会活动的参与意识。

手游创造了个体独立于社会的社会交往系统，而教育与游戏的结合将玩家带回到现实社会中。教育资源除了成为游戏的素材丰富游戏的内容，还能通过构建公平的游戏环境，构建新兴趣点，引导认知社会实践，从而在原有的社会交往工具平台基础上提高玩家的社会交往意识，唤醒沉睡的交往需求欲望，让玩家从虚拟社会回归到现实社会。与之同时，社会教育倡导的实践认知使得人们感知到社会群体的存在，并且获得了摆脱个体构建的网络"个人门禁社区"，通过在现实世界的交流享受到社会交往带来的身心愉悦，通过与现实群体的分享感受到社会的丰富多彩。实践认知直接构筑一个活跃的观念，一个群体的观念，也是一个共享的价值观念。玩家从虚拟社会回到现实社会，由手游带来的征服的喜悦回到了获取知识的愉悦，又从独自享受的状态回到了分享获得的快乐。积极的社会氛围由一群充满着积极心态的群体构建，一个和谐的社会由一个个希冀在群体中获取幸福的个体创造。教育资源与游戏结合由知识体系落实到现实社会，从形而上的意识观念变成最为直接的感知。意识又推动着知识携带者创造的社会环境的运行。手游与教育资源的结合，一个学习型的游戏环境将创造出来，一个健康的社会交往系统也将会随之诞生。

除了对手游引入教育资源来控制手游内容和防治手游上瘾，社会系统的重构还需要一个健全的手游市场与法治环境促进。

当前随着智能手机的日渐普及，手机游戏迅速成长，为手游提供了相对有利的发展基础与有利的市场条件。然而，由于手游产品准入门槛较低，没有明确确定手游的性质，没有对手游的内容的控制等，都让手游产品良莠不齐地泛滥在市场上。这样的市场不利于优秀的产品彰显其价值，倒是助长了一批利用消费者人性弱点，不择手段吸引用户的产品获得了大放异彩的机会。国家相关部门对市场的监管未能站立在保护消费者权益，包括产品公平交易与消费者消费之后的身心健康的角度，而是站立在利益至上的角度来对市场的手游产品进行监管。玩家作为消费者存在于市场，产品的价值观对消费者的价值观念有影响。市场监管者在健全市场公平交易与保障消费者自由选择的机制监管的同时，也应该对文化产品产生的社会效益与影响进行预先的评测与管理。在市场交往系统中，作为交往主体的手游产品研发团队与玩家，手游产品通过市场的运转将自身的影响力扩大，影响着社会交往系统的运行。国家监管相关部门应该明确游戏产品的性质，分工明确，摒弃资本效益至上的管理方式，转向保障消费者身心健康，提高社会亲和力，保障社会和谐运转的人本管理。

法治环境是一个社会发展文明程度的重要体现，同时也是影响着社会交往系统运转的重要要素。社会法制机制的健全与否影响着个人对社会的信任程度与对个人安全感的判断。手游给玩家带来娱乐的同时也给玩家带来了物质上与精神上的伤害，而对玩家群体保护的法律却存在着空白与落实不到位的现象。缺乏安全感的玩家在社会交往中存在芥蒂，个人的交往意愿度降低。改变这个现状需要法制机制的健全，包括从法律立法到最后的法律的实施。在游戏开发企业落实自审制度，保证游戏产品健康安全的同时，司法部门应该完善立法，加强对相关人才的培养，提高执法能力和水平，以提高个人的安全感，增强社会信任度。

重构社会交往系统，提高社会活力，还需要我们每个人参与到这场运动之中。游戏产品的安全健康需要游戏研发团队的自律，他们是最直接的应该为当前手游市场负责任的群体。行业的自律应该作为一个行业运行最基本的道德伦理标准，手游研发团队应该要有最基本的社会责任感与使命感。网络公司自身应该形成正确的社会价值观念，游戏设计者更应该秉持为社会做贡献，推动社会朝着健康的方向发展的理念设计游戏，而不仅仅是为了获得数据与流量而出卖一个创造者最基本的灵魂。与之同时，我们呼吁社会上的学者参与到重构社会交往系统建设中来，参与到这个团队，深入对相关问题的调查与研究，帮助玩家摆脱手游构建起的"个体门禁社区"。玩家群体应该发出自己的声音，每一个公民都应该参与到这个构建社会交往系统的运动之中，为自己的利益，为群体，为整个社会，发出自己的声音，做出自己的行动。

理想的情况是，我们的社会的联系不是依靠网络公司设计的游戏积分排行榜，我们的社会交往系统的社交主体与客体都是可以触摸的温度，我们可以自由摆脱网络公司给我们设定的禁锢，我们的社交情感不再是从手游中获取的胜利喜悦。因此，笔者希望每一个社会成员所做的努力，都是在构建一个健康的绿色社会交往系统，我们每一个人都期待绿色手游的不断发展，期待一个人人参与、和谐共进的社会的到来。

2.9　手机游戏健康发展要素分析

如上节所述，移动设备与网络游戏相融合改变了以往网络游戏的形态，呈现出便捷性、可移动性等特征。手机游戏市场正是因为这些特征，很快吸引并聚集了大量的资本，形成了群雄逐鹿的局面。另一方面，由于手游研发经营门槛低，利润高，团队建设容易，手机游戏团队大量涌现，进而导致了游戏数量的迅速膨胀，甚至出现了供过于求的局面。然而随着产业市场的发展和市场容量的人为强制性扩充，生产基数过大，自主研发能力不足的弱点很快显现出来。而知识产权保护意识的不足和缺乏，导致了山寨产品泛滥，能够持久生存下来的产品极少，只有大资本支撑下的产品项目才能保持自身的续航能力。

手机游戏作为网络游戏行业最吸引资本关注的领域，应该如何发展才能不被淘汰？这是每一个投资者及游戏从业者都十分重视的问题。手游的方生方死迫使研发团队想法设法维持自身在市场上占领份额的能力，首先通过对手游产品的外表进行包装，利用吸引眼球的名字或者图片欺骗用户下载使用，甚至以捆绑销售的方式进行游戏下载安装，以增加产品的流量与用户数量。其次，通过与应用系统的合作，强制该应用系统的用户安装手机应用，通过霸王条款强制用户安装自身不想安装的，甚至是对用户具有危险性的手机应用，侵犯了用户自主选择的权利。此外，手游产品通过与用户信息的捆绑，如银行卡、身份证、手机号码等，通过多款产品进行信息分类捆绑收集用户的信息，对用户的隐私安全造成危害。由于流量越来越差，用户存留率日益减少，某些手游研发团队为获取生存空间和增强自身产品的续航能力，甚至不惜以出售用户数据以获取利益。手游的方生方死并没有降低其对社会价值观念的影响。研发团队用游戏内容与游戏定位来影响玩家对现实社会的价值判断。手游破坏了游戏的公平规则，通过对虚拟物品的人为定价与对人民币玩家赋予特权的圈钱破坏了游戏环境，同时也塑造了对特权崇拜的心理与仇恨特权的心理，使得玩家与玩家之间形成仇恨，降低了用户的体验感。这些违背社会价值取向的做法无异于杀鸡取卵，进一步将游戏行业推向了危险的边缘。

在方生方死的手游时代，对手游的发展方向应该做一番思考，解决当前现状也是手游发展的当务之急。

首先，知识产权会是有效缓解现状的重要的要素，也能够让手游产品延长其生命周期。有数据显示，拥有知识产权的游戏的下载量会高于没有知识产权的游戏产品。然而，对于当前知识产权保护较为缺乏的市场现状而言，以知识产权维系手游产品的生命周期，提高其产品的续航能力，只能是治标不治本，无法完全让整个手游市场健康发展。

其次，手游市场的发展应该是从一般的手游产品转向绿色手游产品的发展轨道。绿色手游倡导公平、健康、有益、适度的游戏原则，以人为本，始终把玩家的需要放在第一位，重视用户的游戏体验，坚持游戏的娱乐性，寓教于乐，保障游戏用户的信息安全，保障收费合理。但是绿色手游进入手游市场并不会改变手游原有的娱乐功能，它更像是一款新型的综合性的文化产品。绿色手游将会在价值观、产品特性、用户体验，甚至用户安全等多方面改变现有方生方死的手游市场的现状。绿色手游的打造并不是对现有手游的外在否定，而是手游自身的内在否定，是自身发展的蜕变。绿色手游将是基于手游原有的娱乐性增加其内在涵义与教育意义的游戏产品。基于教育与游戏是塑造个人价值观的重要因素，绿色手游的构建将无法脱离与教育资源的结合。如上节所述，游戏是在公平的游戏规则内让玩家主动参与到其中，并从中获得娱乐与知识的同时学会公平竞争。而游戏的媒体属性天然就具备承载教育的职能，在游戏中植入教育因素可以引导玩家获取正确的价值观念，自觉抵制被动控制。教育是人类后天塑造性格的最直接的因素，通过教育者的传道授业解惑，人们接收到知识，并将自身在实践之后得到的知识与所接收到的知识进行对照、思考，从而形成自己的价值观念。游戏与教育资源结合打造成的绿色手游，在手游激活人性弱点的同时，利用游戏资源转移玩家的兴趣点，通过对玩家的兴趣重构，通过点亮人性的优点，肯定玩家的成就，利用激励机制鼓励玩家保持优秀，弘扬正确的价值观念，帮助玩家破除魔咒。从整体上看，绿色手游设计符合市场公平交易的原则，通过对产品的质量与品质的测评合理定价，提高用户体验的前提下合理收费，禁止捆绑销售与强制安装危害用户利益的流氓软件，净化市场的霸王条款泛滥环境。与此同时，绿色手游将减少对用户信息的绑定，以保障用户信息的安全，防止信息泄露，做到提高用户体验、合理消费、信息安全三位一体。

再次，游戏行业的健康发展也必须由国家制定政策，给以多方位的支持，其中之一就是设定游戏行业的准入门槛。符合绿色度标准的游戏，国家颁发准许进入市场的牌照，否则就不允许运营。这样的方式可以有效禁止或者限制不适合的玩家群进入游戏，进而形成有效的防沉迷措施。通过对手游内容的分等级控制与市场准入规则的设定，有效控制游戏数量的泛滥，规范手游市场的运转与监管，提高手游产品的质量，同时也帮助用户高效获取高质量的手游产品。但是游戏的绿色度标准的形成也需要结合多种因素。绿色手游的打造除了对当前手游注入绿色手游要素，还要借助于一个有利于绿色手游生存与发展的市场条件与社会环境。当前随着智能手机的日渐普及，手机游戏迅速成长，为绿色手游提供了相对有利的发展基础与市场条件。然而，市场监管的不力也是导致手游市场无序发展的重要因素。由于手游产品准入门槛较低，没有明确确定手游的性质，没有对手游的内容进行控制等，都让市场上的手游产品良莠不齐。这样的市场不利于优秀的产品彰显其价值，倒是助长了一批利用消费者人性弱点，不择手段吸引用户的产品获得了大放异彩的机会。创造有利于绿色手游发展的市场条件，必须加强市场的监督与管理，从产品源头上控制糟粕产品进入市场。一个公平竞争的市场才有利于优秀的产品在其中彰显应有的价值。绿色手游的发展需要一个良好的市场环境为推动力，游戏的自身改革并不足以让游戏在市场上保持续航能力，而需要一个良好的市场来提升产品的影响力。市场应该是以公平交易为原则，以自由选择为特点，更加应该在市场规则中重视保护买卖双方的合法权益。绿色手游所强调的合法合理收费的原则并不完全适用于当前的市场条件与社会环境。当前的市场，由于研发团队为了公司自身的利益不断设计消费陷阱伤害用户的利益，用户体验与用户支付的金额不成正比。但是，市场的监管并没有将这样的对游戏用户的利益侵害纳入监管范围，而是在一定程度上听之任之。一个健康良好的市场，应该是注重消费者与商家共同利益的市场，而不是偏袒任何一方的市场。绿色手游产品强调的是自身价值匹配用户支付价值，它需要的是一个公平交易，防止消费陷阱的市场环境。同时，市场应该打击强制下载安装的霸王条款，保障用户的自由选择的权利。并且禁止手游研发团队与门户网站的金钱交易，操纵游戏的排名，通过虚假排名，欺骗用户下载游戏。真正营造一个既保护游戏研发团队，又保护游戏用户双方利益的市场环境。

另外，绿色手游的构建还需要法律对游戏产品的保护。法制环境的健全与否是一个产业发展的重要环境，当前法律在虚拟游戏中依然存在着空白，不利于绿色手游的发展与改善当前的手游发展现状。绿色手游强调产品质量与用户消费相匹配的原则，但是游戏中的虚拟产品的定价依据与游戏的虚拟财产的保护确实缺乏法律依据。法制环境的不健全导致了不良开发团队对虚拟产品的任意定价，对这种现象的放任导致虚拟市场的人为通货膨胀，损害用户的利益。绿色手游或可能因为缺乏合理的定价机制与依据而无法实现其本身具备的质量与价值匹配的原则，同时也因此让虚拟产品沦为与其他虚拟产品一般。其次，作为保障手游续航能力最为重要的知识产权要素，在法律上并没有得到有效地执行。知识产权意识的薄弱与知识产权法律的完善都有待提高，成功的手游产品不断被复制，导致原有产品的发展陷入困境。同时，版权的成本居高不下，导致了部分游戏研发团队铤而走险，冒着侵犯法律权威的危险进行游戏市场开拓。但是由于法律执行层面的宽松，在打击的同时也鼓励了盗版的出现。绿色手游的发展需要健全的法制环境来维护手游产品的知识产权以维持自身的续航能力，同时，知识产权的保护也是激励手游研发者散发自身思维，创造更好的产品的有效机制。

当然，整个绿色手游产业的发展还需要游戏研发团队以及游戏运营企业本身的自律，他们是最直接的应为当前手游市场负责任的群体。行业的自律应该作为一个行业运行最基本的道德要求，手游研发团队应该要有最基本的社会责任感与使命感。网络公司自身应该形成正确的社会价值观念，游戏设计者更应该秉持着为社会做贡献和推动社会朝着健康的方向发展的理念设计游戏，而不仅仅是为了获得数据与流量而出卖一个创造者最基本的灵魂。网络公司应该有一个非常合理的机制，首先要区分游戏服务的对象与群体，网络游戏公司向什么人提供游戏服务，都必须要有明确的界定。与此同时，我们呼吁社会上的学者参与到绿色手游环境建设中来，对相关问题进行深入的调查研究，勇于揭露手游市场的黑幕，维护社会的公平与市场的净化。玩家群体应该发出自己的声音，拒绝成为吸金网络公司的受害者，维护自身的利益，摆脱被动控制。每一个公民都应该参与到这个改变手游发展方向，同时也是拯救方生方死的手游产品的运动中来，为自己的利益、为群体、为整个社会发出自己的声音，付出自己的行动。

方生方死的手游时代将会被取代，绿色手游却需要我们共同的努力来迎接曙光。笔者呼吁每一个用户在玩着手游获取娱乐的时候都能够支持并迎接绿色手游，携手并进，共同创建一个更加有利于手游发展、更加符合用户利益、更加有利于社会和谐发展的手游环境。

第三节
社 交 媒 体

3.1 社交媒体的类型和特色

社交媒体是互联网时代的产物，它是指互联网上基于用户关系的内容生产与交换平台，是人们彼此之间用来分享意见、见解、经验和观点的工具和平台。现阶段主要包括社交网站、微博、微信、博客、论坛、播客等。社交媒体在互联网的沃土上蓬勃发展，爆发出令人眩目的能量，其传播的信息已成为人们浏览互联网的重要内容，不仅制造了人们社交生活中争相讨论的一个又一个热门话题，更进一步吸引了传统媒体争相跟进。

随着互联技术和运营手段的快速发展，社交媒体表现出强大的生命力和商业价值。由于有社交的特性，社交媒体的发展获得了大批网民的自发贡献，运营平台上网民不断提取、发现并创造新闻资讯，然后进行传播。一般情况下，社交媒体有两个非常明显的特征，一是人数众多，一个是传播的自发性。如果缺乏这两点因素的任何一点，都不会构成社交媒体的范畴。从技术层面看，社交媒体的产生依赖的是 WEB2.0 的发展，如果网络不赋予网民更多的主动权，社交媒体就失去了群众基础和技术支持，失去了根基。如果没有技术支撑各种丰富的互动模式，那么用户的需求只能被压制而无法释放。当然如果忽视用户对于互动性和表达自我的强烈愿望，也不会催生那么多眼花缭乱的技术。社交媒体正是基于群众基础和技术的支持才得以快速发展的。

技术的进步也催生了很多现象，这些现象从思想上又引导了人们思维及行为习惯的改变。人们的生活节奏不断加快，而耐心则持续下降。很多人已经不能满足基于商业目的单调引导所潜伏的新鲜和好奇，自我选择权成了人们追求随性和自由的必然过程。人们也不能忍受环境的相对封闭所造成的精神上的孤立，网络社交则在一定程度上缓解了因为工作、学习和生活等过程所带来的压力。在当前及未来的一段时间内，社交网络会一直引领互联网的发展，成为人们生活中的重要工具。

出现于 20 世纪 70 年代的电子邮箱是最早的网络交流工具。1971 年，麻省理工学院博士 Ray Tomlinson 把一个可以在不同的电脑网络之间进行拷贝的软件和一个仅用于单机的通信软件进行了功能合并，命名为 SNDMSG（即 Send Message）。邮箱地址中出现的@就是 Ray Tomlinson 选定的。Tomlinson 选择 "@" 符号作为用户名与地址的间隔，因为这个符号比较生僻，不会出现在任何一个人的名字当中，而且这个符号的读音也有着 "在" 的含义。世界上最早的真正意义上的社交软件是 ICQ。1996 年 11 月，四名以色列青年发布了 ICQ 的第一个版本。它属于即时通讯类的软件，是英文 "I seek you" 的谐音，意思是 "我找你"。尽管软件很不稳定，还是受到了众多用户的欢迎。ICQ 作为 IM 软件领域的缔造者，成就了一个时代的辉煌。腾讯的 QQ 最早就是模仿 ICQ 生产的，开始叫作 OICQ，意为 opening I seek you，意思是 "开放的 ICQ"。2000 年，就在 OICQ 席卷中国即时通讯市场之时，ICQ 的母公司美国在线（AOL）一纸律师函发到了刚刚成立 3 年的腾讯公司，要求 OICQ 改名。于是腾讯将 OICQ 改名为 QQ。

QQ 的诞生给国内民众造成了前所未有的影响，此前人们受限于电信运营商通讯费用的制约，通讯是一个相对奢侈的生活消费，但 QQ 的兴起彻底打破了电信企业对通讯的垄断，人们不再为人际交往中的非面对面实时联络而付出代价，即时交流成了最容易得到满足的需求。正是因为 QQ 给人们提供这些方便，所以从它上线运营起就一路高歌猛进，迅速聚集起了大量的忠实用户。

在国外，社交网络同样受到人们的追捧和喜爱。2006 年，博客技术先驱 blogger 创始人埃文·威廉姆斯（Evan Williams）创建的新兴公司 Obvious 推出了 Twitter 服务。在最初阶段，这项服务只是用于向好友的手机发送文本信息。2006 年底，Obvious 对服务进行了升级，用户无需输入自己的手机号码，而可以通过即时信息服务和个性化 Twitter 网站接收和发送信息。这就是社交服务早期的版本。关于名字 Twitter 的来历，有一种说法是，Twitter 是一种鸟叫声，创始人认为鸟叫是短、频、快的，符合网站的内涵，因此选择了 Twitter 为网站名称。随着社交网络被人们的普遍认可，人们社会化的互联网生活已经在一小批互联网 Geek 中成熟发展起来，尤其是每天泡在 Twitter 上的"推客"们，每天孜孜不倦地推送各种新奇好玩的想法，发布各种网站、新闻、音乐、视频的链接，这些"推特"（Twitter）消息被一级一级过滤转发，迅速传遍了全球。

另一个比较著名的社交网站是 Facebook。Facebook 在中文里称为脸书，它是美国的一个社交网络服务网站，创立于 2004 年 2 月 4 日，总部位于美国加利福尼亚州门洛帕克。2012 年 3 月 6 日发布 Windows 版桌面聊天软件 Facebook Messenger。主要创始人是马克·扎克伯格。Facebook 是世界排名领先的照片分享站点，截至 2013 年 11 月每天上传约 3.5 亿张照片。截至 2012 年 5 月，Facebook 拥有约 9 亿用户。目前 Facebook 是世界用户量最大的社交平台，2015 年 8 月 28 日，单日在线用户数突破 10 亿。2016 年 6 月 8 日，《2016 年 BrandZ 全球最具价值品牌百强榜》公布，Facebook 排第 5 名。2018 年 3 月 17 日曝光，剑桥分析公司"窃取"5000 万脸书用户的信息。2018 年 6 月 29 日，研究发现一个名为"NameTests"的第三方测验应用令 1.2 亿名 Facebook 用户的数据面临泄露风险。现在 Facebook 已不满足于仅仅成为人们发布照片和更新状态的平台，正准备以汇款和电子货币的形式提供金融服务。Facebook 已获准在美国提供某种形式的转账服务，可以为那些向购买应用的用户收取费用的开发者处理支付业务。根据提交给美国证交会（SEC）的文件，2013 年，该公司帮助完成了价值 21 亿美元的交易，几乎都来自游戏。目前 Facebook 已经完成了在多个领域多个行业的布局，它已经成为全球最有影响力的社交平台。

Facebook 在全面扩张过程中，也曾试图收购 Twitter，但是遭到了拒绝。可能很多人并不理解 Twitter 存在的理由，更不理解 Google 和 Facebook 为什么都要收购 Twitter，最不可理解的是 Twitter 创始人拒绝了 Google 和 Facebook 5 亿美金的开价。可能只有 Twitter 的忠实用户才能真正理解 Twitter 对他们的生活、工作带来的影响，这些人才是社交媒体最早、最资深的一批实践者，他们中 Follower 数超过 1000 的"推客"基本上都有自己的博客，而且这部分人不在少数。真正在使用 Twitter 的推客都知道，Twitter 上传播的消息主要是推客自己在网上看到的新奇事物或者自己写的博客的标题和链接，当然也包括少量的个人突发奇想。很多 Twitter 的忠实用户同时也 Follow 了很多其他推客，少则上百，多则成千。可以看出作为一个全球重要的社交平台，Twitter 依然是很多人的选择，并且正在大放异彩。

按时间的延续顺序，当前国内最有影响力的社交平台继 QQ 之后应该是微信。微信是腾讯公司于 2011 年 1 月 21 日推出的一个为智能终端提供即时通讯服务的免费应用程序，由张小龙所带领的腾讯广州研发中心产品团队打造。微信支持跨通信运营商、跨操作系统平台通过网络快速发送免费（需消耗少量网络流量）语音短信、视频、图片和文字，同时也可以使用通过共享流媒体内容的资料和基于位置的社交插件"摇一摇""漂流瓶""朋友圈""公众平台""语音记事本""小程序"等服务插件。截止到 2016 年第二季度，微信已经覆盖中国 94% 以上的智能手机，月活跃用户达到 8.06 亿，用户覆盖 200 多个国家、超过 20 种语言。此外，各品牌的微信公众账号总数已经超过 800 万个，移动应用对接数量超过 85000 个，广告收入增至 36.79 亿元，微信支付用户则达到了 4 亿左右。2017 年 2 月，Brand Finance 发布 2017 年度全球 500 强品牌榜单，微信排名第 100。

目前微信的注册用户已经超过 10 亿，大有超过 Facebook 之势，但微信流量做大之后就开始展现出其不同寻常的野心，试图以流量作为互联网最有价值的筹码对外展示"肌肉"。凡是渴望得到微信流量的企业，腾讯公司都会以流量来估算价值，并以此来折算股份或参与分成。而且，微信因为具有金融支付牌照而在支付领域与阿里的支付宝形成了两雄并立的态势，但忽视社会责任的野蛮生长也必然会付出代价。2018 年 8 月 13 日晚，从浙江省工商局获悉，该局针对近期多起消费者微信转错账维权难事件，由省消费者权益保护委员会出面，向深圳市腾讯计算机系统有限公司发出书面《建议函》，并于 7 月 23 日进行面对面约谈。腾讯公司于 8 月 1 日回函书面承诺对微信支付予以整改。另外，微信作为一个平台型互联网产品，大量的游戏接入对未成人造成了严重伤害，甚至一度引起社会的口诛笔伐，成为全民攻击的对象。

但是，无论如何，微信作为国内目前使用率最高的社交软件仍然具备强大的生命力。其品牌价值已经远远超过了国内任何一个形态的互联网产品，也正是因为微信在行业内的影响，使得腾讯公司的市场一度超过 4 万亿，真正成为行业的巨兽。

在微信出现之前，还有一些社交软件曾经崭露头角，有的昙花一现，有的至今仍苦苦支撑。像雷军的米聊、丁磊的易信等。阿里巴巴的创始人马云也对社交怀有无限的敬意，他的社交愿望非常强烈，为抢占社交市场，他曾先后投资做了"来往"和"钉钉"两个社交产品，其中来往已经失败，眼下钉钉正在瞄向企业市场，专注于企业社交，试图剑走偏锋，从侧面打开一个缺口。但因为钉钉强调企业办公管理，所以容易形成管理与被管理者之间的对立，用户黏性和活跃度并不理想。

其他的社交平台还有定位于陌生人群体的陌陌、秘密、探探等，也有以情感与婚恋为对象的征婚网站，如绝对100、百合网、世纪佳缘、珍爱网等。

值得一提的是，网络社交平台因为容易形成用户的群聚效应而显示出巨大的投资魅力。流量可以说是当今一切企业都渴望得到的东西，它的价值无法以有形的实物进行对照，但它确实可以为企业带来价值的转化。所以自QQ以来，一直有很多人都心存幻想，希望能够在社交领域求得一席之地。前段时间，锤子科技的罗永浩宣布了一款新型社交软件的诞生，名为"子弹短信"，因其对微信的一个信息功能做了改良就瞬间引爆了行业的评论，短时间内就获得了1.5亿的投资，称得上是神级的现象。究其原因，其实不难理解，大众对社交巨头的崇拜已经让很多人充满幻想，甚至失去了理性。一些人总抱着尝试的心态，希望能够重新造就一个互联网领域的财富帝国，宁可冒着极大的风险，也不想与梦想失之交臂。

其他的社交媒体还可以列举很多，上面提到的这些网络应用或软件都可以笼统地归类为"社交网络（SNS）"。社交网络对个人而言，是一项"服务"，通俗地讲，它是一项用以跟朋友交流感情、保持联系、拉近距离的网络服务，也是一项拓展用户资源、扩展渠道的服务，这些服务带领我们进入了数字化的"泛社交时代"。从另一个角度来看，"社交网络"也可以视为是一种媒体，因为在这个网络平台上，无数的信息被网络中的节点过滤并扩散，有价值的消息会被迅速传播，无价值的信息则会被人们遗忘或者只能得到小范围的传播。

不过，从应用程序的角度来看，社交媒体真正可供瓜分的馅饼并不多。作为一个具有开创性的在线社区，Facebook已经成为第三方应用程序的聚集地。微博客Twitter的用户也已经用许多应用程序来弥补网站自身的不足。分布在社交媒体中的人们维护着各种各样的工具，而想要决定将何种信息与何人分享几乎成为不可能完成的任务。在用户、销售商和企业的面前也存在着众多的干扰。只要出现一个新的应用程序，就会出现另外一个应用程序帮人们管理它。虽然"眼球经济"一直令人们垂涎，但广告发布者和出资人都已经认识到，精准投放比大力推广获得的回报更高。

3.2 社交媒体的社会价值分析

3.2.1 社交媒体的用户需求属性

学者普遍认为，意义（Meaning）和链接（Connection）是所有社交媒体生存的两个关键因素。但随着人们组织信息以及寻找与自己相关网络难度的增大，这两个要素被逐渐淡化。如果不理解用户的需求，不跟上技术发展的节奏，任何一个社交媒体都很容易被取代。因此社交媒体必须以新的方式为用户提供全方位的体验。要想牢牢绑定已有的成果并持续取得发展，社交媒体的运营需要侧重于以下几个方面：

1. 以人为本

真正理解"用户""客户"和"消费者"的概念，任何一款社交产品，无论它多么优秀，它的目标指向一定是人，社交媒体将人的因素带回到了所有的数字化的互动中，它必须为用户提供尽可能周到和贴心的服务，否则就很容易被抛弃。尤其是在社交软件层出不穷的形势下，人们变得越来越谨慎，对个人的权益和隐私越来越重视，稍有不慎就会引起强烈反应，所以对用户的尊重已经成了最基本的要求。网络研究公司 Altimeter 的创办人莎琳·李（Charlene Li）和美国市场调研机构 ForresterResearch 的副总裁约什·贝尔诺夫（Josh Bernoff）进行了一项研究，他们将全新的行为驱动模式引入了社交媒体，尽管这是一次巨大的跨越，但如果想要获得成功，人们还需要将这一理论进一步推进并更加接近于人的需求。一般情况下，人们希望获得与社交媒体相关的有意义的价值，希望自己的社交活动能够更有所收获，同时有条不紊。那些能够将精美的设计、易用性和可搜索性整合在一起的应用将比其他社交媒体工具更重要。网络战略专家戴伯·舒尔茨（Deb Schultz）将社交媒体和艺术展进行了比较，他认为，人们都希望按照自己的需求在网络生态系统中寻找自己生命的表现。人们将会创建、加入并寻找能够为他们提供有意义且具有相关体验的社交网络。人们还会对自己的投资回报（花费的时间和披露的程度）、获得的答复、评论以及社交网络的影响力和价值等进行衡量。社交网站的战略关系副总裁瑞切尔·马斯特斯（Rachel Masters）表示，"互联网之所以令人困惑，是因为人们几乎可以利用它来复制以前的所有媒体"。

社交媒体的发展给人们提供了大量的信息和获取信息的机会，人们需要根据个体的需求对这些无穷无尽的信息进行梳理。因此作为服务者的社交媒体应该努力将自己的各个功能版块进行优化，比如，为视频添加标签，归档对话内容，加大对云计算技术的利用，并使得搜索结果具有更高的相关性等。为这些问题寻找解决方案的企业将获得重要的机会。媒体解决方案供应商 Spark 的创始人大卫·斯巴克（David Spark）认为，企业不应该只是在 Twitter 信息中以及 Facebook 的页面上发布广告，社交媒体创造的新岗位要求人们具有很多技能，比如针对社交网络和聚合平台制定相关的活动，同时将产品、服务和人聚合在一起。

2. 迎合趋势，不断创新

社交媒体的下一阶段就是带来大量获利机会的阶段。随着各种社交平台、社交网络新型移动设备以及定位功能的出现，我们将会看到更多的定位和个性化广告出现。此外，合作伙伴之间将会引入更多的分成模式，而线下生活也将与在线社交媒体更好地融合，例如利用虚拟产品为真实的产品进行补充。社交媒体已经永久地改变了人与人之间交流的方式，但是社交媒体依然无法满足人们所有的需求，因此必然改弦更张。

新型的社交媒体将创造出一系列的"整体产品"和用户体验，这些将贯穿人们的整个生活，包括网络、手机和现实生活。每个用户都可以通过工具、功能和应用程序创建自己的体验。人们可以对信息进行无缝切换，而这些都不会受到地点和时间的限制。具有创造力的公司将会倾听这些需求，并在这些需求的基础上推出相关的产品。这样的公司不仅能够存活下去，也会在未来几年中发展壮大。

3. 守法经营，积极承担社会责任

社交媒体涉足社交领域，必然与大量的用户相关联。用户与用户之间通过社交工具实现联结，可以进行信息交流、分享，发布广告，人际交往等活动。因此社交平台天然具有媒体的属性。但大量的网上用户的存在，加大了不实信息传播或政治谣言扩散的风险。每个人使用网络的目的不同，有的人单纯为了娱乐，有的人是为了获取有价值的信息，有的人是为了交友，有的人则为了利益，如此等等。在海量的用户群体中，各种网络行为鱼龙混杂，良莠不齐，可能会对一些用户造成伤害。我们在网上经常看到一些网络诈骗行为，让一些人付出了惨重的经济代价，甚至付出了生命。其实为了利益不择手段或铤而走险的大有人在，这些现象的存在是对人性的考验。社交媒体不是执法机构，无法对违法行为进行处罚。但社交媒体作为一个网络运营平台，其职能是服务于用户，职责是维护使用者的权益。所以社交媒体的经营者必须为使用者提供一个良好的网络环境，强化技术服务，减少系统漏洞，尽可能不给居心不良的不法分子提供危害社会或侵害别人的机会。

最重要的是，社交媒体的经营者要有社会责任意识，守法经营，不能因为过分追逐利益而放弃原则。对于社交平台上的违规行为要坚决采取措施予以制止，情节严重的提请行政主管部门或公安机关进行查处。

社会安全是每一个公民的基本诉求，也是国家的重要使命。只有稳定的社会环境，才能给我们的生活带来幸福。作为为大众提供社交服务的社交媒体，只有时刻将用户的利益和权益置于自己的服务体系中，将社会责

任视为实现自身价值的重要组织部分，不断提升平台的服务质量和水平，才能真正得到用户的信任与支持，而用户的信任则是企业取得持续发展的根本保证。

3.2.2　社交媒体的实用价值表现

社交媒体让人们的生活发生了很多改变，尤其是在社会交往方面。但社交媒体的价值体现除了上述服务之外，还有其他方面。综合起来，社交媒体对社会的贡献可以从以下几维度进行分析。

1. 社交媒体有助于推动企业信息透明化

社交媒体比以往任何一次技术革新都更能够促进企业的协作精神，从而使得所有的公司和组织都能够处于公众的监督之下。企业对社交媒体积极性越高，其透明度也就越高。例如，惠普的员工博客计划使得外界能够更好地洞察惠普的内部状况，沃尔玛等公司甚至还邀请客户来撰写博客。在未融入社交媒体之前，大型企业很难与用户进行互动，也就无法获取反馈。融入社交媒体后，用户可以直达企业高层。除此之外，所有的企业面对环境问题、产品标准以及消费者和员工权益等问题时，也不得不更加慎重。

2. 社交媒体有助于生产企业提升产品质量

社交媒体使得所有消费者都可以针对产品发表评论并提出批评，因此厂商的产品必须有过硬的质量。产品质量不过关的厂商将会被曝光并最终失败。这也是为什么好的产品往往在传统营销上投入的资金更少的原因所在。社交媒体的存在使得优秀的产品能够获得用户和粉丝的追捧。

3. 社交媒体为企业提供了方便的客服工具

现在很多企业的客服系统都依赖于社交媒体，甚至直接在社交平台上搭建客服系统。由于社交媒体在用户沟通方面的便利，很多企业的客户也愿意接受以社交媒体为工具进行的客户服务，尤其是在企业咨询和回访方面。因为社交媒体可以方便地进行资料传送、语音留言、视频聊天等操作，并提供一些工作、学习的工具，所以越来越多的企业倾向于直接利用公共社交平台来实现与用户的连接服务。从微信在企业中的广泛使用就可以看出，一些基于企业客服的公众号、小程序不断涌现，这给广大消费者和企业客户带来了很大便利。而一些中小型企业则直接建立微信群，通过微信群为用户提供快捷的服务，这使得客服的效率得到很大提升。然而，对于许多公司而言，将社交媒体引入公司的经营范畴并上升为提升产值和效率的工具是一个新的尝试，甚至是一种冒险的行为，许多公司只是刚刚开始考虑他们的策略和参与程度，但这一片尚未开垦的处女地对很多公司充满了诱惑。毫不夸张地说，那些因为使用社交媒体而获得巨大收益的公司正在不断地投入资金和精力去发掘社交媒体的市场作用。或许我们在展会上已经看到了这样的趋势，在一些顶级会议上，只要是关于社交媒体和市场营销的，通常最引人注目。

4. 社交媒体催生了新的销售渠道

在社交媒体出现以前，很多企业销售自己的产品往往都利用固有的渠道和传统的营销模式，其市场及销售部门惯常的做法，就是利用电视、纸媒及广告牌等媒介进行广告宣传，利用地面销售部队进行产品营销。这种传统的方法成本高且效果很大程度上取决于广告投放的数量，而对于很多中小企业来说，很难支撑巨大的广告投放费用。因此，很多中小企业只能通过关系的积累和市场销售队伍的数量来拓展市场。然而，社交媒体的出现和发展，给企业提供了一个新的市场拓展机会。每一个企业，无论大小都可以利用社交媒体快速、低成本地搭建自己的产品宣传系统，在社交媒体平台上通过用户与用户之间的连接关系，可以方便地将自己的产品推荐给更多用户。因此，社交媒体对于企业来说，无疑是一个重要的市场发展工具。

5. 社交媒体给用户提供了更多选择的机会

社交媒体的便利之处还在于它给用户充分的自主选择权。用户在使用互联网产品时，完全凭借自己的需要、喜好、情感、意愿甚至感觉来选择关注还是忽略它，并且不必为自己的选择而承担责任。因此，社交媒体增加用户黏性的基本原则就是取悦用户，为用户尽可能地提供全方位的服务。正是这种因素的存在，它客观地给用户增加了通过社交手段来实现自己心愿的机会。事实上，现在很多消费者的买卖行为，很多玩家的游戏行为，很多劳动者的培训行为，很多学生的学习行为等，都借助于社交媒体而变得容易而轻松。用户一旦对自己使用的工具不满，就会通过社交平台迅速找到替代品，这在以往是不可想象的。我们的生活正在随着社交媒体的广泛使用而日益精彩。

3.2.3　社交媒体的价值打造

社交媒体对社会的价值已经受到了普遍关注。在今天，几乎每一个人都很难离开社交媒体，我们对它的依赖已经超出了其他任何互联网产品。所以，社交媒体作为一个异军突起的互联网新领域，已经成为资本争相追逐的宝地，当然也是资本角逐的战场。

那么，如何才能打造一个成功的社交媒体？或者，怎样才能够让一个社交媒体成为受大众欢迎的产品？在此，笔者给出以下思路和建议。

1. 整体规划

社交媒体的成功，体现于产品的体验感、影响力、消费度、便捷性、服务水平等要素，因此整体规划上要强调几点：①品牌曝光度；②产品的知名度；③产业生态圈建设；④产品的安全策略；⑤产品的服务策略。但每一点的落实都需要策略与技巧，而且还要关注细节。具体实施时，可以从如下几个角度展开。

（1）关注目标。永远不要忘记，顾客、潜在顾客和商业伙伴间都是相互关联、彼此分享和共同成长的。因此要以真诚和开放的态度运用社交媒体，并懂得市场在监督公司的行为中发挥的作用。另外，必须意识到潜在顾客更信赖你的当前顾客，并且他们可能正在用社交媒体工具相互交流。而网络对话为其中之要。社交媒体可以用来与顾客建立联系，借此，公司可以参与到网络社区的活动当中。而这个社区最显著的成果是其凸显的数字化和即时、真实的网络对话。公司可以阅读、参与甚至测量分析这些对话，形成自己的资源。

（2）弱化管理，强化服务。不要对用户有任何形式的控制企图，社交媒体的参与者主宰着网络对话，而顾客通常也早于公司使用这些工具，公司参与其中就要甘愿放手，因为对对话的控制越严密，社交媒体的利用价值就越小。所以社交媒体的设计和运营者要充分考虑这些因素，以服务的心态去连接用户，而不是相反。

（3）重视测量。测量人与人间的信息互动相当重要，因为类似"了解""参与""关注"这些词正日益受到关注。公司重视的应该是对话中发生的质化反应，而非页面浏览量或者下载量，公司应充分意识到，用户的网络营销、网络消费及其他应用已经从公司网站这一阵地迁移到了全球网络海洋的小小岛屿（各种对话平台）之上。所以经营者要建立用户数据的科学分析模型，认真研究用户心态的变化，切实做到技术与用户习惯的适配。

（4）协调关系。用户关系是社交媒体的核心生命力，社交媒体发展的最主要的目标就是用户的数量。所以社交平台必须把用户关系放在首位，时刻为用户着想，对于用户的投诉与建议必须第一时间处理，尽量不要拖延。对于用户与平台之间的矛盾，务必本着友好、合作、共赢的原则进行协调处理，在任何情况下都不能激化与用户之间的矛盾。

（5）风险预测。网络社交的魅力就在于，可以通过平台实时交流而无须界定人与人之间的关系。然而人际对话虽然很重要，但你永远都不知道接下来对方会转向什么话题。因此，无论对话如何有条理，如何小心谨慎，总是存在着未知的风险。尤其是涉及政治谣言和诈骗信息的传播，稍有不慎就会给平台造成致命影响。所以，社交平台一定要建立预警机制，做好会话关键词过滤、不良图片识别、非法链接判读、病毒防护等技术应对方案，同时建立不良信息举报制度，对非法使用进行及时举报，防止成为违法犯罪的舞台。

（6）注重社交媒体的深度运用。社交媒体作为工具改变了高管们与员工和公众的交流方式；客服部门将会使用社交媒体与顾客互动；中间管理层将会把这些工具整合到公司计划之中；而普通员工则是社交媒体工具的第一代使用者，然后以自下而上的方式被传递。社交媒体能否持续成为用户生活和工作中的工具，取决于社交媒体产品本身是否能够把握用户关系链条中的应用场景，能否在复杂的变化中跟上时代的步伐。

（7）注重社交媒体的广度运用。社交媒体的运用将不仅仅限于市场营销和公关，包括互联网、企业外部网、企业内部网都将受到影响。对于公司而言，可以削减客服开销，以近乎即时的速度反馈市场信息，从而促进企业生产出更好的产品。另外，通过社交媒体可以实现培训普及，缩短销售流程，甚至于在降低招聘费用的同时雇用到英才。从本质上说，互联网就是世界性的。如果不着眼于全球，不对产品进行外延式扩展，当产品发展到一定阶段之后就容易受到限制，从而产生瓶颈。

（8）注重时空的跨越性。社交媒体之所以改善了人们的生活工作状态，提高了效率，最本质的原因就是社交媒体让用户实现了时间和空间的跨越。经验丰富的公司正在学习如何在顾客生命周期的各个阶段使用这些工具。觉察商机、参与对话、普及知识、广告宣传、协调关系、部署战略、客户服务、产品研发、顾客反馈、赢得市场和竞争情报，然后循环反复。只要互联网继续存在，这种公开对话就将持续下去。因此，社交媒体在进行产品升级时要充分考虑到人们的需求特性，在产品的设计理念中植入超越时空的要素，使其长久立于不败之地。

（9）控制散度。这里的散度是指产品功能的开放程度。一些社交媒体做到一定阶段，聚集了大量的粉丝或用户之后，往往开始嫁接各种应用，或者提供接口供第三方接入。而第三方的业务五花八门，多种多样，有的甚至为了利益不惜设置各种消费陷阱，只为获取平台中的流量。殊不知，没有原则的开放，一方面会增加平台运营的负担，另一方面可能会降低用户的体验，最终导致用户对产品的抵触，严重者会遭到用户抛弃。

（10）安全及服务。社交媒体因为掌握了大量的用户数据，这些数据包括用户的个人基本资料和消费信息，有的甚至还包含个人隐私信息。因此，平台在运营中务必保障数据的安全，一旦资料泄露就有可能对用户造成损失，当然也会给社交媒体的运营方造成信誉上的损害。前一段时间曝光的Facebook 资料泄露事件就引起了全球的震动。剑桥分析被指在未经用户同意的情况下，利用在 Facebook 上获得的 5000 万用户的个人资料数据来创建档案，并在 2016 年总统大选期间针对这些人进行定向宣传。2018 年 3 月19 日，受到丑闻影响，Facebook 股价大跌 7%，市值缩水 360 多亿美元，马克·扎克伯格也因此损失了 60 多亿美元的股票价值。可见，一个安全漏洞引发的后果十分恐怖。可喜的是，现在国内几乎所有的社交媒体都十分重视数据安全问题，平台运营公司在服务器、防火墙、安全机制保障及数据备份等方面都有充分的准备和策略。然而，也仍有一些公司，无视这些问题，甚至把用户资料视为公司的财产对外出售，这种杀鸡取卵的做法将会导致平台的运营走向覆灭。

除安全问题之外，社交媒体的服务也十分重要。平台运营的目的是为了实现价值并得到发展，一旦服务跟不上就必然引起用户体验的下降，同时会制约平台扩散的速度。从长远来说，以减少服务投入的方式来降低平台运营成本是得不偿失的。

3.2.4　社交媒体使用的禁用场景分析

社交媒体的作用大大超出了我们的想象，然而并不是任何事情或任何时候都需要通过社交媒体来解决问题。我们可能会有这样的疑问，社交媒体真的适合每个人吗？会不会在某些情况之下使用社交媒体并不是一个明智选择？以下的例子可能会给出答案。

一些特殊情况下，不鼓励使用社交媒体。比如经营奢侈品的公司，如果公司顾客数量不多，但是每笔生意都价值不菲，公司最好不要使用社交媒体，因为社交媒体的使用会让顾客受到不同声音的影响，最终有可能导致生意的失败。尤其是当管理层与员工有矛盾的时候，绝不应该鼓励员工直接通过社交媒体与顾客直接交流。这时，面对面的互动和电话，效果会会更好。

如果管理层不相信社交媒体，那么那些常年被灌输公共沟通需要有选择地进行的员工在使用新媒体时就会迟疑，因为新媒体需要他们毫不隐讳地畅所欲言。在这种情形之下，管理层需要鼓励并奖励那些使用社交媒体的员工。如果他们不这样做，社交媒体的使用必将失败。另外，不要为了社交媒体而使用社交媒体。如果一个公司不知道他们需要达成的目标，那么也就没有衡量的标准判断社交媒体的使用是否成功了。跟公司实施的其他活动一样，公司需要一个明确的目标，但是这个目标不应是发布一场新闻发布会那样简单。

如果一个单位涉及个人隐私或公共安全，那么他们就不能使用社交媒体进行对外沟通业务，因为任何涉秘信息都有可能被其他用户保留并形成扩散，进而酿成不可挽回的损失。当然如果涉及更高层面的秘密，如军事机密或国家安全，就更不能轻易使用社交媒体。

3.2.5　社交媒体的革命性创新

与传统媒体相比，社交媒体有很多革命性创新，主要体现在以下几个方面。

1. 和传统媒体的差别编辑

　　传统的社会大众媒体，包括新闻报纸、广播、电视、电影等，内容由发布者决定，追求大量生产与销售。新兴的社交媒体，多出现在网络上，内容可由用户选择或编辑，生产分众化或小众化，重视同好朋友的集结，可自行形成某种社群，例如 blog、vlog、podcast、Wikipedia、Facebook、plurk、Twitter、网络论坛等。社交媒体的服务和功能更先进和多元，而费用相对便宜或免费，近用权相对普及和便利，广受现代年轻人的采用。社交媒体和传统社会媒体的明显差别如下：

　　（1）传播结构。社交媒体和传统媒体都可以向全球传播。不过，传统媒体多属于中央集权的组织结构、生产和销售方式。社交媒体通常扁平化、无阶层，依照多元生产或使用的需求，而有不同的形态。

　　（2）近用能力。能近用传统媒体的，绝大多数都只有该媒体的政府或私人业主，例如某大报的头条，由该报编辑室决定；某电影的集资拍摄，由政府和民间金主决定。社交媒体可让社会大众便宜或免费使用，例如微信公众号，每个人都可以独立申请，并制作内容。

　　（3）专业要求。进入传统媒体的专业门槛较高，例如需设置全职的记者、摄影师、编辑、财务部门、法律部门等，除了一定的资讯素养之外，还需要其他学科的专业素养，才能经得起消费市场的检验，尤其因为传统媒体的市场竞争激烈、盈利压力，对专业能力的要求可能会更高或更多元。社交媒体的专业门槛相对较低，通常只要中等的资讯素养即可，加上社交媒体为争取更大的注意力经济，倾向于将社交媒体的使用界面设计得更方便、更简单。

　　（4）即时程度。一般而言，根据制作内容的规模，传统媒体常有几天、几周、几个月的制作时间。社交媒体因为偏好轻薄短小的图文发布，所以制作时间可以减少至一天、几小时甚至几分钟。目前越来越多的传统媒体正向社交媒体看齐，希望能达到新闻的随时发布。

（5）更新速度。传统媒体的内容一旦发布，几乎很难修改，例如新闻报纸、广播、电视、电影等，如需答复、修正，往往要等到下一个版本，牵涉的人力和时间较多。社交媒体则可以根据需要随时随地更新变化。

2. 对大众的无差别服务

社交媒体刚刚开始发展的时候，很多人持有这样的疑问：社交媒体是否只适合网络服务或是那些比较酷的产品？经过一些人的尝试和努力，最终给出了否定的答案。其实，只要能够在特定的平台内找到自己的目标受众，并以有效的方式与之进行交流互动，社交媒体就适合所有的品牌。当然，为苹果制定推广计划肯定要比一家小公司更加令人兴奋。但是只要能找到适合自己的社交媒体和博客推广方法，这两个品牌都将获得惊人的效果，包括：品牌认知、轰动效应、流量、用户忠诚度以及收入。事实上，较为"乏味"的品牌通过社交媒体获得的推广效果通常是最好的。利用社交网络进行推广后，这类产品的受欢迎程度将会发生实质性的变化，而相对炫酷的产品反而很难达到这种效果。现在不乏一些默默无闻的品牌经过社交媒体的推广而走向成功的例子。比如，最为引人注目的电商平台拼多多，就是以社交电商为特色，通过朋友圈的砍价或分享快速迎来了事业的顶峰。

3. 将流量变成了价值的源头

在社交媒体时代，流量作为判断其价值的最重要标准经历了很长一段时间。最初，单纯的社交平台刚引人关注的时候，它因为极低的参与门槛和极强的通讯能力而普遍受到人们的欢迎。但随着用户数量的急剧增长，社交媒体运营中所需的服务器存储和网络带宽压力不断增大，进而导致运营成本迅速上升。因为短期内无法变现价值，平台运营者曾一度对未来失去信心。好在通过资本的助推和在商业模式上的不断探索、尝试，最终完成了平台流量的转化，使得通过用户基数判断平台商业价值的做法成了行业的共识。目前，一些互联网平台在对外融资时，一个基本的估值要素就是平台的用户数据。这不能不说是社交媒体在发展中对人们价值观念上的催化。

有人说，社交网络只能流行一时。这种观点看似主观，但也有其产生的理由。笔者认为，由于人类渴望与他人交流，所以社交媒体是一次不可避免的数字化革命。只要人类存在，就无法摒弃这种交流的欲望。所以，认为社交媒体只能流行一时，就好比在说人与人之间的交流只能流行一时。据统计，目前全球80%以上的网民会访问社交网络，而社交网络的访问时间增速是互联网访问时间增速的3倍以上。可以说，社交媒体会随着社会的发展而不断进步，只要人们有交流的愿望，社交媒体就不会被冷落。而附着在平台之上的用户，则不断贡献着平台的价值，流量为王的时代将会长期存在。

3.2.5 商务社交的发展

随着社交媒体的蓬勃发展和人们对社交媒体的依赖，网络商务社交开始活跃起来。网络商务社交指人与人之间的商务交往是在互联网上进行的，它是面向职业人士的定向社交媒体。商务社交网的兴起为人们进行网络商务社交提供了平台与工具。商务社交网是 Web 2.0 的产物，根据商务社交网为用户提供的服务内容来看，商务社交网又可分职业社交网和企业社交网两类。

1. 职业社交平台

职业社交网是为职业人士创造的一个在线社交平台。在这个平台上，用户可以通过不断扩展的人际网络从容地寻找商务联系人、雇主、雇员、专家甚至投资者。它与传统 SNS（社交网络服务）的区别在于是为了结识新朋友，而传统 SNS 的功能是和老朋友建立长期联系。职业社交网站在国外以 LinkedIn 为代表，它成立于 2002 年 12 月，并于 2003 年启动。LinkedIn 为在职人士提供高效、安全并且有商务价值的社交服务。它的用户有寻求人力资源的猎头和企业、在特定人群做市场推广的机构、个人求职者、有维护人脉关系需求的用户。随着商业模式的扩展，LinkedIn 已不仅仅只是一个求职类的社交网站，它的商务性以及一些特殊功能已被一些商业网站用来当作营销的渠道，它真正地把社交关系变成了商业网络。

国内的职业社交网站尽管起步较晚，但发展很快，规模也较大。一些以社交招聘和职业交流交往为服务内容的网站不断涌现出来，用户包括人力资源猎头、招聘企业、个人求职者、企业在职员工和面向特定人群的市场推广机构。

2. 企业社交平台

企业社交网是把现下成熟的社交网络运用到企业组织中，让企业内部的员工能够通过类似社交网络的平台进行工作和自我管理，以实现企业内部员工间高效、透明、便捷的沟通与协作。企业社交平台就像是企业内部的 Facebook。目前发展最好的是阿里的钉钉，它是阿里巴巴集团专为中国企业打造的免费沟通和协同的多端平台，专注于企业 OA 系统，核心功能包括企业沟通功能、视频电话会议、商务电话、团队组建、企业通讯录、企业办公协同等。钉钉支持多种语言，支持 WiFi 无线局域网、2G、3G 和 4G 移动数据网络，有 iOS 版、Android 版等。在微信发展得如日中天的时候，阿里为争抢社交领域的一席之地，先是推出了一款名为"来往"的社交平台，后因为在与微信的竞争中败下阵来，经过反思与总结，继而推出了钉钉。因为定位于企业社交，所以避开了与微信的正面竞争，但因为一直处于投资扩张阶段，真正的商业前景还不十分明朗。

3.2.6　有关社交媒体的深度思考

毫无疑问，我们的生活因为社交媒体的发展而变得更精彩。目前中国主流的社交媒体有 QQ、微信、微博、博客等。另外，异军突起的社交媒体还有今日头条等。

可以想象，世界上80%左右的人口袋里都装着手机，而且微信的月活动人数已突破10亿，几乎所有人都没有办法不使用社交媒体。但是因为网上大量陌生关系的存在和各种信息的不断泛滥，我们不禁会问，哪些信息才是可靠的呢？什么样的关系才值得信赖？笔者认为，在社交媒体时代，独立思考显得尤为重要。我们现在在社交媒体看到的热点资讯，背后可能是精心用各种文案技法，引导你的情绪，进而吸引你去点击和转发。需要提醒的是，现在获取信息的渠道和效率大增，我们可以将各种渠道信息进行比较后再做出判断，不要管中窥豹，被假象迷惑了眼睛。

笔者试图总结并借鉴网上的经验，给出一些社交媒体背后的真相，以便让大家思考社交媒体带给我们的变化，但发现形成清晰的逻辑和理论并不容易，后来在网上发现了一位网友的随感，认为颇有道理，就直接呈列出来，供读者朋友们思考。

（1）社交媒体时代所有的东西都会发声，但没有什么比廉价的东西发出的声音更喧嚣了。

（2）社交媒体的一个很大的问题就是，你会慢慢取消关注那些和你的观念尤其是三观不相符的人，这样你身边聚集的就只剩下与你三观一致的人，这时候你就会觉得自己的三观是社会的主流，是正确的，但很多时候，这样的想法是危险的。这就是回声室效应，所以说兼听则明。但真要做到太难，人不愿走出舒适区。

（3）社交媒体让我们的判断力不断下滑，思考能力和见识都在缩水，人云亦云地在各种转发"深度好文""必看""重磅"中打转，而这一切，都完全地被包裹在一种"信息爆炸时代站在繁华丰富潮流尖端"的自我认知里。

（4）随着社交媒体的兴起，穿搭图片分享变得越来越普遍，产品是否足够时尚或者说产品"好不好看"，甚至超越了其他因素。这也就解释了为什么那么多消费者抱怨 Zara 产品质量不行，但仍然热衷于在 Zara 购买大量衣服的现象。

（5）微信创始人张小龙曾经说过，20% 的用户到订阅号内挑选内容，80% 的用户在朋友圈阅读这些内容。

（6）想远离社交媒体，因为感觉朋友圈上的人都好牛逼。

（7）在社交媒体的激烈冲击下，时尚杂志面临严峻的挑战，新杂志想要在国内激烈的时尚媒体竞争中脱颖而出还是个未知数。

（8）也许是社交媒体的变迁和信息的过度极速化、贪婪化处理，大多数人认为的好看是一件非常表面的事，并且只关心明星偶像穿了什么，什么样的东西能够追上周遭人的脚步，潮流如此，生活也是。没有人真正思考了解和拥有是多么难得的情分。

（9）社交媒体网红力量真恐怖，原价 80 美元瞬间售完，Rihanna 推出的拖鞋现在已被炒到 1000 美元。

（10）美国的搜索和社交媒体正在垄断和统治网络广告收入。现在美国的网络媒体公司收入停滞甚至负增长，它们陷入了困境，被迫裁员或削减预算，这一困境被认为是两方面因素造成的：2016 年第一季度，每一美元的网络广告投入有 85 美分落入了谷歌或 Facebook 的口袋。

（11）越来越多 Z 世代的孩子们正纷纷逃离社交媒体，因为他们真的在乎隐私。

（12）宝洁拆穿数字营销的假象：精准广告和社交媒体，并没有什么用。

（13）社交媒体让人有了许多幻觉，比如说"我很有趣"和"我很有才华"。

（14）特朗普将成为真正意义上的第一位互联网总统。在媒体的全面打压下，在华尔街的围剿下，如果没有 Twitter 和 Facebook，特朗普百分百选不上。这鲜活地证明，未来得社交媒体者得天下的道理。

（15）在社交媒体传播时代，与明星捆绑的生意越来越棘手。

（16）社交媒体并没有改变生活，只不过释放了真实的自己，那就是，长得丑的人说话越来越刻薄，长得美的人说话更谦逊可人。

（17）其实，社交媒体更多的是情绪的传染，几乎没有真相。

（18）社交媒体传播最大的问题是信息的不平等，越是偏激、矛盾和冲突的观点、内容传播越广，权重越高。这导致了冷静、客观和高含金量的内容被逆向淘汰。

（19）在社交媒体时代，拥有数据和社群才是这些传统时尚杂志赖以生存的基础。

（20）在拥抱社交媒体这件事上，奢侈品行业尤其是老牌时装屋可以说是转身最慢的行业。但事到如今，奢侈品牌应该意识到，数字营销对品牌的益处往往是出人意料的。

（21）活在朋友圈里的人，大多不幸福。

（22）只是我们进入社交媒体时代，突然我们发现新闻行业完全发生了变化，人们仿佛突然不需要新闻了，只需要观点、评论和情绪，甚至谣言和假新闻得到更多传播和援引，以及某种意义的认同。

（23）社交媒体时代也许让我们有更多的错觉，每分钟有焦点新闻的产生，个性化病毒式营销很快铺天盖地，并迅速令人倒胃口。

（24）约72%的消费者通过社交媒体与其钟爱的品牌进行互动，导致口碑宣传已领先于杂志等传统媒介，成为品牌推广的首要渠道。

（25）"现在零售世界已经不是有趣的时代，我从未见过改变的速度像现在这么快。过去你只要关注服饰本身和店内的消费体验就够了，但现在，如果你没有沉迷于产品、社交媒体和数字化，你便无法成功，这些事物组成了现在的零售。"精通数据和趋势分析的快时尚品牌，用更快、更低的价格抢占了市场。

（26）中国的社交媒体变幻莫测，行慢半步都死。

（27）腾讯门户的自我革命让人感慨。当报纸发行渠道被互联网取代后，报纸就是瘸腿的内容提供商。没有了渠道，报纸只靠内容活得很艰难。曾经新浪、搜狐等互联网门户颠覆了报纸杂志，辉煌一时，但如今却又被社交媒体，如今日头条等所颠覆。这就是历史。总有新模式取代老模式，不颠覆自己，不去折腾找死，只能等死！

（28）所谓社交媒体的热点，不到三天大家都忘记了。

（29）在美国社交媒体 Instagram 上，花 2000 块就能打造一个国际网红。

（30）腾讯核心创始人 Tony，在谈到设计产品时的信仰，说最难的是克制和敬畏心。那么社交呢？是不是也需要克制？

3.3　互联网时代媒体的责任

随着新媒体的蓬勃发展，越来越多的社会问题被瞬间曝光，一些涉及政策、舆论、广告、娱乐、日常生活等方面的信息不可避免地随时出现在民众的眼前，新媒体的传播速度和影响力远远超越了传统媒体。尤其是微博这种新媒体形式的异军突起，给传统媒体带来了相当的冲击。各种形式的媒体都开始纷纷发掘自身的潜力，以免被新兴的传播形式淘汰出局。于是，炒作、制造新闻便成了挽救媒体的有效手段。翻开报纸，打开电视，点开网页……铺天盖地的新闻迎面而来。在花花绿绿的图片下面，在光怪陆离的影像之间，各种刺激人们眼球的字眼被突出地显示，形形色色的表达形式充斥着大幅的版面。

在眼花缭乱的标题下如何选择自己最感兴趣的信息，几乎是每一个用户都关心的问题。通常情况下人们都比较关注与自己相关的需求问题，或者有一定热度的社会焦点，当然猎奇也是人们普遍的心理。但媒体的行为关乎社会的舆论导向，是人们求得事件真相的最直接的手段，所以媒体的职业道德也显得十分重要。但遗憾的是，现在很多媒体为了自身的发展，为了吸引更多观众的眼球，不惜使用各种手段对事件进行过分炒作。片面追求、制造新闻效果成了媒体聚拢受众的法宝。一些网站在明知用户所发之帖存在不真实的情况下，仍然听任用户肆意评论与转发，甚至煽风点火，把一些不明真相的用户的目光不理性地聚焦在一起。在中国围观的力量有多强大？或许没有一个人能估算得出。政府的很多决策相当一部分受到了围观的影响。一些地方政府解决某些受关注的民生问题，不是根据事物发展的规律，不是基于常理和法理，而是基于如何平息民众的情绪这样的思维。这就使得问题变得越来越复杂，常常是解决了一个问题，接着会产生更多新的问题。自上海的执法钓鱼事件发生之后，因为媒体的过度炒作，使得很多民众的目光被动地集中到了受害者身上，进而又被错误地引导，让黑车主的行为变得可被理解、值得同情，而执法者的形象则被无限制地贬损，最终造成执法者改变决策，把平息民愤当作了工作的重点，从而直接降低了打击黑车的决心，导致了黑车盛行的局面。从北京、上海等大城市的出租车行业的现状就可以看出问题的严重。2012年前后，北京的民众普遍感觉到打车困难，原因之一就是黑车的猖獗。很多正规的出租车从业者，因为对现有不合理出租车管理制度的不满，纷纷加入到黑出租的行列。据新华社的消息称，在2006年，北京市黑车约有6万~7万辆，其中城区有2万辆，郊区约有4万~5万辆。如果把城市周边地区的黑车算起来，黑车数量已超过出租汽车和公交车辆的总和。而根据出租车司机的说法，截至2011年北京市黑车的数量最少有20万辆，是正规出租车的三倍。一个在北京工作的朋友由于经常打不到正规出租，无奈在一论坛上发了这样的帖子："我在北京上班，看到马路边的黑出租车那么多，难道交警就不管吗？这是为什么呀？"有网友回帖说："为什么？是被上海的执法钓鱼事件吓怕了，弄不好会吃官司。"足见媒体炒作的影响。而在济南笔者通过正规出租车司机也了解到，2012年前后济南市平均一辆出租车至少有三到五辆与它相同的克隆车，这使得黑车也披上了合法运营的外衣，更加大了打击、治理的难度。

笔者认为媒体的责任应该是公布事件的真相，探究事件矛盾的根源，给民众提供发表意见、表达心声的机会，给政府提供制定解决问题方案的借鉴材料，而绝不是盲目炒作事件的表象，误导民众引起情绪化反应，导致政府决策失误。

或许大家都看过央视的一个新闻报道，说是一群动物保护志愿者救狗的事，他们把一个合法经营屠狗生意的人的一车狗全部劫下，说是为了爱心。这很容易让人想起几年前佛山小悦悦的事件。这些人在面对小悦悦被反复碾压而无人过问时不知会做何感想。还有许许多多吃不上饭、上不起学、过着连狗都不如的生活的孩子，他们不去过问，却只对狗感兴趣，这甚至有违于社会伦理。所以，笔者认为这则报道引起的反应可能已经偏离了"激发民众爱心"这一主题，一种被异化了的概念通过媒体很容易被畸形解读并迅速地传播。因为媒体的过分关注和强调而使得预先的表达效果适得其反。片面追求新闻效应的做法也会对观众造成一定程度的伤害。现实的情况往往是这样的：因为媒体的焦点聚集于对流浪狗的保护，动物保护者普遍就会站出来公然向侵害"动物权益"的行为发难，一些西方的价值观被不理性地推崇并加以放大。殊不知在中国的文化背景下，一些西方的价值观是有损于普通大众感情的。尤其是他们一些自相矛盾的说辞，在中国人看来不仅荒唐可笑，而且不可理喻。在西方人眼里，狗与猫等宠物的地位是高于猪、牛、羊的，他们会谴责人们吃狗肉的行为，会抵制人们猎杀猫的行为，但在中国人心中，这些动物与牛、羊并没有什么不同，甚至在一定程度上对牛、羊的感情超越了对猫、狗的宠爱。有什么理由让人们相信猫、狗等动物比牛、羊更高贵呢？看到那些打着动物保护的旗号一方面谴责人们吃狗肉的行为，一方面又大口啃着排骨，嘴上沾满油脂的人，是不是感觉到所谓西方文明的虚伪？而对照佛山小悦悦事件中人们那冷漠的态度，会不会又让人联想到那些动物保护者们的爱心掺杂了更多作秀的成分？

追求真相原本是新闻从业者最基本的职业要求，而对真相的求证也理应成为媒体的责任，但在巨大的商业利益和有形无形的价值面前，这一要求似乎变得异常脆弱。在虚假信息汹涌而来的时候，很多媒体非但不去求证，甚至还放任虚假信息的传播，从业者的职业道德被轻易地抛弃，因为一己之私而沦为新闻炒作者的帮凶。这种情况在网络媒体上表现得尤为突出。一些网站为了提高自身的点击量，在新闻没有加以证实的情况下就盲目转载，造成假消息不断扩散、蔓延，最终酿成不可收拾的局面。2011年，因为网络媒体的不负责任，使得网络媒体胡编乱造、捕风捉影的行为得以泛滥，从而诞生了国内十大虚假新闻。百度新闻盘点出2011年十大假新闻的几大特点：网站人员涉嫌造假、微博参与造假、"善意的错误"频频发生。

2011年8月，国家税务总局发布声明称，有人盗用税务总局的名义，对外发布了"《国家税务总局关于修订个人所得税若干问题的规定的公告》（2011年47号文件）"并做解读，该文及解读内容在媒体刊登后，严重误导了纳税人。而此前所谓的47号文则提供了两种年终奖所得的计税方法，并新增一个适用于全年一次性奖金所得的税率表（含速算扣除数）。此新闻一出，搜索量猛增，一石激起千层浪。网友们震惊之余，最关心的问题马上出来了：公文是谁伪造的？居然能轻易骗过几乎所有主流媒体的判断力？遗憾的是，这些问题并没有答案。

更加令人担忧的是，电视上疯狂的购物节目，报纸上层出不穷的虚假征婚广告，杂志中数不清的保健品的夸大宣传，网站上五花八门的消费陷阱和网络诈骗等，无一例外都是通过媒体对消费者进行欺骗，使得一批又一批的消费者大呼上当，直接导致消费者对媒体失去了信任。很多媒体对受众的欺骗和误导已经到了令人发指的地步。而这是不是直接与媒体的职业道德的缺失相关呢？

我们的社会在不断进步，人类文明在不断提高，媒体作为一项特殊的行业，理应成为推动文明进步的正面力量，而不是哗众取宠，为迎合受众或世俗的口味而陷入低级趣味。更不希望为了追求片面的利益而违背原则，听任媒体职业规则遭受破坏，导致欺诈横飞，谣言四起。所以我们希望，作为新时期最主要的信息传播手段的媒体，一方面在加强行业自律的同时，一方面也要着眼于本身的长远健康发展，并承担更多的社会责任。尤其是在社交媒体已经成为社会主流的情况下，各媒体从业者一定要有高度的责任意识，一切本着求真务实的原则，本着为人民服务的精神，把提高工作效率、推动社会进步作为自己的使命和责任，把对事件真相的揭示和对民生问题的关注统一到媒体职业道德的建设中来，真正发挥媒体的作用和社会价值。

3.4　互联网时代的标题党乱象

说到标题党现象，相信每个人都曾有过被形形色色的标题所困扰的经历。无论是在手机上，还是在电脑上，当你打开一些页面的时候，经常会被跳出来的标题所诱惑，不经意间被其夸张的字眼所吸引，于是下意识地去点击打开，弹出的结果却令人大跌眼镜，甚至大呼上当。我们经常在各种视频或新闻类网站上看到过这样的标题，"习总一席话，惊得日本人目瞪口呆"，这种夸张的描述无疑让人产生一观究竟的冲动，然而点进去以后才发现原来是一个网络游戏的注册入口。荒谬的标题远不止这些。随便打开一个网页，不经意间就会弹出一些广告，这些广告相当一部分带有标题党的色彩或痕迹。笔者曾经见识过非常多恶搞的行径，下面列举一二：

一男子手抓大米引自己的鸡回家的画面被人拍下，结果被冠上标题《叫鸡失败，反被偷拍》；一个标题为《高潮来临，一群男女兴奋》的图片记录的是一帮在海滩观海的人，海浪涌来时纷纷转身跑离的画面；一个光屁股放羊的小孩照片，题目则是《一个裸男和一群禽兽》；一个原本用作广告的美女图片，中间被人撕下，拍照后用《撕开女孩裙子看内裤》作为标题。另有一些标题让人忍俊不禁。画面中，一个荡秋千的小女孩，被称为《真正的荡妇》；一辆小车的后备箱露出了车主采购的货物，是一只白条鸡，被网友拍下后变成了《闹市中惊现悬挂于车外的裸尸》；一只吸饱了血的蚊子，被称作《肚子大了，谁干的》。如此等等。

图 2-14　网上文章《叫鸡失败，反被偷拍》配图

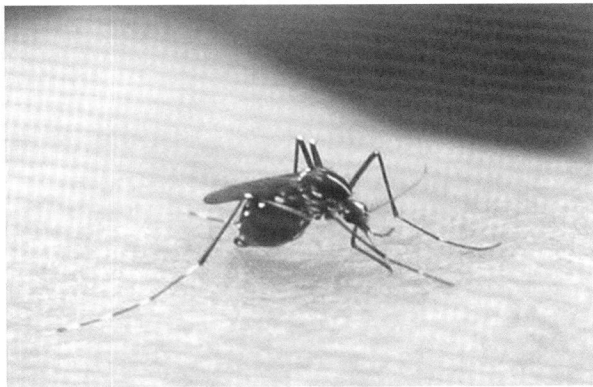

图 2-15　网上文章《肚子大了，谁干的》配图

通过捕风捉影、移花接木等手段恶搞出来的标题，在互联网时代已经让人习以为常。是什么原因导致了这一现象？单纯是为了吸引用户的眼球？还是为了背后的商业利益？这其中的原因或许不难调查清楚。但在各种网络内容泛滥的时代，一些网络毒瘤或网络污染屡禁不止，已经成为一个十分严峻的社会问题。能够允许甚至纵容这种现象长期存在，令人忧虑。是缺乏监管，还是管理不当，值得人们深入思考。

打开百度，随便输入与健康有关的词汇，就会弹出一堆医疗或健康咨询的网站，这些网站吸引用户的手段可以说是五花八门。网站的推广者充分利用人性的弱点，通过 SEO、软文、社区论坛、炒作、交换链接等手段

图 2-16　手机百度文章及相关评论截图

对用户进行轰炸式宣传。而令人难以忍受的是，这些网络推手常常虚构或杜撰一些匪夷所思的故事，有的只是一些非常荒诞的问题来吸引用户去点击。经常看到一些令人不耻的话题，"我与儿子做了不该做的事怎么办?""女儿喜欢与我做""陷入与儿子的不伦之恋"等，点开标题后呈现的是一些所谓的心理专家的回复，让人感觉这个医疗机构的专业。殊不知，这些问题，包括里面的回复以及所谓的专家都是一些骗局的构成要素，每一个环节都成为骗取用户信任的手段。一些有需求的用户，如果试图求得帮助，一旦对自己的身体或健康状况进行描述，所谓的专家就会给出一些"专业"的回复，然后危言耸听，把一些身体的不适夸大成严重的疾病，诱使用户去他们指定的医院做全面检查，而检查的结果又多令人担忧，尤其是在一些妇科或男科医院，检查者多被检查出患了严重的性病，从而产生巨大的心理压力，被迫选择接受治疗，最终落入他们早已设下的消费陷阱。在手机百度最近推送的新闻信息中，一些"诱人"的标题实在难以让受众拒绝。如"滴滴深夜罢工，连央视都看不下去了! 白岩松: 这是舆论逼宫!""霸气! 中国新疆沙漠传出一声巨响，美日强烈抗议，中国: 抗议无效!""女子天天抱着狗狗睡，突然感到身体不适，去医院检查后她蒙了"……其实，点击这些标题进去，无非是很早之前很多人都曾看过的一些消息，只不过又被重新包装，吸引用户再次点击而已。图2-16中第二个标题下的内容讲的是一个女子因为天天抱着狗睡觉，结果狗身上的跳蚤和细菌对女孩的身体健康造成了危害。事实很明显，也无须大惊小怪，稍有头脑的人都能理解，与动物过于亲近会造成动物与人体间的害虫及病菌的扩散与传播，但如此小题大做，恐怕并非仅仅是给受众进行相关知识的普及和宣传教育，而是另有所图。在标题上煞费苦心，无非是诱使用户查看，增加点击量罢了。令人啼笑皆非的是，几乎每一位受众都会情不禁地对此类标题产生点击的冲动，但又总是失望。失望的结果便是各种精彩评论的诞生。在社交媒体的评论区，大家对文章内容的评论可以说精彩纷呈，一些互联网用户甚至形成了只看文章标题和评论的习惯，这些人因为对社交媒体上发布的文章套路早已熟悉，相对于空洞乏味的文章内容，评论更精彩，也更符合他们的口味。我们不得不接受这样的事实，看评论已经成为多数互联网用户的潮流性选择，这种趋势恰好说明人们对标题党文章内容的不满及情绪发泄的严重。

为了获取商业利益，一些网站不惜使用各种非法手段，胡编乱造，断章取义，随意截取一些网络图片，或对拍摄的图片进行拼接、PS，再编造一些子虚乌有的事件在网上进行扩散，充分利用人们的好奇心、同情心和正义感等进行诱惑，从而引起公众的网络围观。更有甚者，一些网站专门收集发布一些色情图片、视频或小说，并诱惑用户为其创作或提供素材，他们则利用乱伦、偷拍、走光等低级庸俗的字眼吸引用户点击，然后通过这些用户达成其广告或其他商业目的。

在众多的标题党事件中，更令人忧虑的是网络游戏市场。前文已经述及，一些新生的网络游戏，为了快速推向市场，圈起用户，公然以色情、暴力、传销、赌博等方式吸引玩家，把一些自制力差的玩家引向违法犯罪的边缘。我们经常在网络上看到一些不良的宣传，诸如，"让男人心跳，女人脸红的游戏""你绝对撑不过三分钟的游戏"等，都成了吸引玩家的手段。更有甚者，一些网站利用一些极尽暴露的色情图片或赤裸裸的文字描述引起玩家的欲望，而这些图片或文字的链接都会将点击它的用户引向网络游戏的注册界面。

目前游戏中存在的问题是五花八门的，在此不一一列举了。游戏公司追逐利益的过程中必然会导致很多问题，这些问题的存在又会引发一系列的社会问题，这正是现今媒体对游戏业的报道以负面事件居多的主要原因。

为了快速追逐利益，有些公司甚至做起了美女陪玩的业务，在网上打出"美女陪玩，每小时几十元的服务"的宣传标语，诱使玩家进入并接受服务，而这种诱人的幌子下，从事的可能是肮脏的情色交易。

图 2 - 17　今日头条截图

　　标题党营销也是社交媒体常用的手段，几乎所有的社交媒体都把标题视为吸引用户的重要手段。大家可以从今日头条及各大新闻平台的客户端发布的文章看出端倪。作为一个普通受众，我们每一个人在看到各种标新立异的描述时总会因为好奇而点击阅读，但结果又往往让我们失望。上图是笔者在今日头条中的截图，可以看出在一个页面中就有两个标题非常吸引眼球。当我们看到"刘强东事件美国警方意外曝光一个'惊天秘密'"这个标题的时候，首先联想到的是刘强东事件可能有了令人意外的结果，出于好奇会不自觉地点击查看，然而结果却是有关美国警察局给刘强东拍照的内容，大致是美国警察局的摄影技术令人惊叹，把原本潇洒英俊的东哥拍得又老又黑，而美国警察局可以根据需要把嫌疑人拍成任何样子！所以这个惊天秘密就是"美国警察局是一个被办案耽误事业的照相馆"。而下一个标题"梅德韦杰夫现身破谣言，黑莉：仅仅是个替身！普京回应轰动全球！"点进去却完全找不到轰动全球的内容。

类似的标题可以说在各个社交媒体中应有尽有，这从一个侧面也暴露了当前大家对信息浏览的心理倾向和态度。尤其是在面对浩如烟海的信息时，每一个受众都希望在有限的时间内快速做出选择，而选择最根本的依据就是主观喜好。那些以刺激人性为出发点的标题自然就成为大众选择的目标。但这种现象的普遍存在一定程度会伤害到用户的情感，长此以往有可能导致受众对平台的厌恶和反感，影响到平台的长远发展。

互联网作为文明发展的标志，已经成为民众最基本的沟通及工作、生活工具。但面对形形色色的网络诱惑，人们却需要睁大眼睛仔细分辨，以免中了网络媒体精心设下的陷阱。但更重要的是，整个社会需要健全一整套完善的互联网管理及治理体系，包括互联网管理的法律依据，互联网管理的规范和标准，互联网管理的制度保障，互联网管理的人才培养计划，互联网科学管理的手段和方法等。希望对这些问题的呼吁，能够引起国家的重视，并把这种呼吁变成推动社会进步的力量。

3.5 社交平台的治理方略

在互联网时代，任何一个社交平台都称得上是一个媒体，社交特性也同时伴随着传播特性。但基于社交平台的管理却缺乏有效的手段。尤其是一些以解决陌生人社交需求的互联网平台，像陌陌、秘密、探探等。因为网络的匿名性和平台提供服务的性质，这些平台迅速成了一些希望结交异性朋友的人最想光顾的地方，短时间内就聚集起了大量的用户，也很快沦为一些人放纵情感甚至发展一夜情的温床。这些平台因为其社交特性和大量用户的存在，在价值测度上容易形成与 QQ 和微信类似平台的对标联想，所以在行业内被认为有较高的价值，因此受到了一些资本的青睐，并吸收了一定规模的投资。在资本的推动下，平台陌陌很快走向正规，并成功上市。然而比较尴尬的是，陌陌上市后，平台的定位却不得不做出相应的调整，此前以"约炮"功能而大量聚集用户的手段，与社会和谐发展的方向有所偏离。平台在上市前后也曾多次展开大规模的宣传，大量烧钱投放广告，"总有新奇在身边"的宣传语不断在报纸、地铁、电视、分众楼宇、院线、视频网站等位置出现，力图摘掉"约炮"的标签。经过不断修正、调整，平台尝试着转型，后来推出了网络视频直播，算是进入了大众化发展轨道，勉强避开了"色情服务中介"的嫌疑。但调整后的结果却不尽人意，用户增长明显放缓，甚至造成了用户流失。这又迫使平台在一定程度上重操旧业，重新以异性社交的定位来吸引新用户的到来。现在大家经常看到的在今日头条平台上投放的广告就说明了这一点。陌陌的广告利用社交平台的位置服务功能，经常给用户推送附近的异性朋友信息，以此来吸引用户下载其客户端。或许你看到过"天河有一个美少妇在等你约"之类的撩人的宣传，再配上一幅靓丽的美女的照片，不怕你不为之心动。这种直白但又十分有效的方式毫不顾及用户的矜持与自尊，只为一个看上去十分单纯的目的，可谓用心至极。

图 2－18　陌陌的广告宣传

综合   视频   资讯   小视频   图片   用户

如何约出陌陌上的女生---陌陌约会攻略

婚姻小细节 评论18 2016年9月2日

网上QQ、微信、陌陌等怎么撩妹子？
泡妞秘籍告诉你

爆囧娱乐 评论1 7月31日

陌陌红尘，杳杳流年

欣赏发现美 评论35 7月25日

陌陌-头条号

图 2 – 19   今日头条中的陌陌产品广告

作为同类型的社交平台探探，则直接以图片的方式吸人眼球，以简单的操作方式和修饰过的美颜照片来吸引异性男女，在生活节奏越来越快的今天，从吸引用户的效果上，不能不说是一个巨大的成功。

社交平台的另一个类型就是不断冒出的婚恋网站。以世纪佳缘、百合网、珍爱网、绝对100等为代表的互联网平台，原本是为社会提供异性社交和婚恋服务，但由于监管、认证存在疏漏，很多成为婚托、酒托、骗子的集散地。

在线婚恋市场混乱已然引起公愤。2017 年，WePhone 的创始人、开发者苏享茂被前妻1000 万元分手费"逼死自杀"的新闻演化为圈内的热门事件，不过，这件事情火速转向苏享茂与前妻认识的纽带——世纪佳缘网站。

按照网上公布的消息，注册 VIP 服务的翟欣欣隐瞒了自己的离异、年龄、使用世纪佳缘的时间以及恋爱经历等，并且世纪佳缘并未对上述信息的真实性进行核实。对此，世纪佳缘方面回复称，"WePhone 已故创始人苏享茂及前妻翟欣欣系世纪佳缘会员，并完成实名认证"。事实上，婚恋市场巨头世纪佳缘、百合网（二者已经合并）以及珍爱网注册用户信息确实未经全部核实。"因为大量信息的详细核实以及更新需要耗费极大的成本"，有互联网分析人士表示，而从上述企业披露的年度财报来看，净利润也一直处于亏损状态。为此，上述婚恋网站也开始谋求多元化布局，其中一条则是开设线下门店。有记者了解到，线下加盟店与线上共享信息，但自负盈亏，在北上广等一线城市的门店多在核心地段并且门店面积较大，在成本压力下，动辄几万元的 VIP 会员费成为门店营收的主要来源，这样直接导致线下"红娘"极力鼓吹办理会员，并且线上方面全面配合。

　　然而，有记者发现，收取高额费用的世纪佳缘对信息的核实却并不严格。在线网站上注册的信息平台，除身份证信息会核实外，其他的信息，例如房产、车子、学历等更详细的信息都不会做硬性核实。而信息核实不全面会直接滋生虚假信息，世纪佳缘网站此前也被爆出有多个会员 ID 同用一张图片，而且有不少人的照片在不知情的情况下被冒用。当然即使过了这一关，也还可能遭遇酒托、饭托、茶托、被忽悠投资等情况。有会员表示，还有专门的行骗集团，行骗者个个接受恋爱培训，设计剧本，然后在网上设置陷阱，钓鱼上钩。

　　其他一些社交网站所发生的情况都大致相同。笔者经过调查发现，在绝对 100 平台上注册的用户相当一部分都并不是以征婚为目的，而是打着征婚的幌子，通过网站进行猎艳。在所了解的案例中，有的冒充教师，有的冒充军人或警察，这些人专门诱惑那些性格单纯且涉世不深的女性，通过网上沟通，线下约会，一步步接近彼此的距离。而一些女性因为疏于防范，缺乏戒备，往往被对方英俊潇洒的外表所吸引或被对方的花言巧语所迷惑，最终成为骗子的猎物，被骗色骗财后却求助无门。笔者了解到，一个网名为"张铁"的骗子，通过绝对 100 或其他征婚网站先后行骗十数起。他公开注册的身份是一名军官，通过电商平台购买了假军服，并制作了军校毕业证。经过包装后他俨然就是一位阳光帅气、货真价实的部队军官。这种外在的气质曾经迷惑了一大批对婚姻充满美好幻想的女性。他充分利用了女性对军人的天然崇拜，以自己看似英俊的外貌和如簧巧舌来渔猎对象。最多的时候，他同时与 8 个女性同居，有的还领取了结婚证。很多被骗女子都视他为自己真正的爱人，从而心甘情愿地为他付出感情和财富。殊不知，假冒军人的身份正好成了他经常离家的护身符。很多被骗的女性总以为自己的丈夫或爱人很少时间待在家里是因为部队上的需要，而且因为部队纪律的原因，也不太敢过问对方的行踪。所有这一切最终导致了骗子的诈骗行为屡屡得手。这样的事情几乎每天都在上演，有的人被骗后苦于控告无门或羞于启齿而选择沉默，但这样更会纵容骗子的犯罪行为，助长其嚣张的气焰。

一些女性骗子也在一些征婚网站上伪装成清纯的少女，诱惑那些猎艳的男性。当然也会有一些真正以结婚为目标的忠厚男性成为牺牲品。这些女性往往以约会为名，将约会地点选在事先定好并设定了消费陷阱的酒吧，男子一旦进入这些场所，骗局就开始上演。通过一些酒水、饮料或果盘的高价消费，让男子买单。其实那些东西都是一些普通的消费品，之所以收取高昂的费用是因为骗子要与酒吧分成。这部分骗子就是人们通常所说的"酒托"。另一类被称为"婚托"的骗子，也是通过社交征婚平台物色目标，然后一步步接触，再设置场景骗取别人的财物。

社交平台的低门槛和强大的社交功能确实方便了用户的社会交往，但因为各种利益的驱使，它也为一些骗子和不法之徒提供了违法活动的舞台。因此，如何在满足用户需求的前提下加强管理，提高社交平台的使用安全性，防止不法侵害行为的扩散和蔓延，是当前社交平台发展中的迫切需求。但是社交媒体是一个复杂的互联网系统，在这个系统中存在多方面的利益交叉，也存在各种形式的经营方式，因而对其的管理是一个十分复杂的问题。它涉及多个权力部门的配合，也需要不同范围的立法支持。作者根据行业发展的现状和市场调研的结果，针对社交平台的问题给出以下几点治理建议。

1. 建立社交平台的社会评价体系

社交平台所提供的服务是面向大众的服务，社交平台的用户规模也往往十分庞大。在巨量的用户群体中，任何有损用户利益的行为都有可能招致用户的批评或抵触，严重者甚至引发冲突，造成不可预知的后果。因此，社交平台的服务质量决定了用户对平台的忠实程度。而用户的支持是社交平台发展的最基本的保障。基于此，社交平台必须十分重视平台自身的健康状况，不允许有丝毫的差错和闪失。然而，社交平台的运营主体并非慈善机构，平台运营的重要目的之一就是追求利益，而利益的获取又往往需要牺牲一定的代价。这就导致了平台运营方与使用方两者之间的矛盾。这种矛盾通常表现为因过分强调商业价值而降低用户体验，或者为快速发展用户规模而降低应该承担的社会责任等。无论哪一种行为都会直接影响到用户对平台使用的信心，减弱用户对平台的信任。一旦平台因为过度追逐利益而无视社会责任，非但用户的利益受到损失，还有可能引发群体事件，激化社会矛盾，危害公共安全。

在这种情况下，国家就需要对平台的运行状态进行监控并做出调节。但调节的依据需要一定的数据支撑，尤其是平台的不健康规则导致的社会问题的各种表现形式和严重程度。不过这些数据的获取并不容易，如果没有专业机构去做定向收集，单凭问题严重时的事后观察就可能会失去控制。所以要想从平台管理的角度进行科学规划，就需要对平台运营的整个过程进行监测。然而社交平台是一个非常庞大的系统，它涉及的范围之广、用户数量之巨、技术复杂之程度都远远超出一般想象。国家除在舆情监控和数据安全等方面必须介入之外，在更多方面的投入不可能面面俱到。而且，社交平台的运行体系和组织结构的差异及对技术人员的要求也注定了它的成本消耗不容忽视，这也是国家无法投入足够人力对所有社交平台进行全面监管的主要原因。而一些意外事件的迟滞效应则决定了管理效率上的不足。因此，要从机制上解决这些问题，就必须建立完善的社会评价体系，鼓励民间机构参与到这种评价体系建设和运营中。社交平台的社会评价体系应该包括来源于底层用户的信息反馈、意见收集、举报投诉、证据留存、服务跟踪和网络信用体系等多个维度。因为大众参与了社交平台运营的监督，一些过度强调平台利益的做法就会受到一定的限制，从而避免社交平台陷入野蛮无序生长的状态，这无疑对社会和平台的长远发展是有益的。最重要的是，社会评价体系的建立从根本上解决了平台发展过程中的状态表现数据收集难题，为国家针对社交平台的健康诊断和有效管理提供了丰富而真实的第一手资料。

2. 完善社交平台的数据安全机制

社交平台因为涉及的用户众多，所以用户资料的数据安全问题责任重大。互联网时代用户的个人信息被提升到了十分重要的位置。人们对个人隐私的保护也越来越重视，这体现了人们对个人权益的认识程度的加深，反映了文明的进步。事实上，由于计算机网络技术的发展，用户的个人信息资料也变得愈发敏感，其商业价值在很多方面都受到关联影响，正是因为与用户信息相关的商业模式及市场机会简单粗暴的特点，很多人把收集或窃取用户个人信息作为自主运营及对外出售来谋取利益的手段。更多情况下，他们将用户个人信息资料销售给一些特定的群体，而这些群体则利用用户的个人信息实施商业营销，甚至诈骗。现在社会上普遍存在的骚扰电话很多就是按照购买来的用户联系方式拨打的。

避免用户个人信息被泄露是一个社会问题。在社交平台大量涌现的今天，用户个人信息及隐私一旦被不法分子利用，很容易造成严重的后果。2016 年 8 月 21 日发生在山东的徐玉玉案，就是因为个人信息被泄露且被诈骗分子利用而引发的恶性事件。2016 年，徐玉玉以 568 分的成绩被南京邮电大学录取。2016 年 8 月 19 日下午 4 点 30 分左右，徐玉玉接到了一通陌生电话，对方声称有一笔 2600 元的助学金要发放给她。在这通陌生电话之前，徐玉玉曾接到过教育部门发放助学金的通知。徐玉玉的母亲认为，由于前一天接到的教育部门的电话是真的，所以当时他们并没有怀疑这个电话的真伪。按照对方要求，徐玉玉将准备交学费的 9900 元打入了骗子提供的账号。当发现被骗后，徐玉玉万分难过，当晚就和家人去派出所报了案。在回家的路上，徐玉玉突然晕厥，不省人事，虽经医院全力抢救，但仍没能挽回她 18 岁的生命。这一案件经过媒体曝光后引起了社会的普遍关注，也引发了全民性的广泛讨论，将对个人信息的安全问题提到了空前的高度。同样的事件在全国不断发生，被骗至死的也不仅是徐玉玉一人。"徐玉玉被电信诈骗致死案"的关联案件，公诉机关指控，2016 年 4 月初，被告人杜天禹通过植入木马等方式，非法侵入山东省 2016 年普通高等学校招生考试信息平台网站，窃取 2016 年山东省高考考生个人信息 64 万余条，并对外出售牟利。其中，杜天禹通过腾讯 QQ、支付宝等工具，向陈文辉（另案处理）出售上述信息 10 万余条，获利 14100 余元。陈文辉等人使用所购的上述信息实施电信诈骗，拨打诈骗电话 1 万余次，骗取他人钱款 20 余万元，并造成山东省临沂市罗庄区高考考生徐玉玉死亡。公诉机关认为，被告人杜天禹非法获取公民个人信息，并向他人出售，情节特别严重，应当以侵犯公民个人信息罪追究其刑事责任。杜天禹以非法获取公民个人信息罪被判有期徒刑 6 年，并处罚金 6 万元。

可以看出，建立完善的用户信息安全保障机制对于防范各种骚扰和网络电信诈骗至关重要。但因为平台运营有其特殊性，对用户个人信息的采集也是平台对用户进行身份认证的重要环节。所以一方面用户必须接受平台的要求，按照平台的规定或服务协议提供必需的个人注册信息，另一方面又不得不面对由此带来的风险。因此，协调好二者之间的矛盾自然就成为社会的普遍需求，它对于化解社会矛盾，降低潜在的社会风险意义重大。目前，随着网络办公水平的提高，需要采集用户信息的平台越来越多，除政府的政务体系之外，一些商务平台和社交媒体也对用户有不同程度的个人信息注册要求。首先，平台要为用户提供服务，但服务的对象是一个具体的人，因此有必要进行身份区别，提供用于系统注册或登录的个人信息证明就显得顺理成章。这些需要采集用户信息的机构主要包括医院、保险公司、学校、银行及各种社交平台的用户认证体系等。几乎所有的机构或平台从自身的利益出发，都认为平台的价值的一部分就是用户数据。这个数据不单纯指用户数量，还包括用户年龄、性别、职业、收入状况、社会职务等更详细的信息，对这些信息的挖掘和分析或许会创造出新的商业机会。因此，他们极尽可能地要求用户提供真实可靠的个人信息资料，并向用户承诺对这些资料保密。然而，将获取的用户个人信息当成商品向第三方销售的情况也屡见不鲜。我们经常因为过量的电话推销或诈骗骚扰而心怀疑虑，总担心自己某一天会成为隐私泄露事件的牺牲品。事实上，一些年龄较大的大爷大妈或退休在家的老人，因为对互联网认知较少，缺乏必要的判断和防范，确实容易掉进骗子们设下的陷阱中。

基于以上分析，保护用户的个人信息数据安全是互联网时代的迫切要求，容不得半点马虎。如何建立有效的数据安全防护机制？笔者根据对不同属性机构或平台的研究分析，给出如下几点建议：①国家层面，建立信息泄露举报和追踪追究制度，一旦发现个人信息被非法使用，可以向相关部门举报，并层层追查信息被泄露的原因和流传的渠道。②对个人信息采集单位实行终生无限责任。只要被认定是平台自身的原因对外泄露了用户的个人信息，就直接对平台进行处罚，直至关停。③对于利用黑客技术，非法侵入社交平台服务器盗取用户资料的行为，在刑法上除以非法获取公民个人信息罪进行处罚之外，还应将其列入网络信用黑名单，对其使用互联网的行为实施部分监督和控制。④将擅自购买用户个人信息资料的行为列为刑法处罚的范围，一经发现或被举报，将受到相应的刑事处分并关停以用户信息获取利益的业务。⑤实行社交平台用户管理后台数据实时报备制度，由国家相关部门对社交平台的运行数据及安全情况进行监测和管理，对数据异常情况提出审核查验。

3. 将社交平台的规范化经营纳入国家管理体系

社交平台的规范化经营是社会健康发展的有力保障，因为社交平台一方面作为沟通联结用户的工具，另一方面也是人们获取信息并进行娱乐的重要手段，同时还是现实社会关系在虚拟世界里的映射与对应。大量的用户群体聚集于社交平台上，一旦出现问题，就会引起连锁反应，甚至招致公众的不满和对立，而涉及世界观和价值观方面的非理性传播常常会给用户造成误导或曲解，从而使得网络趋从效应被无限放大，进而直接导致人们的社会道德标准的降低，影响人们的价值判断。更为严重的是，一些看似无关紧要的网络事件甚至会被境外政治势力利用，在各种意见交锋的混乱中对群众进行误导宣传，鼓动挑唆，煽风点火，恶意扩大事端，使社交平台成为实现其险恶政治用心的工具。所以，加强对社交平台的管理也是维护社会稳定的必然选择。但如何发现并化解矛盾，如何将一些潜在的网络风险消灭于萌芽，是一个相对复杂的过程，不同的社交平台有其自身的特征，而且平台运营主体大都从自身利益出发，对于国家参与平台的监督与管理会存在天然的抵触，这往往会弱化国家对社交平台管理的效果。不过，无论平台自身的制度和运营规则如何，都必须遵守国家的法令法规，从国家的全局出发，为整个社会的和谐发展和平台的健康运行而尽职尽责。基于此，作者对社交平台的规范化运营管理提出以下几点建议。

（1）国家指导监督并参与社交平台运营企业的用户实名认证体系的建设。

很多社交平台，表面上遵循国家管理的要求，一方面口头承认用户实名认证的必要性，另一方面在实际操作中却对用户的注册行为大开绿灯，默许其以非真实身份进行网络注册。之所以会存在这样的现象，是因为社交平台的运营主体基本都是以获取利益为目的的，在用户注册的环节如果卡得太严，就会影响到用户注册的兴致，甚至降低用户注册的数量，这对于企业来讲是不情愿的。但网络用户的实名认证是防止网络诈骗及进行网络追责的有效手段，如果在这方面弄虚作假，就会给不法分子以可乘之机，造成管理的混乱和责任追究的困难。因此，从维护社会稳定、保护公共安全的角度，社交平台的运营必须置于国家的行政管理之下，任何脱离国家的监管或逃避约束的行为都应该受到处罚。为此，社交平台在整个运营过程中，必须将用户后台提交给国家相关的行政主管部门，并在该部门的审查下完成对所有注册用户的实名认证。

（2）建立社交平台运营责任追究制度。

社交平台的运营体系相当复杂，从技术层面上看，涉及平台的稳定、用户体验、数据安全等；从内容上看，包括内容的健康度、政治风险性、真实性等；从市场层面看，它还涉及平台的利益与国家利益之间的平衡等问题；从服务层面看，它又与用户的权益、平台的管理权限有关。处理协调好其中的关系，使整个系统保持平衡，符合社会健康发展的要求，也是每一个互联网用户的愿望。但交织在一起的复杂的利益关系，常常使得系统处于危险的边缘，经常会因为一个小小的失误或盲目的行为而引发失控的局面。所以社交平台的运营者必须有高度的责任感和事业心，对每一个环节都必须细致、认真、严格把关，并对任何潜在的问题和风险时刻保持警惕。同时，社交平台的管理者对运营主体的人员落实责任，根据工作分工进行责任分配，建立平台运营体系的事故责任追究制度。当问题产生时，针对问题的性质和严重程度进行责任区分，严重者严格追究，将风险控制于早期，防止引发群体性事件或其他严重社会问题。

（3）建立社交平台的应急处理制度。

从大的方面讲，社交平台事关民生与国家安全，一旦出现问题就有可能被邪恶势力所利用，造成不可预知的后果。事实上，有相当一部分别有用心之徒或被西方价值观洗脑的纯粹分子，经常盘踞于各个社交平台上，不断制造事端，煽动、挑唆民族情绪，灌输西方世界观，甚至故意挑动不明真相的群众与政府对抗，或有意抹黑国家和政府，传播政治谣言，动摇民众对共产党执政的信任。

《今日头条》2018 年 9 月 23 日发布一篇引自《环球时报》的文章《中国人的素质落到了全球倒数第二？信的人都是什么素质……》，就披露了一个令民众愤怒的真相。文章这样写道：

　　一言不合就被人造谣中伤是种什么体验？近日一位微博大 V 就让全体国人深深体验了一把。

　　9 月 21 日一大早，一位微博大 V 就开始了一天抹黑中国的繁忙工作。一位名叫杜猛的微博签约自媒体大 V 发帖称：

　　"我先声明一下，可能是联合国教科文组织在造假？你耐心一下看完。最新联合国公布的全球国民素质道德水平调查及排名，中国连续几十年排名世界第 160 位以后或者倒数第二，而日本国民素质连续 30 多年排名世界第一。中国与日本国民之间的素质差距约为 50～80 年，其中中国小学教育与日本的差距是 50 年，中等教育差距 70 年，高等教育差距 90 年。"（转）

　　这位大 V 的操作手法也是十分骚气，他先是假意撇清，表明这份调查可能是联合国教科文组织在造假，然后就开始"吐露心扉"，通过谣言表达自己的心声了。文末还要再暗戳戳地注明一个"转"字，继续扮演一朵"白莲花"。

　　这样一则谣言发布后，就如同一块腐肉扔到大街上，立马就吸引来了一群苍蝇，许多与他"志同道合"的人开始在底下跟帖补充支持他的谣言，他也如同"批阅奏折"一般把自己认为"贴心"的内容依次转发。

图 2 - 20　网络谣言来源截图

　　然而也有网友当即就表示怀疑，认为我一个遵纪守法、度己以绳、勤劳善良的普通中国人怎么素质就掉到了世界第 160 位以后或者倒数第二了，这数据是哪来的？你能够公布一下这份调查的出处吗？然而对于这样的问题这位名叫杜猛的微博大 V 则选择视而不见。

　　不料这份帖子越传越广，终于传到了联合国教科文组织"本尊"那里了。联合国教科文组织官方微博@联合国教科文组织赶紧出面，表示"联合国教科文组织可没有做过此类排名，联合国应该也不会做"。

　　所以说这份调查与排名完全是这个杜猛自己捏造出来的，是其本人心灵的真实写照了。随后新浪官方经过调查认定这是一则谣言，予以了公示。

然而，这已经不是类似的谣言第一次出现了。据新浪微博虚假消息辟谣官方账号@微博辟谣发布，早在9月10日就开始有类似的内容在网上流传。其中在一篇《换一个角度看日本，你不知道他的家底有多厚》的文章中就有了"最新联合国公布的全球国民素质道德水平调查及排名，中国连续几十年排名在世界第160位以后或者倒数第一"的说法。而联合国相关组织在回复媒体问询时还一脸懵圈地表示，"从未听说过这份名单"，希望记者能够提供一下这份调查的原始出处，他们自己也想"拜读"一下。

那么在确认这是一条找不到来源与出处，是别有用心的人"打暗枪"编造出来的谣言之后，还能如此"智商不在线"地大肆传播"推广"这则谣言的杜猛是何许人呢？令许多人惊愕的是，此君自称是北大的一位"学者"，并在微博上给自己罗列了一系列"金光闪闪"的头衔。

例如，他自称是北大房地产发展研究基金中心副主任博士，著名的独立经济学家，经济学博士，被誉为中国四大财经怪才之一、鬼城博士。还称自己是在北京大学内担任北京大学房地产发展研究基金中心副主任，是北京大学房地产校友会副会长，等等等等。

这一系列的头衔，特别是那句"被誉为……"听起来是不是科幻感十足，霸气侧漏？

然而有细心的网友百度了一下就发现，他给自己加封的头衔中有多处存疑，至少在北京大学官方网站登出的北京大学官方的研究中心中并没有他自称的"北大房地产发展研究基金中心"，与房地产相关的只有一个"北大房地产法研究中心"。

此外，在中国博硕士论文数据库中也找不到这位自称是北大学者的杜猛"博士"的任何论文。所以这位"杜猛"的真实身份十分可疑。

不可否认的是，我们的身边的确存在一些素质堪忧的同胞。而近些年来不时爆出的例如高铁"占座男""占座女"事件也不断挑拨国人的情绪，让中国人的素质问题成为一个大众关注的焦点。但与此同时，也有许多人"浑水摸鱼"，趁机夸大事实抹黑整体中国人，宣扬逆向种族主义。这种人的所作所为也昭示出他们自身就是国人中亟须提高个人素质修养的那一类人。然而这一类人往往能够通过虚拟的网络把自己包装得很好，给自己编织出完美的人设来蒙蔽大众，这一点需要公众理性地面对和加以甄别。与此同时，我们更要明白，随谣者起舞除了享口舌之快并不能让这个社会变得更好，唯有从自己做起，自觉维护公序良德，才能更好地营造出理想的社会形态。

这篇文章揭示出的问题其实并不是孤立的。长期以来，一直有很多别有用心之人利用人们的纯朴和善良，无事生非，频频设计阴谋，为一己之私甚至不惜以身试法，唯恐天下不乱，无度地挥霍着人们的信任。如果放纵这种行为，任由这些人兴风作浪，就会对整个互联网行业造成破坏性影响，使之成为社会的祸害。

基于以上事实和分析，笔者认为，社交平台作为大众常规的社交工具，已经融入到人们的日常生活中，成为社会不可分割的一部分。为避免它被非法利用引发严重后果，国家必须建立相应的应急机制，完善相关立法和技术管理手段，从体系上加强网络事故的处理能力。当事件发生的时候，能果断地采取措施，斩断引发事件的源头，消灭隐患及风险于早期和未发，不给不法分子以可乘之机，使社交平台真正为民所用，成为方便大众、服务大众、造福大众的国之利器。

3.6　如何用社交平台构建有序的社会

在追求急功近利的社会潮流下，物欲横流是见怪不怪的寻常现象。而互联网技术的快速发展则给一些寻找捷径，幻想不通过努力就能飞黄腾达之人提供了试验的土壤，造成了一些人不切实际幻想的泛滥，使得各种钻营手段更容易对他人造成迷惑，影响到大众的判断。

如何构建一个有序的社会，用什么手段建设一个纯净、和谐、健康的网络环境，是很多人的理想和追求。遗憾的是，包括微信、QQ 这样的主流互联网平台，因为陌生关系的大量存在，仍然避免不了政治谣言、网络诈骗、信息骚扰等侵害。

笔者多年来致力于绿色网络的研究和建设，在如何构建健康网络环境、规范网络管理标准等方面做了很多尝试和努力。而新近发现的一款基于组织的社交平台——圆角通讯平台，则在多个维度解决了上述问题，有望成为未来引领社交行业的新工具。

概括地讲，圆角通讯致力于组织关系的建设、管理和服务。在该平台中，所有的用户都是基于现实中的社会关系，通过一定的规则和机制实现用户之间的连结，用以打造诚信的社会体系。在这个体系中，杜绝谣言，没有诈骗、信息骚扰等生存的土壤，用户关系的建立依赖于用户现实中的真实关系，并可以寻踪觅源。因此，系统平台中的违规信息可以快速定位至信息的原点，从源头上加以解决并进行责任追究。圆角通讯平台的技术实现原理是利用组装的方式，即用户根据需要将形成的组织关系进行上下级连结，上下级关系形成的前提是组织相互之间的真实工作或管理需求。一个组织要想成为另一个组织的下级，组织的管理者必须提出申请，并申明理由，在获得对方组织的管理者的批准后方可建立上下级关系。这种建立上下级关系的好处就是，无论多么复杂的组织结构，只要事先建立起独立的组织，并确定组织成员后，就可以按照需要自由地进行"组装"，而不用事先指定框架，避免了框架搭建不合理而导致的组织体系混乱。

在现实中，一个人的社会关系无外乎以下几种：一是亲戚家人关系，二是同学或战友关系，三是同事关系，四是业务关系。真正频繁联系的不超过两百人。但实际上，因为各种社会关系的积累，潜在的联系对象可能会超过数百、上千甚至更多，只不是联系的频次不多罢了。即使如此，我们在现实中也希望能够实现这样的需求，在某些紧急的情况下，能够方便地联系到自己社交关系中的任何一个对象。这看似没有道理的需求真实地存在于每一个人之间。不过能够实现这个需求的软件或平台目前还没有真正出现。无论是手机通讯录、QQ，还是微信等社交工具，都无法实现上述功能。圆角通讯的巨大价值之一就是可以将上面描述的需求方便地实现。在这个平台上，用户一旦将自己的社会关系（真实的或虚拟的）通过映射的方式建立起来，那么他可以在任何情况下与所建立组织中的每一个人及时地通话而无需知道组织成员的电话号码。非但如此，在用户所建立的组织中，他可以按照需求改变组织成员的身份，授权其成为组织的协管，并赋予协管与自己相同的权限。协管就可以根据需要将符合组织要求的其他成员拉进组织（当然需要其他成员同意）。这样以邀请的方式建立起来的组织，组织成员之间无论在现实中有无联系或认识，都可以在组织的主管或协管的设置下进行互通电话，而无须依赖于网络。因为是在同一个组织内，这种通话本身并不构成骚扰，相反还为每一个成员提供了满足潜在私下沟通的要求。当然，如果组织规模过大，即便是在同一组织内，这种通话也可能引起用户的不适，此种情况下，系统还设置了一个"组织内免打扰"的开关，用户可以根据自己的情况选择打开或关闭。在打开此开关的前提下，组织内的其他用户就无法直拨电话给自己，免去了被陌生电话打扰的情况发生。组织内互拨电话功能的设计只是给用户提供方便，实际操作中并不会形成骚扰。事实上，在同一个组织体系内，无论组织结构如何，也不管组织规模有多庞大，一个成员通过组织关系与另一个成员通话，每一个成员的会话界面都会显示与己通话的对方是自己组织体系内的哪一个成员，而不是显示陌生号码。从这个意义上讲，这个功能只会增加用户之间的交流而不会形成相互之间的厌烦或抵触。另外，圆角通讯在查找朋友方面表现出了无与伦比的优势，因为用户的社会关系在圆角中都以组织成员的身份而存在，这必然在用户的印象中形成关系图谱，用户只需凭借组织关系就可以快速定位到需要查找的对象，这相比于其他社交软件，要高效得多。即使用户忘记了查找对象所在的组织，也可以通过搜索关键字来实现快速查找。

中国的社交软件经历了从 QQ 时代到微信时代的转变，其间也出现了其他一些以解决特定需求为特征的社交产品，如陌陌、秘密、探探、钉钉等，但这些并没有形成社会的主流。国外的一些社交产品如 MSN、Facebook 等因为用户体验并不符合国内用户喜好及政治等原因，要么无法进入中国市场，要么很快在与 QQ 的竞争中败下阵来。所以，QQ 和微信是中国境内使用频度最高且用户量最大的社交产品，这两款产品在国际上也有相当的知名度和影响，目前正在以惊人的速度向世界其他区域扩张。然而，每一个产品的设计逻辑都包含了时代的特征，QQ 和微信也不例外。QQ 因其强大的功能和时代需求，很快就成为国人争相使用的沟通利器。它打破了传统电信运营商在社交工具上的垄断，降低了人们相互沟通的成本，因此受到了普遍欢迎。但时代的变化让 QQ 这样的巨无霸也不得不低下高傲的头。随着移动互联网的快速发展，手机作为人们最为方便的上网工具，很快取代了电脑作为社交载体的主流，这使得一些有远见的企业家迅速嗅到了商机。所以一批新的以手机或 iPad 为载体的社交工具应运而生，这些产品包括丁磊与电信合作的易信、雷军的米聊、马云的来往等。在这样的局面下，作为社交领域老大的腾讯也感到了巨大的压力。马化腾审时度势，在张小龙的建议下，迅速改变策略，将社交的重心向移动端转移，从而催生了微信这一划时代的产品。不过微信的诞生并不顺利，它是在雷军的米聊正在悄悄成长的形势下因为感觉到危机才真正发力的。为了快速抢占市场，争夺移动社交阵地，腾讯甚至不惜断腕输血，牺牲QQ的利益来扶持微信的成长。事实上，微信一大批用户都是通过QQ来导入的。这个巨大的优势使得其他一些移动社交软件很快陷入绝望，在激烈的竞争中，他们不得不宣布投降。在一轮又一轮大浪淘沙之后，留下的便成为王者，统治着整个社交帝国。

但是一家独大的后果就是垄断式的飞扬跋扈。在腾讯的财富帝国中，游戏收入占据了其半壁江山。可以说，腾讯令全世界瞩目的成就就是其利用游戏聚敛财富的能力。因为其坐拥两大社交利器，规模宏大的用户群体给这个巨无霸企业制造了无穷无尽的商业机会。只要它看中的任何互联网产品，如果不与其合作，便会以自己强大的技术力量进行山寨或复制，随后便是碾压式地将对手置于死地。当然选择俯首称臣并与之合作，腾讯便会以自己拥有的巨大用户流量进行导流甚至输血，使其在激烈的竞争环境中得到快速野蛮生长。目前在腾讯的社交平台上，无论是QQ还是微信，都附有巨量的第三方应用，疯狂地吸取用户的营养，而腾讯公司也凭借着平台地主身份向这些第三方应用收取佣金，形成了一个宏大的利益寄生体。因为对利益的无度追求和自身霸主地位形成的垄断优势，一些原本应该承担的社会责任被轻易地忽视，进而导致了一系列严重的社会矛盾。尤其是在腾讯平台上的网络游戏，其吸金手段完全超出想象，相当一部分游戏置国家相关部门已经出台的法规于不顾，利用人性将以虚拟货币发行及消耗手段来实现财富的方式发挥得淋漓尽致，甚至将赌博、概率吸金、情色诱惑、暴力刺激等直接在游戏中呈现，成为流量变现的有力工具。最令人不安的是，腾讯平台上数量庞大的游戏，直接向未成年人开放，而且基于微信支付的充值方式也非常方便地让每一个玩家体验到人民币包装过的角色的与众不同，这种对人性的把握使得腾讯的社会形象很快受到公众的置疑，其一个高管竟然口无遮拦地声称中小学生就是腾讯游戏的衣食父母。前两年持续发酵的《王者荣耀》事件，引发了整个社会的口诛笔伐，将腾讯推向风口浪尖，如果它再一意孤行，就有可能遭遇灭顶之灾。遗憾的是，直至今天，也没有发现其真正悔过的迹象，利益至上的原则仍旧飘荡在这个社交帝国的头顶上。

我行我素是私欲膨胀的结果，但无视社会责任就会引发社会的反弹。而且长期居于行业的制高点，也往往会形成自我陶醉的情绪和一定的惰性，影响到进一步的创新。随着社会的进步和互联网技术的不断发展，用户对社交工具有了更深层次的需求，很多需求都是基于工作、生活和学习的真实需要，且以提高效率为首要目标。而微信正日益表现出适应性的不足，甚至在一定程度上成为人们时间过量消耗的负担。

微信的功用和效能无须多说，这里我们稍展开一下，看看微信在使用过程中还有哪些让我们感到不便的地方。

首先，在微信中建立的所有关系都是平行的社交关系，尤其是群组。我们每一个人在微信中几乎都建有多个群，甚至最多有数百个。但因为群与群之间是相互独立的，不同群之间的信息相互不可见，一个群中的成员与另一个群中的成员也无法直接进行联络，而群的用户上限又无法突破500的限制，这对于规模较大的用户组织，就非常不便。如果建立多个组织，那么相互间的通讯就增加了工作量，通讯变得重复。最重要的是，相同属性的组织，如果受限于容量而被迫建立多个群组就会导致管理的混乱和用户体验的下降，而且在不同的并列群组中发送信息也容易造成信息的重复或遗漏，影响沟通的效果。

第二，在微信群中，聊天内容与工作内容混搭在一起很容易造成信息的刷屏。很多用户都有这样的体验，有时候为了找一条有价值的信息，经常会在群聊中查找半天，浪费了太多时间，而且即使找到了也可能因为超过了时效其中的文件被清理掉了，这让人感到很无助。群内太多信息经常因为大量无价值的问候、点赞、表情、闲聊等原因而迅速被淹没，使得用户在需要的时候查找困难。这已经成为微信用户的切肤之痛。

第三，在微信群中，每个用户都有不同的个性，有的喜欢聊天，有的喜欢分享文章，有的则为了个人目的而大量地发布广告。几乎每一个用户在使用微信的过程中都曾遇到过类似的情况，被群内成员发布的广告、鸡汤、闲聊及垃圾信息所骚扰，造成使用中的困惑或烦恼，一些人为避免受到此类信息的影响，将一些群设为免打扰状态，不接受群内信息的提醒。然而，即使如此，这些群内的聊天信息仍然会存在用户的手机中，长期的累积就会造成手机内存不足，手机变得越来越卡，甚至影响到正常使用。

第四，微信的用户基本没有门槛。在最初的发展阶段，为了快速地圈占市场，微信曾以牺牲QQ的部分利益为代价，将QQ平台上的很多用户向微信转移。这在客观上助力了微信的扩张，使得微信很快在移动社交领域脱颖而出，并成为行业领袖。然而，也正是因为用户的注册没有设置门槛，使得微信平台上的注册用户很多都无法进行实名认证。而且，最初微信允许用户使用字符、数字组合、邮箱、手机等多种规则进行注册，导致了账号信息的多样化，使得匿名用户大量存在，一人多号的情况普遍存在。而社交平台的特点又决定了这些账号被允许以不同的身份存在，从而造成了网络诈骗、谣言、广告及恶作剧等行为大量存在却难以追责的局面。国家为整治网络秩序及净化网络环境，希望实行互联网用户实名制。但微信因为十数亿的用户基数已经很难真正做到实名认证的要求了，它除了消耗大量的人力之外，在很大程度上也需要相当长的周期，并需要巨大的财力支持。在微信中全部实现实名制是一个不太现实的任务，但为了根除网络诈骗、政治谣言及垃圾信息骚扰存在的土壤，实名认证又是绕不过的槛，因此为了互联网行业的健康发展，微信在加强自身建设、营造良好的网络环境及承担社会责任等方面还需要不断努力，在很多方面还必须进一步提高和完善，可以说在健康网络建设的历史期待下，任重而道远。

回归上面讨论的话题，在微信时代用户期待不断提高的形势下，能不能建立一个没有网络污染、没有政治谣言、没有网络诈骗的社交工具来弥补微信的不足？在这个平台上一切关系都基于诚信而建立，所有的信息都可以溯源，工作、生活、学习可以方便地找到所需要的工具，并可以为用户提供更精准的服务？

上面提到的圆角通讯正在逐步接近这样的需求。

圆角通讯是由广东圆角科技发展有限公司开发的，于2018年3月上线，它解决了平行化社交关系带来的一系列问题，打造了一个集工作、学习、社交于一体的综合性组织社交平台。

圆角通讯致力于绿色网络建设，着力打造诚信网络体系，强调组织服务功能。它在保留平行关系的基础上，推出了基于组织服务的垂直关系，使得用户数量庞大的组织体系可以通过垂直关系实现网络上的映射、重构。而且圆角通讯中的组织建设需要授权，即每一个组织的建立都基于一个网络规则的审核认证，试图通过建立组织关系从事非法活动的行为是行不通的。组织成员的加入也必须提出申请，在审核批准过后才能进入组织。除非被移除，组织成员单凭自己的意愿是无法退出组织的，这保障了组织结构的严谨性和合理性。组织与组织之间的上下级关系的确立在技术实现上有非常复杂的逻辑，其他允许建立组织关系的社交平台通常的处理方法是上级指定下级，即在组织关系建立之初，各组织间的上下级关系一并建立。但实际中会出现很多复杂的情况，比如组织间的管理关系的调整，以及一个组织指定另一个组织为其下级组织的时候会发生主观上的错误，最后导致矛盾的发生，引起管理上的混乱。圆角通讯的处理方式则具有灵活的技巧，它采用了一种"组装"的模式，即在圆角通讯中，用户在被授权的情况下可以任意地根据需要进行上下级关系的"组装"。其流程是，一个组织要成为另一个组织的下级，须提出申请并阐明理由，获得允许后才能建立起两者之间的上下级关系。它与上级指定下级的方向正好相反。这种方式的优点在于，由下级提出申请，避免了组织关系建立中有可能形成的意见分歧，有助于组织结构的顺畅。更为有效的是，圆角通讯中可以事先建立起不同的单个组织，这些单个组织可以独立地开展工作，条件允许或成熟的情况下再根据需要建立上下级关系。随着环境或条件的变化，已经形成的组织体系（包括上下级关系）如果需要调整，还可以进行上下级关系的解除，即将体系中的组织关系整体或部分"打散"，然后重新"组装"，形成新的合乎要求的组织体系。

利用社交平台建立完善的组织结构是在网上构建有序社会的核心技术要求。圆角通讯的真正价值除了能够方便地实现上述功能之外，还在于它能够为平台上的组织体系提供强大的服务工具并消解了其他社交软件存在的一系列问题和不足。在圆角通讯中，组织的属性通过标签进行设置，而且提供了开启各种通讯功能的开关。比如，在组织设置中，有会议模式开关，开启此功能后，本组织内就可以限制普通成员的发言，仅管理员和VIP才可以发言。这对于特定的会议场合是非常重要的。另一个开关是互拨电话，开启此功能后，本组织成员之间可以相互拨打手机电话，这种电话并非网络电话，它并不依赖于网络，当紧急或特殊需要时通过组织关系直拨电话，显得尤为方便。当然，如果组织过于庞大，组织成员并不情愿接收其他成员的电话访问，在个人设置页面圆角通讯还提供了一个组织内免打扰开关，打开这个开关，本组织其他成员将不能一对一地对该成员发送信息和拨打电话。圆角通讯的语音留言功能在传统的基础做了深度优化，录音时无需持续按键，增加了发送前的语音回放功能，可以确保用户发送的语音没有不当或口误。另外，语音留言增加了标注功能，可以在将发送的语音文件下添加文字，给对方一个直观的说明。对方在接收到留言时可以根据文字描和自己所处环境状况选择即刻收听还是稍后收听。语音留言的长度也做了调整，圆角通讯中可以发送长达 5 分钟的语音留言，这就有效保证了用户在阅读文章、演唱曲歌或给对方讲解时内容的连贯与完整，并增强了用户的体验。圆角通讯其他的通讯功能，如发送图片、链接，传送文件，发送位置等都有不同程度的优化。

圆角通讯的使用非常简单，在通讯录页面，点击组织名称，就会展开组织成员列表，点击任何一个成员就可以切换到与该成员的聊天界面。如果点击组织右侧的会话按钮，就会切换到组织聊天界面。组织的聊天分为三个版块，一是消息即群聊版块，二是公告版块，再就是分享版块。在圆角通讯中群聊信息与工作信息是分开的，这就有效避免了刷屏现象的发生。在消息界面，聊天内容对所有成员可见。单纯的聊天可以在这里进行，无须担心刷屏问题。重要信息以公告的形式发布。组织内并不是每一个成员都有权发布公告，只有组织的管理者，即主管和协管才可以发布公告。公告的类型有多种，包括文本、语音、图片、文件、投票、视频、短信、报名、评分等形式。在组织内做投票、活动报名及评优选优是非常普遍的活动行为，这些公告形式非常方便地解决了用其他社交软件效率低下的问题。在微信中上述功能有的需要用小程序来实现，有的可以直接在群聊中实现。但小程序并不是镶嵌在群组中的工具，使用时需要查找并且数据统计也不尽完善，而在群聊模式下实现的活动报名则因为接龙的方式太过单调重复，直接导致了刷屏现象，增加了用户的反感。而在圆角通讯中用户只需在活动报名界面做出报名选择，系统就可以直接生成成员报名信息的 Excel 报表，相比之下，效率要高出很多。公告的发布可以选择发布到本组织，也可以根据需要选择发布到该组织下的部分或全部直属下级。公告发布后，组织的管理者可以查看公告的阅读状态，对于未读成员，系统还提供了发送圆角通知的功能，而对于无法连接到网络的非在线用户，系统甚至还提供了向离线成员发送短信的功能。事实上，公告发布后，系统会自动判断组织成员的在线状态，对于非在线用户在公告发布的同时就可以设置向离线成员发送短信提醒，以保证组织内所有成员都能够收到公告信息。因为不受限于组织体系的容量，作为公告发布的信息可以瞬间直达该组织体系内的所有成员，无论组织体系内成员规模有多大。所以圆角通讯对于群体规模数万甚至数十万成员级的组织体系，公告信息一键直达的特点解决了大容量组织长期以来信息通知效率低下的困扰。在一些大的组织，如华南理工大学继续教育学院使用圆角通讯感觉到了明显的优势，工作及沟通效率提高了 20 倍以上。

在组织的聊天界面，为组织的管理者（主管和协管）还提供了一些专属的分享工具。这些工具包括抢票、图文、活动报名、考题、征集投票、缴费捐款等。它有点类似于微信中的朋友圈，但微信的朋友圈分享的是资讯或文章，而圆角通讯中分享的则是实现组织需求的功能。比如，抢票功能就是将有限的门票或其他资源以抢的方式分配给组织内的成员，以体现公平。考题则可以在组织内实现在线考试，这对于组织成员学习文件精神或技能培训后的水平测试提供了非常实用的工具。缴费捐款功能是圆角通讯推出的服务于组织的金融工具，它是基于组织钱包的设计。组织钱包是圆角通讯独有的功能，是实现组织金融服务特定工具，如班级中班费的交纳和管理，商会中的会费交纳与管理等。圆角通讯中的所有分享除可以分享到圆角平台中的个人或组织之外，还可以分享到圆角之外，如可以分享至微信、微博、QQ 及其他形式的社交媒体中。

圆角通讯的垂直关系因为集中了十分方便的工作及学习工具而令使用者印象深刻，除此之外，圆角通讯还为每一个成员提供了通用的工具。在圆角通讯的发现版块，系统提供了一系列基于所有用户的通用服务，如扫一扫加好友、附近朋友查找、足迹圈关注、地图服务、视频直播、缴费捐款等。这些服务定位于平台属性，从不同角度为用户打造理想的网络使用环境。尤其是附近朋友和足迹圈关注功能，一方面在给用户提供贴心位置服务的同时，也照顾到对用户隐私的保护。它既可以应用于工作，也可以应用于个人生活，既可以实现组织的公共需求，又可以满足用户的个性主张，将开放、自由等特性融入管理与服务之中，使系统表现出超乎寻常的完美。而镶嵌于圆角平台中的直播功能则完全打破了独立直播平台中需要粉丝关注的局限，演变为实现组织视频会议、项目路演及学习讲座的工具，其强大的分享能力又可以将其作为公告在组织体系中进行价值传递。圆角通讯将地图服务发挥到了前所未有的高度，它首创地图广告、地图商务和地图社交概念，真正实现了将广告、电商、活动报名与社交等与地图的完美结合，用户通过地图标识就可以直接展开广告、电商及活动页面，其中的二次链接还允许通过地图播放视频，使得用户的信息供需展现出超径交互的效果，加快了信息传播的速度，并缩短了传播的路径。

　　组织功能是圆角通讯最突出也最核心的功能，它突破了传统社交媒体仅有平行关系的限制，立足于"缔造新型社交模式，开启组织社交时代"，试图推动通讯产业进入4.0时代。圆角通讯因为其独创性的用户连结关系和组织建设方式，使得其对网络诈骗、政治谣言、信息骚扰等不法行为有天然的免疫效果。因此，在不良网络内容泛滥、网络危害日益严重的形势下，圆角通讯作为最新社交技术的代表，是构建有序社会的不二选择。它顺应时代的要求，十分符合中国特色社会主义和谐社会的治国理念，是建设有序社会的强大的互联网工具。

第四节
视 频 直 播

4.1 视频直播的发展轨迹

随着网络技术的不断提高和硬件环境的改善，一些新的互联网产品应运而生。视频直播是近几年来快速兴起的新型互联网事件，如今已经蓬勃发展，不断冒出的直播平台如斗鱼直播、熊猫直播、花椒直播、映客直播等争奇斗艳，不断冲击人们的眼球，刺激人们的思想。一些互联网和以计算机技术为核心的科技公司也悄悄推出了自己的直播系统，除了早期的新浪等之外，还包括腾讯、百度、网易等，甚至连华为这样的公司也在华为视频应用中推出了自己的直播。可以说每一个有影响力的互联网公司都将视频直播视为新生的风口和机会，谁都不想错过。而最近最为火爆的快手和抖音则把视频直播推向了全民高潮，引发了整个社会的关注。

直播为什么会有这么大的能量，一经问世就引起如此大的轰动，以至于在行业内触动了如微信这样互联网巨头的神经？这不得不从直播的发展轨迹寻找原因。

直播原本是电视或广播的一种形式，学术上称为"广播电视节目的后期合成、播出同时进行的播出方式"，按播出场合可分为现场直播和播音室或演播室直播。网络直播吸取和延续了互联网的优势，利用视讯方式进行网上现场直播，可以将产品展示、相关会议、背景介绍、方案测评、网上调查、对话访谈、在线培训等内容现场发布到互联网上，利用互联网的直观快速、表现形式好、内容丰富、交互性强、地域不受限制、受众可划分等特点，加强活动现场的推广效果。现场直播完成后，还可以随时为观众继续提供重播、点播，有效延长了直播的时间和空间，发挥直播内容的最大价值。

可以直观地认为，直播从电视到网络确实是一个巨大的进步，并从多个维度改变了我们的生活。然而，直播的发展却并不像我们想象的那样顺利。最初通过互联网技术进行视频直播是社交平台推出的聊天室，它作为秀场直播的雏形开始由萌芽逐渐生成为全民皆可参与的娱乐社交活动，进而催生了一个独立的产业。业内专家认为，网络直播行业的发展轨迹可划分为四个阶段，第一阶段称为直播1.0阶段，这一阶段的主要表现形式为传统的秀场。其商业模式主要是通过特权和虚拟道具收费，用户的付费方式主要表现在社交关系消费（用户等级体系、白名单特权等）和道具打赏。第二个阶段称为直播2.0时代，最突出的表现是游戏直播和移动直播。在这一阶段，以游戏直播带动了玩家用户的积极响应和深度参与，并按照游戏分类聚合了带有游戏标签的一批直播用户。尤其以英雄联盟、dota等游戏为代表，形成了一种多人同时在线竞技的游戏模式，通过该模式的延伸，又进一步刺激了社交需求的强度，同时激发玩家在学习、提升游戏水平、提高段位方面的需求。正是因为直播手段可达成的游戏借鉴、经验学习、娱乐、游戏视频内容的观赏性等因素，催促了游戏直播平台的进一步繁荣。第三个阶段称为直播3.0阶段，通常也被称为泛生活"直播＋"。这一阶段直播的特色演化为直播向"直播＋"的过度，直播进入更多细分和垂直领域。在商业方面，则出现了社群经济的直播模式，几乎每一个行业都可以与直播相结合，通过直播实现与用户之间的互动，用以增加用户黏性。这一阶段的商业模式也不受限于虚拟道具的打赏收费，可以嫁接任何互联网的商业模式。因为技术和网络环境更加成熟，这一阶段的移动直播在形式上可以说更加灵活自由，使用也更加便捷，甚至可以通过手机方便地进行全景直播。目前已经进入直播的第四个阶段，这个阶段也称为直播4.0时代。它结合了现今流行的人工智能和VR技术，所以也被人们称为时空穿梭机，或直播的终极状态。直播与虚拟现实技术的结合，创造了一个无可比拟的沉浸状态，使得观众瞬间穿越时空，进入非同寻常的角色。虽然目前技术条件还有待进一步完善，体验还有待继续提升，但这种趋势已基本定型，它会引领直播走向更光明的未来。

4.2　视频直播的乱象

据中国互联网络信息中心统计，截至2017年6月，我国网络直播用户已达3.43亿，占网民总数的45.6%，其中真人秀直播用户规模达1.73亿；提供互联网直播平台服务的企业超过300家。由于以最简洁直接的方式迅速把握了用户的心理，短视频的出现在一定程度上加剧了人们对直播的依赖。"未来，每个人都可能在15分钟内出名。"波普艺术家安迪·沃霍尔在20世纪70年代曾经留下过这样的预言，而让人啧啧称奇的是这个预言在短视频泛滥的时代已经变为现实。然而让人始料未及的是，寄生于直播工具下的各种荒唐与罪恶、虚名与利益也越发变得赤裸而直接。

直播平台的生存与发展离不开用户的参与与支持，靠的是流量的变现。所以为吸引粉丝，直播平台尽可能地在技术上为用户提供方便和服务，尤其是移动直播技术。在宣传上也是不断加大力度，以低俗、媚俗的字眼刺激用户。直播平台还设置了非常诱人的利益分配方式，让平台上的网络主播借以通过自我展示获取丰厚的利润。聚集在直播平台上的网络主播为实现自己的目的，也是花样百出，无所不用其极。很多人从言语挑逗开始，尝试着各种诱惑观众的手段，甚至不惜衣着暴露，靠低俗猎奇、暴力内容吸引眼球，更有甚者为了炒作不惜突破道德底线，踏入法律禁区。在最初缺乏监管的时期，很多直播平台为了自身的快速发展，一直无视这些违规内容的存在，甚至放任它们的泛滥。在利益诱使下，社会道德被轻易地忽视。由此引发了网络直播发展初期的无序和放纵，并导致直播乱象丛生。

通过网络媒体可以了解到，很多人把 2016 年称为"移动直播元年"，因为只要一部智能手机和一个注册账号，人人都能成为主播，这种低门槛的设置让一些草根网民大量地涌入。这些草根级的网民凭着一个单纯的愿望，希望能够通过直播一炮走红，但他们并没有突出的才艺，也没有能力生产出优质的内容，于是许多主播只能拼颜值、拼偏离常规的尺度来博取关注。这种无底线的炒作，迎合了更多低层用户的追捧，也让他们借此得到了常规手段无法获取的精神刺激。为鼓励这种内容的存在，他们也能放低姿态不断对其进行打赏刺激，而这种刺激的持续强化又加剧了那些草根主播的激情和欲望，因为得到了丰厚的收益，他们常常乐此不疲。网络直播平台因此成为色情多发地。

一些将服务器置于国外的色情网站，很多内容都来源于国内直播平台上的主播直播录制。有的是在直播室内进行的色情表演，有的是在家庭中进行的身体直播，有的甚至是在野外录制的"野战"场面，其尺度之夸张完全超出你的想象。更有甚者，为博取粉丝的关注，有的主播竟然在光天化日之下公然在野外约会陌生人，并进行色情直播表演。这种乌烟瘴气的景象在很长一段时间内被纵容，成为社会伦理道德下滑甚至沦丧的标志。而一些更加荒谬并违反人伦的直播事件则瞬间引爆了人们的情绪。2016 年1 月，斗鱼直播平台出现了"直播造娃娃"事件，引起舆论一片哗然；同年3 月，熊猫直播平台中的一女主播在直播中突然背对镜头，弯腰露出隐私部位。在社会关注度越来越高的时代，这些"异类"事件的频繁出现再次将网络直播置于风口浪尖。

鉴于层出不穷的不良直播事件和人们对直播平台需要净化的呼声不断高涨，2016 年 11 月 4 日，国家网信办发布了《互联网直播服务管理规定》，规定明确禁止互联网直播服务提供者和使用者利用互联网直播服务从事危害国家安全、破坏社会稳定、扰乱社会秩序、侵犯他人合法权益、传播淫秽色情等活动。由此针对网络直播平台低俗内容的治理行动拉开了帷幕。然而，令人遗憾的是，巨大利益的背后是一个个敢于冒险的身影，为了缩短获取利益的周期不惜以身试法，不管伦理、道德、法律如何约束与责罚也掩盖不住那些贪婪的欲望。

2017年2月，《南方都市报》连续四天用近十个版面揭露了地下色情直播江湖。记者经过深入的调查发现，蜜豆直播、嗨播、乐秀直播等多个平台涉黄，不少女主播裸露身体向观众索要礼物。在接到"跑车"等打赏后，女主播就开始色情表演，画面不堪入目。这些事件被曝光后，警方迅速采取行动。根据媒体报道和群众举报，行政执法部门相继对一些违规直播平台进行约谈，并对违法情节较重的进行处罚，先后关闭了一批涉黄直播，并拘留了多名主播和平台运营人员。截至2017年6月，被查处关闭的违法违规直播平台有73家，累计91443个直播间被关闭，清理了120221个个人账号，封禁38179个违规主播账号，并将1879名严重违规主播纳入永久封禁黑名单。

然而，面对国家严厉的惩处和群众的举报，为了利益仍有不少平台游走在法律的边缘，通过打擦边球等规避法律的制裁。更多的网络主播则转换形式，变换花样来换取粉丝的支持，有的通过发布微信号或公众号让粉丝进行关注，用私聊或在公众号内直播的方式逃避检查，背后仍然做着不法的勾当。以下列举一些直播乱象及其伪装手法。

为实现粉丝用户的精准需求定位，很多直播平台都对平台所开设的内容进行分类，不少平台都设有"跳舞"或"歌舞"之类的名目，然而进入这些直播间经常就会发现其中有大量衣着清凉的美女主播，她们一边轻歌曼舞，一边摆出撩人的姿势，借以获得很高的人气。而直播中有的主播甚至会不时将短裙掀起，露出短裤，对观众进行挑逗。类似的行为已经见怪不怪了，几乎所有的直播平台都或多或少地存在。有些短视频直播平台中的主播则自作聪明，经常有意无意地制造一些"走光"事件，看似偶然，实则是做了深度策划，目的还是为了博取用户的关注。

在一些直播乱象中，比较引人注目的一类是对低俗"土味"文化的追捧，似乎这些内容更能迎合普通大众的口味。

几年前，网络主播 MC 天佑凭借喊麦《一人我饮酒醉》《女人们你们听好了》等曲目，一跃成为最红网络主播之一。这些歌曲因为直白、通俗并且稍带放纵的情欲，很快就成了一些主播追求的目标。而层出不穷的网络直播平台也推波助澜，对这种"土味"文化推崇备至。据媒体报道，2017年，某直播平台上一则《小宝，你不要哭了，这是七形的爱》的视频在全网刷屏。视频中，主播"英皇美味人生"和一位男子连麦表演，该主播称，男子名叫小宝，是小她 18 岁的弟弟。"小宝，我比你大整整 18 岁，这是七形的爱"，简陋的制作，直白的歌词，充满乡土风情的"小宝系列"却迅速受到了大批网友的喜爱。

然而，一些极端低俗歌曲的泛滥也开始引起了很多人的不适和反感，它们给人们带来的快乐感迅速降低，一时新鲜过后，很多人已经不能从中获取到任何营养，也开始抵制这种低级趣味的野蛮扩散。一些声讨的声音开始在网上悄悄地壮大。为整治网络环境，严肃文化市场，文化部相继公布了一批网络音乐产品黑名单，内容涉及低俗、淫秽、暴力、色情等方面。为响应文化部门的决定，一些网络直播及社交平台也纷纷表达了抵制不良网络歌曲的愿望，对列入黑名单的网络歌曲予以抵制，一经发现立即封号。这些被列入黑名单的歌曲有 120 多首，列举如下：

（1）老师好（阴三儿）

（2）老师你好（阴三儿）

（3）北京晚报（阴三儿）

（4）我又没说你（阴三儿）

（5）没钱没朋友（阴三儿）

（6）天生疯塔儿（阴三儿）

（7）北京混子（阴三儿）

（8）都得死（阴三儿）

（9）凭什么我买单（阴三儿）

（10）Da－la－di－la－da（阴三儿）

（11）我不管（阴三儿）

（12）燃烧吧火焰（阴三儿）

（13）没完没了（阴三儿）

（14）这条大街（阴三儿）

（15）爽歪歪（阴三儿）

（16）魔爪重生（阴三儿）

（17）龙宫宴请（阴三儿）

（18）我 TM 不愿意（新街口组合）

（19）教父（新街口组合）

（20）我们都不睡觉（新街口组合）

（21）不想上学（新街口组合）

（22）脏蜜震西单（新街口组合）

（23）一夜情（新街口组合）

（24）我要呲大蜜（新街口组合）

（25）自杀日记（新街口组合）

（26）黑暗之中吻了你的嘴（家家）

（27）拉屎歌（小峰峰/二饼）

（28）No 性 No 爱（光光/K－Bo）

（29）这不是一首一夜情的歌（光光）

（30）Mlgb（颜韵）

（31）磕巴脓（颜韵）

（32）背叛（Mc 天佑）

（33）你是猴子请来的救兵吗（谣乐队）

（34）我要上学校（谣乐队）

（35）老子（谣乐队）

（36）小区里的高级跑车（谣乐队）

（37）咬春（赵雷）

（38）他们（李志）

（39）败类（网络歌手）

（40）败类（宋威）

（41）咬之歌（不是那么黑）

（42）飞向别人的床（网络歌手）

（43）去你妹的爱情（马旭东）

（44）腐×无限大（洛天依）

（45）小三你好贱（本兮）

（46）大学生自习室（郝雨）

（47）321 对不起（徐良）

（48）微微博起（小贱）

（49）无耻（Vnek）

（50）草泥马的爱情（网络歌手）

（51）耽美乱世道（凌橘绿）

（52）绝世小受（漠然）

（53）绝世小攻（苏仨）

（54）绝世小攻之年下诱惑（少年霜）

（55）禁夜（凌音/钟洁）

（56）夜情诱惑（渔圈/刘芸）

（57）纵欲（费尼克斯/邝巧汾）

（58）大陆巡捕抓嫖娼（欧阳正萌/小莹儿/乌拉呆）

（59）少女的初夜（沈雁）

（60）A 歌（司小魂/Mc 诺）

（61）老公老公你好坏（网络歌手）

（62）我想要做爱（小安）

（63）哇靠（小安）

（64）今晚一夜情（V. Jey/油炸鬼）

（65）性空虚（菜儿/Chyna Apple）

（66）贱女人坏男人（网络歌手）

（67）傻 B 情侣（Mini 黄妍嘉/毛毛）

（68）大连站（葡桃）

（69）一起开房不一定是情侣（易燃）

（70）他妈的社会（喻小米）

（71）女表子（丁字裤先生）

（72）城市夜生活的副作用（黑撒）

（73）去他妈的爱情（支原体）

（74）别用你舔过别人××的嘴说爱我（Mc 和尚）

（75）失足女（Mc 和尚/小举）

（76）让你飞向别人他妈的床（猥琐小丑）

（77）你只是一个 J 女（小右）

（78）三八处女节（小右）

（79）蛋疼的生活（Mc 振炮/张子源）

（80）狗男女（张震岳）

（81）TROUBLE（张震岳）

（82）0204（张震岳）

（83）摇头玩（许嵩）

（84）哈狗帮（Mc Hotdog）

（85）×你妈了×（Mc Hotdog）

（86）1030（Mc Hotdog）

（87）补习（Mc Hotdog）

（88）十八岁（Mc Hotdog）

（89）我行我素（Mc Hotdog）

（90）女人不需要性感不是骚（Mc 流星）

（91）骚麦（小莫）

（92）2013 社会磕（Mc 洪磊）

（93）溜冰经典（Mc 天佑）

（94）迪厅粗口现场 – 寰宇网络版（Mc 洪磊）

（95）写给妓女的话 – 东北粗口

（96）超级叫春迷药

（97）秀×你妈个

（98）今晚叼胶（鸠）你（黄秋生）

（99）今晚叼胶（鸠）你（大懒堂）

（100）女人需要男人搞

（101）超强××歌（沈阳 mm）

（102）泡妞秘笈

（103）叫床声刺激

（104）花花公子（罗百吉、宝贝）

（105）那一夜（罗百吉）

（106）动你的屁股（罗百吉）

（107）你们这群狗（Mc 振炮）

（108）你们这群狗（正黄旗组合）

（109）我爱台妹（Mc Hotdog/张震岳）

（110）吹喇叭（罗百吉）

（111）为了兄弟（铁竹堂）

（112）迷你裙（旺福）

（113）屌（黄立成、麻吉）

（114）补补补（哈狗帮）

（115）我的梦中情人（黄立行）

（116）爽（黄立行）

（117）噩梦（麻吉）

（118）打分数（黄立行）

（119）放屁（张震岳）

（120）摩的神曲（葡桃）

除此之外还有很多低俗的网络音乐，甚至一些女孩模仿叫床的声音也被制作成歌曲或段子放在平台上供网友欣赏。可以说伴随着直播平台的成长，一些下流、污秽以及令人不堪的内容总会以各种形式侵入人们的生活。因此，我们在敦促国家加强管理的同时，也要提高自身的自我防护意识，自觉抵制这些网络毒瘤对我们精神的污染。

除上述低俗网络歌曲之外，一些过分的事件也通过直播平台不断上演。2018 年 1 月，广西某条道路上发生车祸，当警方仍在现场进行处理时，两名网络主播突然从旁边窜出来进行直播，以车祸现场为背景开始疯狂跳舞，此种行为引起了围观群众的不断指责。借助直播平台，各类"拼酒"挑战也层出不穷。2016 年 3 月，一场拼酒挑战赛的直播视频在网络上疯传。从最开始的一口气喝一斤白酒，到后来的"两斤哥""六斤哥"的出现，网上酒神一步步超越。河南南阳方城县的"六斤哥"今年 30 多岁，挑战视频中喝下 6 斤的他，酒量其实只有 3 斤多。而他只是一时口快，称原本想试一试，结果因为在直播中骑虎难下，导致无法收场，喝完 6 瓶后，就立即被送往南阳中心医院进行洗胃治疗。曾经还有一个女孩，直播中连喝 12 瓶啤酒，直接刷新了人们的三观，让人叹为观止。但这些极限挑战的背后却只是一些无聊的围观，以及对身体的伤害和摧残，其代价不容小觑。

另一个需要引起关注的直播乱象就是暴力虐杀动物，甚至连打群架都能成为直播内容。未经严格审核的直播平台也为暴力行为提供了传播途径，暴力、血腥，甚至教唆犯罪的内容也一度出现。由于网络受众更广，直播中出现的暴力行为影响更大。网上还有报道动物宰杀时直播整个宰杀过程的例子，看到被剥皮后的动物仍然痛苦地爬行的惨状，多数人都感觉到不适，甚至恐惧。一个极端的例子是，贵州的一个农民曾直播用电气焊折磨一头小牛的事件。画面中，施暴者用焊枪将炽热的火焰喷向一头温顺的小牛，小牛被烧得遍体鳞伤，但又不敢逃离，只是围绕在施暴者周围艰难地行走。看着小牛那无助的眼神和施暴者幸灾乐祸的表情，真让人感到痛心和愤怒。很多网民看到此视频后甚至会产生报复的心情。其实，一般人也很难理解那些人的用心，如果单纯为了利益，这种行为似乎也很难获得观者的赞赏和支持。这种视频直播暴露了人性残忍的一面，向社会传递的是畸形的价值观，必须坚决地予以制止，并建议相应的行政主管部门对其不良行为进行处罚。

在部分直播平台上，飙车、嘴咬几十支正在燃烧的香烟等搞怪直播内容也不时出现。文化部曾点名批评，有直播平台直播黑帮主题游戏，画面血腥，教唆犯罪；还有直播违规游戏"炸金花"等，宣扬赌博行为，违背社会公序良俗。

一些公然违反法律规定的行为也被作为直播内容悄悄地传播。下猎套、收猎夹，逼迫动物互相撕咬争斗等活动冲击着人们的网络视觉。部分直播平台上，主播打着直播的名义进山林捕杀野生动物，毫无顾及有可能带来的法律的处罚，甚至以违法的胆量和勇气作为取悦观众的方式，以此博取关注并索要礼物。2016 年 6 月 20 日，主播猛子进驻六间房秀场直播，每天都受到大量粉丝的关注。猛子会将烟头塞进猎物嘴里、活剥皮、活分肢等，抓到蛇时常常挥舞戏耍，等到蛇奄奄一息，再丢给狗啃咬玩弄。2016年8月17日，江西省宜春市万载县森林公安处告诉南方都市报的记者，涉事主播及团队因涉及非法狩猎，已被警方查处。这样的"打野直播"并不少见。2017年，名叫"翠花酒菜"的虎牙主播在平台直播捕猎野生动物，他们白天带上铁锹等工具上山捕捉竹鼠，在捕获两只小鼠后，他们在地上挖出土坑，将小鼠扔进坑中直播"斗鼠"，直播画面中，小鼠哀叫连连，场面血迹斑斑，令人咋舌。

网络直播中，还时常出现爆粗口甚至殴打的场面。2017年10月底，知名游戏主播"死亡宣告"在直播时与人发生争执，女友劝其屏蔽对方，没想到却因此激怒了"死亡宣告"。他随即掀翻桌子，开始咆哮咒骂女友，这一施暴过程被直播记录了下来，视频中充斥着粗口、咆哮，并不时传来"信不信我杀了你"的人身威胁以及女性的不断呼喊。2017年，河北省邢台市巨鹿县公安局打掉了三个青少年帮会犯罪团伙，三主谋皆因犯故意伤害罪被判刑。据其中一位"老大"交代，2016年，他和几个朋友下载了某直播APP，为了涨粉，他们会在直播中刻意"演戏"，"叫一帮小弟去打架，风风火火的，场面越大越好。两帮人马火并，不过都是事先商量好的，不会真打起来，喜欢看的人特别多"。之后为了扩大声势，他们不满足于演戏，成立了"帮会"，并在直播时招呼粉丝加入。据警方介绍，三个团伙纠集、吸收众多社会闲散青少年为帮会成员，交叉作案，涉嫌多起寻衅滋事、聚众斗殴、敲诈勒索、毁坏公私财物案件。

利益永远是主播的首选。这种利益除了金钱之外，还包括名誉与影响。2016年11月，《南方都市报》曾独家报道《直播"公益"发钱，拍完就收回》，揭秘有主播在大凉山做公益时"表演发钱"，直播结束就收回"善款"。主播有时还往孩子脸上抹泥巴以突出其悲惨，借此赚取人气和观众的礼物。知情者称，这类做"公益"的直播很火，"人们以为他们是好人，刷礼物很厉害"。《南方都市报》的报道刊发后，引起广泛关注。凉山州警方调查发现，快手主播杰哥及黑叔一行人长期在凉山昭觉、布拖等地召集村民拍摄捐赠现金及物资视频，拍完后又将全部现金和大部分物资收回。借着公益的名义，涉事主播们收获颇丰。黑叔称做慈善就是为了赚钱，他曾透露，在大凉山"做公益"，两个月能赚 60 万元。杰哥则更为直白，"只要你会表演，一个月最少赚 10 万"。

与"伪慈善"事件类似的还有"夜宿故宫"等事件。网络直播时代，"有图有真相"早已不再成立，眼见未必为实。为了赚取人气收割流量，一些主播开始策划事件，造假炒作，甚至故意散布谣言。为了达到吸粉的目的，有的直播平台虚构事件，不择手段。前些时间网上公布的"夜宿故宫"事件最后被证实是一场精心策划的造假炒作。

2017 年 5 月，某直播一女主播声称躲过安保，夜宿故宫，"直播慈禧的床榻"。事件引发热议后，该女子又直播道歉，称其实是在一影视基地内直播。经北京警方调查，此事系网络女主播等三名违法人员精心策划并传播的虚假事实，其编造"夜宿故宫"和之后的"道歉"均为事先策划好的。公安机关接到故宫博物院工作人员报案后将三人抓获，并对其做出行政拘留处罚。此类怪现状频频发生在网络直播中，已经严重破坏了网络文化的生态结构。更有甚者，为了追求流量，不惜散布谣言制造恐慌。2017 年 7 月，吉林省吉林市一农民利用网络直播平台编造当地洪灾死亡人数，并谎称因洪灾造成的灾区通讯网络中断是政府为了隐瞒灾情而故意屏蔽。直播次日，主播高某被刑拘。吉林丰满区法院经审理认为，被告人高某编造虚假的灾情，在网络上传播，严重扰乱社会秩序，其行为已经构成编造、故意传播虚假信息罪，依法判处其有期徒刑八个月。

让人哭笑不得的是，为博取眼球，有的直播竟然选择生吃动物，包括生吃活鸡、老鼠、蛇及昆虫等，甚至有人标新立异，直播抓鬼。"各位老铁们，看着啊，生吃活鸡啊。"2018 年 1 月，辽宁朝阳市的大凌河冰面上一男子拎着一只活鸡进行直播，男子先薅掉鸡脖子上的羽毛，然后大口啃咬活鸡脖子，顿时活鸡鲜血直流，场面血腥。2017 年 3 月，广西桂林的蒋某荒野探林，夜闯"鬼屋"并进行直播。他与同伴三人在凌晨 2 点多来到村里无人居住的祖宅民房外，不仅用锤子砸开门锁私闯民宅，还到处翻箱倒柜。随着网友的点赞，蒋某还在直播中装神弄鬼。随后，蒋某因涉嫌寻衅滋事被当地警方给予了行政拘留的处罚。

另外一些以炒作为目的的异类行为也让很多网友大跌眼镜。2016 年 6月，网名为"吃货 & 凤姐"的大妈在快手直播吃灯泡、仙人掌等物品走红，网友怀疑其被直播中的"侄子"控制。河北邯郸警方随后调查发现，这是一场母子二人自导自演、恶意炒作的闹剧。二人供述，"食用奇特物品"的视频是二人通过快手直播平台共同策划的，目的是为了吸引网民关注，增加视频点击量。

对成为网红的渴望让一些主播变得不可理喻。2016 年，重庆一名 29 岁的男子为了出名，精心策划了一个捅马蜂窝的直播系列，计划第一场直播捅马蜂窝，让大家观看马蜂被激怒的场景。第二场直播直接吃蜂蛹。然而当他戴上头盔，披上雨衣，站在吊车上到达 30 多米高的树梢，刚接触到蜂巢，马蜂就倾巢而出。直播没多久，马蜂就从他的裤脚进入，在他的身上叮了 37 下，随后他被送入了重症监护室。

另外一些以冒险、刺激为追求目标的直播则直接将生命推向危险的边缘。有的则因为准备不足或考虑不周出了事故，引发了不可挽回的后果。2017 年 11 月，国内"高空挑战第一人"吴咏宁在极限运动过程中失手坠亡，引发对"带血直播"的关注与谴责。生前，吴咏宁在无任何保护的情况下，频繁爬上各大地标性高楼，并通过手机直播，接受粉丝打赏。在最后一次直播前，他在多个平台上的粉丝超过百万。其好友直言："我觉得网络视频害了他。"还有一些则以跑酷之名，穿着跑鞋或踩着滑板在数十层高的楼顶边缘"玩火"，那种惊险刺激的场面让每一个观看视频的人都心惊肉跳。然而，刺激的场面背后却是一个个带血的故事，甚至是陨落的生命。

最让人难以容忍的是直播中扰乱公共秩序、侵犯他人权益的行为。为了最大程度地吸引眼球，一些主播不惜突破道德底线，踏入法律禁区，以扰乱公共秩序、侵犯他人权益为乐。2016 年 5 月，三名男子在广州地铁车厢里摆起小桌板，席地吃喝，其间更在车厢内晾晒衣服，并拍摄视频，引发网民热议。对于自己的行为，主播肖某接受南方都市报的记者采访时曾表示，他知道自己的行为会影响他人，但他仍会继续做下去，"说白了就是我想火"。2016 年 6 月，广州地铁警方通报了这起扰乱公共秩序案件，主播肖某被处以行政拘留处罚，其助手杨某被处以警告处罚。警方调查发现，肖某和助手杨某、王某以牟利为目的，三次在地铁内自导自演拍摄违法违规行为视频，并上传至网络进行炒作，以提高个人的被关注度和收入。随后有网友扒出其中一名男子系快手主播，此前曾直播过偷吻女性、偷拍女性等不文明行为。与之相似的，还有的偷拍女性上厕所的过程并进行直播，直接侵害到女性的隐私等权益，并在社会上造成恶劣影响。无独有偶，2016 年 11 月，一男子以"成都殡葬服务中心"为 ID，在快手直播平台直播殡仪馆火化过程，并配以"快来烤火了"等调侃文字。此举引发网友愤慨，有律师指出："该男子在未经过死者家属同意的情况下，用偷拍的方式，将死者火化等过程记录，并发送到网上进行传播，其行为已经构成侵犯死者的名誉权。"事发后，成都市网信办会同公安机关、民政部门对当事男子进行了批评教育和行业警示；北京市网信办对快手直播平台负责人进行了约谈，责令对涉事账号进行永久封号处理，并进行全平台整改。2017 年 7 月 2 日晚，西安一男子利用无人机直播时，拍到一女子在家裸居的画面，当时观看直播的观众有 100 多人，不少网友还对主播进行了点赞与互动。事后，该男子将直播截图发在了自己的直播群，并将无人机形容为"偷窥神器"。7 月 5 日，当地警方对直播男子金某做出了行政拘留 10 日的处罚。

　　最引起社会关注的是直播平台的吸金能力，似乎可以与网络游戏不相上下。很多富豪对主播打赏时一掷千金，主播则利用人性在粉丝圈里挑拨、诱导消费，使得一些打赏行为成为直播观众竞相追逐、攀比的内容。可以说，在网络直播时代，名与利的兑换赤裸而便捷。当红主播的直播间里，满屏飞舞的虚拟礼物，每一样都早已标好了价格。直播间因此成了富豪们新的角斗场，打赏成为展现财力的新方式。2016 年 3 月，韩国女主播 Yanghanna 在某平台表演跳舞时，有人打赏数千元的"佛跳墙"。随后，王思聪也进房间打赏，被对方挑衅，双方开始互刷礼物。最后，那位土豪观众一口气刷了约 14 万元的礼物，王思聪则怒刷 23 万多元。于是，Yanghanna 一夜之间被打赏了 40 多万元。不过，这一纪录很快就被打破。同年 10 月，某直播间的女主播关妙甜在直播劲歌热舞时，被一名观众突然示爱。对此，该主播呛声："10 个蓝色妖姬就跟你走。"没想到这个名叫"阿斯顿马丁"的观众在随后不到 1 分钟时间里，连续送出 500 个蓝色妖姬——在该直播平台，每个"蓝色妖姬"售价约 2000 元，据此估算，该主播在 1 分钟内获得了约 100 万元打赏。女主播当场落泪，事后接受采访时回应："这笔钱我打算给父母买房，剩下的钱我想用来做音乐。"当财富如潮水般涌入直播间，不少网红主播日进斗金，一夜暴富。虚拟的网络空间带来安全感，他们中的许多人因此并不掩饰对金钱的崇拜与追求，还会在直播中炫耀攀比财富，既满足虚荣心又增加点击量。2016 年 3 月，一位女主播直播了其开豪车去银行提取百万现金的过程，引发网友强烈关注。为满足粉丝的要求，女主播甚至特地拿来了一个电子秤，当面打开钱箱，开始称重。令不少围观网友大呼"涨姿势""开眼界"。人气主播 MC 天佑曾在直播中打开自己的保险柜，向粉丝展示其中的现金和名烟，还曾与其他主播斗富，在直播中拿出多个 iPhone 摔在地上。快手红人二驴曾多次在直播中炫耀自己的收入，"我有钱，我挣的钱都让我媳妇买房了，其他就买点车"。他还自称"有至少两三万人向网监举报我炫富，以后我不能再告诉你们我真实的收入了，咱减一下，挣 10 万我就说挣 1000"。2017 年 6 月，二驴被某平台以违约为由索赔 714 万元，他随后在直播中对观众说，"给你们看看 700 多万的现金"，并提出两蛇皮袋、两行李箱，打开展示其中成捆的现金，随后放进冰箱码整齐。该直播吸引了 30 万人观看。

以上案例除部分由朋友提供之外，多数来自媒体的报道和互联网搜索。类似的直播事件层出不穷，可以说在急功近利的社会潮流下，直播中的这些乱象反映了人们对物质和虚名的狂热追求。但违背社会主义核心价值观和超越底线的行为必然会遭到社会的批判和抵制，为了直播行业的健康发展和社会的和谐进步，我们每一个人都应该自觉与这些不良行为作斗争，发现不良的直播内容要积极举报，并对主播进行批评教育，使非法、违禁直播无处生存，让直播成为社会传播正能量并宣化教育的有效手段和工具。

4.3　视频直播的价值分析

网络视频直播作为一种工具和手段，可以承载教育的职能，因此如果加强对其发展的健康引导，网络直播可以发挥巨大的价值。一方面，由于直播的直观性和便捷性，人们可以把传统教育手段难以实现的教学过程通过视频直播向受众进行快速而直观的展示，这非常有助于加深学习者对学习内容的理解。另一方面，直播过程更容易形成施教者和受教者之间的互动。因为网络直播是通过互联网社交平台来实现信息的交流和用户之间相互影响的，所以将直播用于提高或改善教育的效果是非常不错的选择。

现实中，已经有很多机构利用直播的功能开展与教育、社会救助等相关的业务。这些机构包括教育培训、智慧医疗、旅行社、农业合作社等。在这些机构中，直播成为开展业务的辅助甚至是主要手段，正日益发挥出巨大的价值。

一个典型的例子，就是尚德教育机构对直播技术的应用。他们在宣传中这样描述，网络直播平台能帮助培训机构解决以下问题：①传统的网络视频点播缺乏互动，用户黏性不足——直播可以互动；②传统的面授教学缺乏优质资源，用户受众有限——直播拓展受众；③面对越来越同质化的竞争，如何脱颖而出——提供直播增值服务；④面对市场推广带来的潜在分散用户，如何留念——直播数据挖掘。

可以看出，直播技术已经引起了一些教育培训机构的兴趣，并在一些特定的机构得到了广泛应用。不仅如此，在教育信息化 2.0 背景下，各种直播技术除被广泛应用于学校教育中，企业直播作为教育信息化利器，也已经融入到实际的教学和教研中，这在一定程度上打破了教育资源壁垒，让学生的学习方式更加多元化，为实现教育资源均衡化提供了更多途径。

直播技术应用于教育领域有如下明显的特点：一是打破了地域的限制，可以实现在线教研。这对于异地同堂研讨，提高教师骨干队伍建设有不可估量的价值。尤其是在师资缺乏的教育环境下，直播平台为解决这些问题提供了极大的便利。二是利用直播技术可以对课后辅导进行全面升级。很多学校受限于教师资源的不足，课后辅导环节不能充分展开，多数情况下靠学生自觉复习，但效果无法得到保障。一些学生的提问无法得到及时回答，直接影响到了学生学习的积极性和兴趣。而直播技术恰好弥补了这方面的不足。科学地利用直播可以打造无界课堂，并对优质教育资源进行分配，同时能突破时间和地域的限制，实时解决学生存在的问题，增强学生与教师之间的互动。直播教学过程中，学生则可以通过 TV 端、PC 端、手机端三种方式观看，足不出户就能免费享受到名校名师资源，体现了全时段、全覆盖、全免费三大特点，将传统的教育形式由封闭走向开放，由传统走向现代，由单一走向多元，使信息化教育深入到学校教育之外。从长远上看，这对于提高教学效率有极大的促进作用。三是直播技术作为传统教育手段的补充和备用，可以在异常情况下对正规教学做出应急响应。尤其是在一些极端天气，如台风、地震等自然灾害来临时，学生无法正常到校，直播就可以作为辅助教育手段发挥应急作用。近年来，雾霾、大雪、暴雨等极端天气出现频率不断上升，为确保学生健康与安全，每逢此类天气，学校都被迫停课，影响正常教学进度。2018年广东遭遇的特大台风"山竹"就曾经导致多市学校停课，此种情况下，直播技术就可以发挥出其潜在的价值。事实上，如果条件允许，直播可以确保在恶劣天气、自然灾害等突发事件时，老师随时随地可以为学生授课、答疑，学校教学活动得以正常进行。这种技术的应用也让学校有了一定的自主权，对于打造个性化教育教学也大有帮助。2016年雾霾期间，天津和平区教师进修学校快速响应，启动应急预案，借助263企业直播，开放所有教学资源，保障了学校教学活动的正常进行。全区各中小学校结合本校实际情况，充分利用直播，灵活调整教学方式，合理安排学习内容，真正实现了学生停课不停学。直播技术应用于教育的第四个特点是，可以结合手机、iPad等硬件打造"掌上家长会"，实现跨地域的家校沟通。作为家校互动的主要方式，家长会是家庭与学校衔接的重要渠道。但传统家长会并不是每位家长都能亲临现场，对于远在外地的留守儿童父母，参与家长会是一种奢望。而掌上家长会打破了"时间、地点、空间"等因素的限制，完美解决了传统家长会中存在的诸多问题，为家校互动找到了更为便捷、有效的方式。2016年，安徽合肥七里塘小学率先利用直播技术举办了安徽首个"掌上家长会"。七里塘小学的学生家长们利用一部联网手机，无论身处何地都可实时参与学校召开的家长会，家长在直播过程中，还可以和班主任、各科任课老师实时互动，了解孩子的在校情况，知晓家庭的教育需求，使学校教育和家庭教育达成完美契合。此次"掌上家长会"在安徽当地引起强烈轰动，这也是直播技术对社会的正向价值之一。

直播技术另一个重要的应用领域就是医疗行业。随着互联网技术和人工智能的发展，一些智能机器人开始走进了医院和家庭。这些被称为医疗机器人的产品自身带有液晶显示屏，也有摄像头作为机器人的眼睛，其语音对话采用人工智能算法，有很强的学习能力。这些配备在家庭或特定场所的医疗机器人有一个很重要的价值，就是当病人需要的时候可以通过直播技术将病人的症状、病理反应及体温、血压等参数实时传送给指定的医疗机构，另一端则有专业的医护人员对这些数据进行分析处理，并根据处理的结果对病人做出远程诊断。除此之外，直播在医疗行业还经常应用于医护人员培训、手术现场直播教学、医疗经验分享及会诊等。在中国第九届骨科医师年会上，主讲人曾就上海复旦大学附属华山医院东院通过直播技术实现远程连线，现场直播了尸体解剖的整个过程，让更多的人见识了利用直播学习的便利。大会期间，主办方共收集到上万条医师互动信息，为主办方了解参会医师的会议关注点和诉求信息提供了有效途径。而中国心血管医生介入治疗进阶工程四期培训会议，也借助于直播技术实现了多会场互动，收到了良好的效果。这场会议的组织结构由北京一个 200 人的主会场，杭州、兰州、长沙、上海、哈尔滨 5 个核心分会场和全国 90 个非核心分会场构成，直播过程中，主会场与分会场很流畅地进行了语音与视频的互动探讨与讲解，非核心会场则通过手机或电脑进行了实时收看和学习。

直播在医疗领域的应用价值集中体现于：①突破了空间的限制，实现了医疗资源的共享配置；②消除了时间和地域的局限，缩短了医患之间的距离，提高了患者就医的效率，使一些紧急医疗事件得到应急处理；③一定程度上提高了医护人员的服务质量，提升了医疗价值；④降低了医疗成本，为患者节省了金钱上的开销。展开来讲，具体表现为以下几个方面：

1. 高效优化了医患时间

当下的环境恶化、饮食安全、快节奏下的高压工作等使得大众开始关注身体健康，健康类直播栏目成为当下受众的刚性需求。通过"直播＋医疗"的形式将线上诊疗内容分享给观众，相比以往线下排队久、看病难的问题，线上实时直播的医疗问答能够很好地解决这一问题。

2. 提高了医疗透明度

现在社会上的医患关系紧张，大多都是心态问题。"直播＋医疗"提供真正国际化的优质医疗服务，用专业化的医疗知识和权威的技术进行连接，提升了用户的科学素养。精英医疗团队入驻直播平台一定程度上解决了部分用户的医患痛点，大大提高了咨询的透明度。

3. 改变了单纯问诊形式

互动是直播的特点之一，医疗机构通过直播与观众直接互动，解答各种疑问，这种新颖的问诊形式建立起网友与医院实时对接的新渠道，大大促进了医疗知识的普及和推广，"直播＋医疗"将以多元化的形式惠及更多人。

4. 解决医疗资源分配不均的问题

现在医疗资源大多集中在大城市，像偏远的地方，就很难获取优质的医疗资源。"直播＋医疗"，让凡是有网络的地方都可以和名医直接对话。

综上所述，直播对于现代医疗或医疗在未来发展都大有裨益。可以想象，在不远的未来，所有的患者足不出户即可通过直播邀请最知名的专家面对面会诊，基层医生通过直播即可学习到最好的医学课程，这些顶级的专业知识将被医生们实践于日常工作当中，给患者提供更专业的医疗诊断和服务。那时，"直播＋医疗"所能做的不再仅仅是塑造并传播产品品牌，实现盈利，而是更深层次地完成医学知识的普及与传播，从根本上解决医疗资源分布不均的问题，实现医学真正的价值。

直播在旅游业中的价值无须多言。其实，直播作为方便传输声音和画面的最方便最快捷的技术形式，应用于旅游领域可以说是恰到好处。现实中，多数人都热衷于旅游，这是提升生活幸福指数的重要因素。然而并不是所有的人都有条件按自己的意愿或随心所欲地畅行天下。时间和金钱是所有旅行者都绕不过的槛。而且身体状况也是制约旅行的关键因素，很多人在时间和金钱都有保障的前提下，受限于身体状况的影响也无法实现随处旅游的心愿。在这种情况下，直播就发挥了其特别的价值。一些旅游爱好者或探险者，可以通过随身所带的移动通讯设备，借助于直播平台向其他人展现各个地方的风景名胜或风土人情。粉丝们足不出户就可以领略到不同地方的美景和特色。通过直播就可以让整个世界尽收眼底，大饱眼福。

另外，直播在其他行业也有很出色的应用。比如，在农业领域，一些农业生产基地可以通过直播技术向其他农户传递种植或养殖经验，尤其是对于植物的嫁接技术、家禽和家畜的养殖技术等，直播有着广阔的应用前景。在农业市场方面，作为主播的卖家可以以自己独特的方式从产品产地、特色、优势、工艺等方面对消费者进行介绍，也可以利用直播技术进行农家文化的推广，让观众和买家从多个角度了解农产品的方方面面。观众也可以通过主播的言行举止和相应的展示了解到当地的地理特色和人文风俗。

毫不夸张地说，直播作为互联网时代最诱人的传播手段，其在任何领域的应用都将很快引领行业，并成为行业内的流行和时尚。

4.4 视频直播的治理思路

视频直播在带给人们轻松快乐的同时，也给人们带来了新的信息传播方式和教育形式，因此规范发展网络直播行业无疑是推动社会进步的重要前举措。然而直播由于受众面广，参与门槛低以及商业模式简单等特点，也非常容易为不法行为所利用，将直播变成获取非法利益及违法犯罪的工具。因此，在直播野平台野蛮生成的形势下，如何加强直播行业的管理，约束不良直播行为的扩散和蔓延就成为行政主管部门需要考虑的问题。

社会关于对直播行业规范发展的建议也一直见诸报端和各大网络媒体。事实上，自直播进入人们的视线并成为大众常用的娱乐工具以来，就有不少人关注并对行业内的一些不良行为提出过规范管理的建议。这些意见多数集中在如何用技术手段规避直播的不良行为，如何用政策的手段加强对直播行业的管理，如何利用法律的手段对违法直播经营行为进行处罚等方面。然而，由于直播行业还十分年轻，作为新生事物，它的出现是在互联网技术发展到一定阶段以取悦观众为特征而产生的，带有时间的渗透成型区间，必然存在管理上的滞后效应，所以对待直播的发展应该持有宽容的态度，而不是求全责备。我们应该系统地梳理直播行业给社会带来的正向价值以及对社会造成的不良危害，从正反两个方面来权衡这一新兴技术未来规范发展的思路，而不是单纯地忽视问题，放任或纵容其无序生长，或一味地针对其存在的问题，盲目地限制其发展。

基于对直播行业深入的调查和分析，并结合社会对直播价值的理解和认识，笔者认为，要想规范整个行业，必须从以下几个维度进行系统的思考并给出解决的方法和思路。

第一，要明确直播所涉及的行业内容的范围和边界，尤其是直播内容的价值观、世界观要符合社会主义和谐发展的要求。

直播不同于一般的社交媒体，它直接面对观众，并且展示的是现实中的场景或对象，这对于主播的整体素质和综合能力提出了很高的要求。稍有失误，就可能酿成不可挽回的损失，严重者甚至会引发群体性事件，激化社会矛盾，并造成社会不稳定因素大面积扩散，危害社会和国家安全。因此，对于直播行业，国家要对直播的内容、形式、从业人员及直播平台的资质做出文件性规定，严格限制直播内容的无边界放纵。凡是涉及国家安全、影响到社会稳定的直播必须坚决取缔并依法给予处分，对于传播色情、暴力、迷信、赌博及其他不良世界观和价值观的直播，必须对平台进行处罚，对主播予以封号并限制其再次注册或登录。对于诱导别人从事非法活动、设置网络陷阱或教唆不良行为的直播必须依法追究相关人员的责任。另外，任何直播平台对国家规定的涉密要求也不能有任何疏忽。

第二，对直播的收费模式进行合理的调控，不能放任直播平台以虚拟物品的打赏方式对观众或网民进行无底限诱惑。

直播作为一个新兴的互联网行业，之所以受到广大用户的喜爱，是因为直播以其丰富的视频内容、花样繁多的互动形式和方便灵活的参与方式给用户展现了一种全新的网络体验模式。用户无须进行繁琐的认证即可直接参与其中，而且不经任何中间环节就可以直接与主播进行互动。昔日那些只能在电视或电影中看到的俊男俏女真切地出现在你的面前，并且以各种可爱的样子甚至风情万种的姿态与你对话，有可能对你形成强烈的吸引或诱惑，纵使你意志坚定，也不可能完全不为所动。当用户沉溺于直播中一段时间，养成观看直播的习惯之后，就有可能形成对直播的依赖，进而会自然而然地与平台中的那些主播进行角色转换。因为很快你会发现，所有的主播，不管相貌如何，也不管其社会职业怎样，所有的直播行为似乎都在取悦于你，将你虔诚地奉为上帝。这种突如其来的感受会形成一种非同寻常的刺激，不断影响你的判断和情绪，潜移默化之间就会让你的认识发生改变。很多留恋于直播的人在消耗了大量的精力和时间之后才会发现，直播原来对自己的生活有这么大的影响。然而，时间和精力的投入并不是最重要的，直播对用户最大的杀伤力在于其不可想象的吸金能力。它在一程度上甚至可以与网络游戏相比。对于自己喜欢的主播，用户往往倾向于投其所好，对他（她）的一言一行都十分关注。然而，每一个主播在大量的粉丝面前极尽所能地表现出友好与热情，目的就是为了获得粉丝们的打赏。这种打赏以虚拟道具的形式来呈现，用户可以在直播平台上通过充值获取虚拟货币，再利用虚拟货币来购买相应的虚拟道具。不同的直播平台，虚拟道具的表现形式有很大的不同。但所有的平台都将虚拟道具分成不同的等级。初级道具的兑换所需要的货币较少，通常一元可以兑换 10 个；高级道具则非常昂贵，有的一件需要数百元，甚至上千元。主播通过与粉丝的互动，吸引粉丝的关注，并利用语言或表情的刺激来诱惑他们给自己打赏（送礼物）。这看似是一个合理的获取收益的方式，因为打赏是用户自愿的行为。然而，正是因为这种不加约束的行为，才造成了直播行业中消费失控的无度行为，并在一定范围内引发了社会关注。

一般情况下，主播为了取得用户更多的礼物，往往不惜降低身份，以各种方式取悦观众或向粉丝们大献殷勤。当粉丝们出于对主播努力表现的认可或支持而向其打赏部分礼物后，主播就会在众人面前表示感谢，并说一些赞美的话。此时，那些打赏过的粉丝就会因为受到主播的赞扬或感谢而备感殊荣，这种情绪常常会导致打赏的持续进行。有的用户为了得到主播的赞赏和奉承，经常对主播一掷千金，他们似乎很享受送出礼物时主播在众人面前对他们甜言蜜语的讨好。这种感觉也经常让他们忘乎所以，完全将自己的经济能力置之度外。最让人感到惊奇的是，一些经济收入并不宽裕的互联网用户，甚至自身生活都成问题，但为直播平台上的主播们打赏消费却挥金如土，丝毫不顾及后果。笔者经过深入的观察和调查发现，之所以出现如此没有节制的消费，是因为主播们利用了与网络游戏相似的吸金规则。主播们深知粉丝的心态，他们十分熟练地将对人性的把握应用于直播中。他们深谙虚荣与自尊对于发挥个人魅力的巨大作用，尤其是在数量众多的观众面前。主播们一些看似不经意的言语举止，其实透露着隐隐的杀机。他们通过与粉丝的互动能够迅速判断出哪些是真正有钱的，哪些是潜在的消费对象。他们会不失时机地对打赏最多的用户给予最华丽的赞美和表扬，同时会对居于后面的用户进行鼓励。一般情况下，在众人面前被宣布落后往往会伤害到自尊，让自己感觉很没有面子，尤其是一些土豪用户，当看到别人有超越自己的消费时，就会激发内心的不服，瞬间会产生一种一比高下的决心，不将对方比下去誓不罢休。正是在这种心态的引导下，打赏观众会在主播的言语刺激和挑逗下，迅速进入到与其他打赏用户的攀比中。当一方对主播送出更多的礼物时，另一方往往把这种送礼行为视为对自己的挑衅，于是马上送出超越对方数量的礼物，以求得压制对方的效果。而主播也在双方或多方的打赏较量中不断地怂恿、挑拨，对激烈的攀比推波助澜，使打赏成为消费的黑洞。因为打赏主播而引起的恶性事件也在不断上升。年轻人花费巨资打赏心仪主播、政府官员为打赏主播挪用百万公款等新闻层出不穷。2017 年 2 月 23 日，江苏淮安市清江浦区人民法院公开审理了一起经济案。原淮安某局财务科现金会计常某为了能在虚拟的世界里出风头，2015 年 9 月至 2016 年 7 月期间，多次窃取单位财务章，取走单位四个账户上的公款共计 280.7 万元。其中，10 万元用于个人消费，其余 270 万元全部用于网游以及打赏网络主播。一些主播为了收获到粉丝们更多的礼物，也不惜降低身份和姿态，曲意讨好粉丝。有的主播甚至以低级趣味来吸引粉丝们的关注。更有甚者，有的主播公然在直播平台上直播身体，以裸露自己的隐私部位来吸引并换取粉丝们对自己的打赏。还有一个现象必须引起注意，那就是有关未成年人的打赏消费。近年来，不断有新闻媒体报道未成年人花大量金钱打赏网络主播的案例。2017 年 10 月，江苏省徐州市一名高中二年级学生在熊猫直播给一名网络女主播打赏 16 万元。同年 4 月初，一名 9 岁的孩子在一小时内给网络主播打赏了 2 万元。也是在 2017 年，重庆市开州区 12 岁的男孩"小龙"刷新了一个网络消费新数据：为打赏喜爱的主播，"小龙"在某网络平台上，短短 5 秒就刷出了 6 万元礼物。类似的事件层出不穷。

图 2 – 21　乞求打赏的网络主播

通过以上案例和分析，作者认为，要解决没有秩序的网络打赏行为，避免利用人性刺激而产生的各种非理性消费事件，就必须对直播平台的收费模式进行合理的控制，尤其是对一些特殊的群体，不能放任其因为虚荣而使自己的消费失去控制，将自己的家庭、事业甚至前途推向深渊。基于此，笔者给出以下几点建议：

（1）禁止未成年人打赏，对未成年人关闭打赏功能，开启家长控制模式，在家长没有授权的情况下，未成年人无法进行打赏。

（2）对打赏次数、金额采取一定的限制，比如单次打赏限额，每天限制打赏次数等，预防过度沉迷。

（3）建立非正常直播行为模式下的打赏索回机制，对于利用情色、陷阱等手段引诱网友非理性打赏的行为，在用户保存相关证据的前提下，事后可以申请索回。

（4）设置打赏提醒功能，对于连续打赏或累计打赏较多的用户进行打赏总额提醒，以便确认或协助回归理性。

（5）直播平台所有虚拟道具（礼物）的定价必须经由物价及工商部门的审核批准，不能任由平台私自主张。

第三，直播行业要设置一定的门槛。

直播不同于一般的娱乐，它是通过网络以最直接的方式取悦或娱乐用户。如果放任其自由发展，势必会因为对利益的追求而引发一系列社会问题。因此国家对直播平台要设置一定的门槛，限制一些不符合条件的企业或单位从事直播业务。为实现这样的目标，首先要制定一定的运营规范和标准，并且这些标准要适合于国家法律的规定并保障行业的健康发展。从事直播业务的企业必须具备视听许可证及相关的互联网运营资质，所有主播都必须与直播平台进行签约并履行相应的责任，而且从事直播服务的主播也必须取得相应的资格并经由国家宣传部门备案。主播资格每年进行注册审核，对于有非法直播行为记录的主播，取消其网络主播资格，并在一定期限内限制其继续从事直播业务。直播平台及相关从业人员除需要取得相关的证照或资质外，还必须接受国家相关部门的学习和考核，考核的内容包括平台运营规范、技术规范、服务规范及语言规范等方面，对于考核不通过及达不到运营标准要求的企业一律不准经营直播业务。

第四，完善直播行业的监督管理法规，对于违反规定的直播行为依法进行处罚。

将直播纳入媒体和公共传播范畴，接受国家宣传等部门的监督管理。任何直播行为都必须在法律的约束下进行，绝不能凌驾于国家的监管之上，尤其对于雨后春笋般冒出来的直播平台，必须严加监管，不能单只向其颁发运营资质而忽视对其运营过程中的监督。因为直播与网络游戏的运营极其相似，尽管国家事前对其进行过一定的资格审核或检查，并给与行政许可。但平台在运营过程中，经常因为各种原因而进行调整，而其所聘请或入驻的主播则因为成本和利益等因素而降低审查的标准，甚至平台不设任何门槛，任何人都允许在平台上开设直播服务，平台只作为技术提供方享受收益的分成，而对于主播的行为很少进行干预。这往往就导致了上面列举的一系列社会问题的发生。所以，直播所产生的问题更多集中于直播业务的运营过程中，而不是此前或之后。因此，国家必须随时对直播平台的业务进行检查，必要时设置专业的监督检查机构，负责对平台运营过程中的直播内容、受众组成、服务质量和运营状态进行排查，对于违反规定或对不健康直播内容审查不力而导致不良传播行为的，要依法进行处罚，并对直接责任人进行追究。

第五，建立社会评价和举报制度。

直播因其内容广泛、运营企业多、受众广泛等特点，使得在管理和监督等方面对国家构成很大压力，尤其是在人员和资金的投入方面显得力不从心。然而，对直播的监管一刻也不能放松，这就对社会监管提出了一定的挑战。为了科学地解决这一难题，笔者认为，有必要建立直播行业的社会评价和举报机制。这种评价和举报机制向整个社会开放，允许社会上的第三方机构对直播进行行业监督。这样就可以利用民间的力量解决因国家的管理资源有限而造成的监管不到位的矛盾。通过调动广大市民的社会责任感和积极性，强化每一个公民对直播行业的监督作用，使直播暴露在整个社会的监管之下，让一切违规直播行为无处遁形。而科学的举报制度也鼓励任何公民通过专设渠道快速对直播中的违法违规进行举报，一经查实，立即采取措施进行处理或处罚，并对举报人给与奖励。只有这样，才能在复杂的网络环境下实现直播行业的健康发展。

第五节
搜 索 引 擎

5.1 什么是搜索引擎

　　搜索引擎是我们熟知的概念，相信每一个互联网用户都使用过搜索引擎。然而搜索引擎的工作原理和科学使用方法却不一定为所有人都了解。这里笔者尽可能详细介绍一下这些知识。搜索引擎（Search Engine）是指根据一定的策略、运用特定的计算机程序从互联网上搜集信息，在对信息进行组织和处理后，为用户提供检索服务，将用户检索的信息展示给用户的系统。搜索引擎包括全文索引、目录索引、元搜索引擎、垂直搜索引擎、集合式搜索引擎、门户搜索引擎与免费链接列表等。

　　一个搜索引擎由搜索器、索引器、检索器和用户接口四个部分组成。搜索器的功能是在互联网中漫游，发现和搜集信息。索引器的功能是理解搜索器所搜索的信息，从中抽取出索引项，用于表示文档以及生成文档库的索引表。检索器的功能是根据用户的查询在索引库中快速检出文档，进行文档与查询的相关度评价，对将要输出的结果进行排序，并实现某种用户相关性反馈机制。用户接口的作用是输入用户查询、显示查询结果、提供用户相关性反馈机制。

　　根据搜索的方式和范围，搜索引擎可以分为以下几种类型：

1. 全文索引

全文搜索引擎典型的代表有 Google 和百度搜索等。它们从网上提取各个网站以网页文字为主的信息，建立数据库，用以检索与用户查询条件相匹配的记录，并按一定的排列顺序返回结果。搜索引擎的自动信息搜集功能分两种：一种是定期搜索，即每隔一段时间搜索引擎主动派出"蜘蛛"程序，对一定 IP 地址范围内的互联网网站进行检索，一旦发现新的网站，它会自动提取网站的信息和网址加入自己的数据库。另一种是提交网站搜索，即网站拥有者主动向搜索引擎提交网址，它在一定时间内（2 天到数月不等）定向向你的网站派出"蜘蛛"程序，扫描你的网站并将有关信息存入数据库，以备用户查询。随着搜索引擎索引规则发生变化，主动提交网址并不能保证你的网站能进入搜索引擎数据库，因此最好的办法是多获得一些外部链接，让搜索引擎有更多机会找到你并自动将你的网站收录。

搜索引擎工作原理

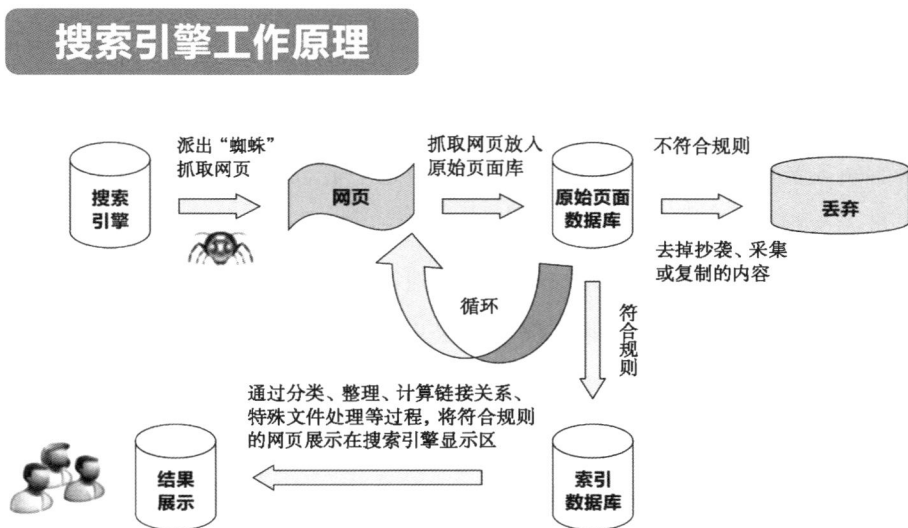

图 2-22 蜘蛛搜索引擎

当用户以关键词查找信息时，搜索引擎会在数据库中进行搜寻，如果找到与用户要求内容相符的网站，便采用特殊的算法——通常根据网页中关键词的匹配程度、出现的位置和频次、链接质量——计算出各网页的相关度及排名等级，然后根据关联度高低，按顺序将这些网页链接返回给用户。

2. 目录索引

目录索引也称为分类检索，是互联网上最早提供 WWW 资源查询的服务，主要通过搜集和整理因特网的资源，根据搜索到的网页内容，将其网址分配到相关分类主题目录的不同层次的类目之下，形成像图书馆目录一样的分类树形结构索引。目录索引无需输入任何文字，只要根据网站提供的主题分类目录，层层点击进入，便可查到所需的网络信息资源。因为不需要文字输入，所以目录索引虽然有搜索功能，但严格来说不能将其称为真正的搜索引擎，它只是按目录分类的网站链接列表而已。用户完全可以按照分类目录找到所需要的信息，而不依靠关键词进行查询。

与全文搜索引擎相比，目录索引有许多不同之处。首先，搜索引擎属于自动网站检索，而目录索引则完全依赖手工操作。用户提交网站后，目录编辑人员会亲自浏览你的网站，然后根据一套自定的评判标准甚至编辑人员的主观印象，决定是否接纳你的网站。其次，搜索引擎收录网站时，只要网站本身没有违反有关的规则，一般都能登录成功；而目录索引对网站的要求则高得多，有时即使登录多次也不一定成功。此外，在登录搜索引擎时，一般不用考虑网站的分类问题，而登录目录索引时则必须将网站放在一个最合适的目录下。最后，搜索引擎中各网站的有关信息都是从用户网页中自动提取的，用户拥有更多的自主权；而目录索引则要求必须手工另外填写网站信息，而且还有各种限制。

随着搜索引擎技术的发展和人们的使用习惯的养成，搜索引擎与目录索引有相互融合渗透的趋势。一些纯粹的全文搜索引擎也提供目录搜索。

在默认搜索模式下，一些目录类搜索引擎首先返回的是自己目录中匹配的网站，而另外一些则默认的是网页搜索。这种引擎的特点是准确率比较高。

3. 元搜索

元搜索引擎（META Search Engine）接受用户查询请求后，同时在多个搜索引擎上搜索，并将结果返回给用户。著名的元搜索引擎有 InfoSpace、Dogpile、Vivisimo 等，中文元搜索引擎中具代表性的是搜星搜索引擎。在搜索结果排列方面，有的直接按来源排列搜索结果，如 Dogpile；有的则按自定的规则将结果重新排列组合，如 Vivisimo。

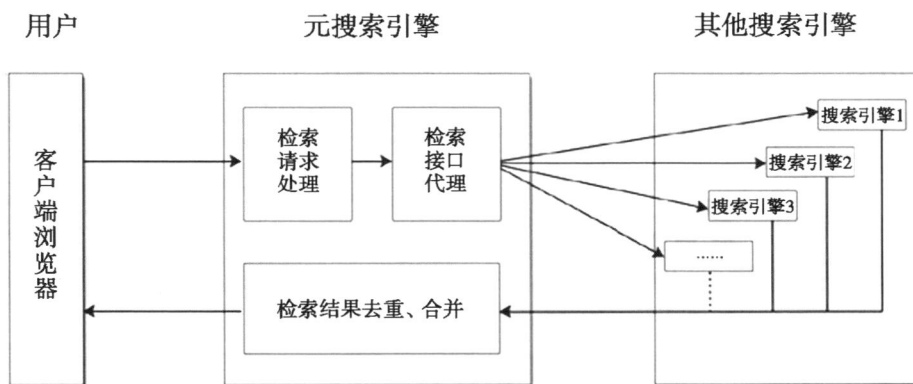

图 2-23　元搜索引擎原理

4. 垂直搜索

垂直搜索引擎为 2006 年后逐步兴起的一类搜索引擎。不同于通用的网页搜索引擎，垂直搜索专注于特定的搜索领域和搜索需求（例如：机票搜索、旅游搜索、生活搜索、小说搜索、视频搜索、购物搜索等），在其特定的搜索领域有更好的用户体验。相比通用搜索动辄数千台检索服务器，垂直搜索需要的硬件成本低、用户需求特定、查询的方式多样。

5. 集合式搜索

集合式搜索引擎类似元搜索引擎，区别在于它并非同时调用多个搜索引擎进行搜索，而是由用户从提供的若干搜索引擎中选择，如 HotBot 在 2002 年底推出的搜索引擎。

6. 门户搜索

门户搜索引擎如 AOL Search、MSN Search 等虽然提供搜索服务，但自身既没有分类目录也没有网页数据库，其搜索结果完全来自其他搜索引擎。

搜索引擎一般由搜索器、索引器、检索器和用户接口四个部分组成，其工作原理十分复杂，概括起来可以描述为以下步骤：第一步，爬行。搜索引擎通过搜索器在互联网中漫游，发现和搜集信息，具体来讲就是通过特定软件跟踪网页的链接，从一个链接爬到另外一个链接，像蜘蛛在蜘蛛网上爬行一样，所以被称为"蜘蛛"，也被称为"机器人"。搜索引擎蜘蛛的爬行是被输入了一定的规则的，它需要遵从一些命令或文件的内容。第二步，抓取存储。搜索引擎利用索引器来理解搜索器所搜索到的信息，从中抽取出索引项，用以表示文档以及生成文档库的索引表。具体来说就是通过蜘蛛跟踪链接爬行到网页，并将爬行的数据存入原始页面数据库。其中的页面数据与用户浏览器得到的 HTML 是完全一样的。搜索引擎蜘蛛在抓取页面时，也做一定的重复内容检测，一旦遇到权重很低的网站上有大量抄袭、采集或者复制的内容，很可能就不再爬行。第三步，预处理。检索器的功能是根据用户的查询在索引库中快速检索文档，进行相关度评价，对将要输出的结果排序，并能按用户的查询需求合理反馈信息。形象地说，就是搜索引擎将蜘蛛抓取回来的页面，进行各种步骤的预处理。如，提取文字；中文分词；去停止词；消除噪音（搜索引擎需要识别并消除这些噪声，比如版权声明文字、导航条、广告等）；正向索引；倒排索引；链接关系计算；特殊文件处理等。除了 HTML 文件外，搜索引擎通常还能抓取和索引以文字为基础的多种文件类型，如 PDF、Word、WPS、XLS、PPT、

TXT 文件等。我们在搜索结果中也经常会看到这些文件类型。但搜索引擎还不能处理图片、视频、Flash 这类非文字内容，也不能执行脚本和程序。

第四步，排名。用户在搜索框输入关键词后，排名程序调用索引库数据，计算排名显示给用户，排名过程与用户直接互动。但是，由于搜索引擎的数据量庞大，虽然能达到每日都有小的更新，但是一般情况下，搜索引擎的排名规则都是根据日、周、月阶段性有不同幅度的更新。

5.2　搜索引擎的正向社会价值

作为一个常用的互联网工具，搜索引擎可以说是每一个用户的必备工具，人们日常生活的每一个方面都离不开搜索引擎的帮助。任何疑难、疑问，知识学习，求职招聘，广告宣传，业务推广等都可以借助搜索引擎快速地实现。可以说，搜索引擎是互联网世界使用频度最高、认可度最高的软件或工具。其对社会的影响和贡献不可估量。既然搜索引擎可以视为互联网行业的重要工具，那么对它的价值分析就以工具的属性加以展开。

首先，作为搜索的工具，它直接解决了用户对查新的需求。这是搜索引擎对社会最普遍和直接的价值。以前需要通过人工查询资料解决的问题，现在利用搜索引擎可以更快速地实现，而且查询的结果更丰富。用户只需在搜索引擎的搜索框内输入与自己查询内容相关的关键词或关键字，系统就可以快速给出查询的结果，这些结果以一定的规则进行排序，方便用户点击浏览。除了主动搜寻人们希望了解的信息之外，这个功能目前也被普遍应用于科技成果及学术论文的查新。

第二，搜索引擎也是企业或项目营销的重要工具，业内把这种营销手段也称为搜索引擎营销（Search Engine Marketing），简称为"SEM"。其原理就是根据用户使用搜索引擎的方式，利用用户检索信息的机会，尽可能将营销信息传递给目标用户。搜索引擎营销的基本思想是让用户发现信息，并通过点击进入网页，进一步了解所需要的信息。企业通过搜索引擎付费推广，让用户可以直接与公司客服进行交流、了解，实现交易。它这方面的价值可以从多个维度来描述：①能够给用户带来更多的点击与关注；②给用户带来更多的商业机会；③帮助企业树立行业品牌；④增加网站广度；⑤提升品牌知名度；⑥增加网站曝光率；⑦根据关键词，通过创意和描述提供相关介绍。

第三，搜索引擎对网站的建设和运营起着积极的推动作用。早些年比较受关注的百度推广联盟就曾给网吧行业带来很大的影响。百度联盟可以算是唯一一个能够覆盖所有网吧，并和几乎所有主流网吧软件缔结合作关系的媒体运营平台。在当时，谷歌方面也不甘示弱，网吧很快成为谷歌的新型合作伙伴。网吧的首页和工具条上都会出现谷歌的标志，其中的另一个价值就是它会给谷歌带去流量。搜索引擎对网站的影响也十分明显，一个网站的命脉就是流量，而网站的流量可以分为两类：一类是自然流量，一类就是通过搜索引擎而来的流量。如果搜索引擎能够有效地抓取网站内容，那么对于网站的好处是不言而喻的。所以，SEO（Search Engine Optimization）也应运而生了。SEO又被称为搜索引擎优化。它是一种利用搜索引擎规则提高网站在有关搜索引擎内的自然排名的方式。它可以为网站提供生态式的自我营销解决方案，让其在行业内占据领先地位，获得品牌收益。它通过了解各类搜索引擎抓取互联网页面、进行索引以及确定其对特定关键词搜索结果排名等技术，来对网页进行相关的优化，使其提高搜索引擎排名，从而提高网站访问量，最终提升网站的销售或宣传的效果。对于任何一家网站来说，要想在网站推广中取得成功，搜索引擎优化都是至为关键的一项任务。同时，随着搜索引擎不断变换它们的排名算法规则，每次算法上的改变都会让一些排名很好的网站在一夜之间名落孙山，而失去排名的直接后果就是失去了网站固有的可观访问量。利用SEO技术对网页内容进行相关优化，使其符合用户浏览习惯，在不损害用户体验的情况下提高搜索引擎排名，从而提高网站的访问量，最终提升网站的销售能力或宣传能力。因此，所谓"针对搜寻引擎优化处理"，是为了让网站更容易被搜索引擎接受。搜索引擎会将网站彼此间的内容做一些相关性的资料比对，然后再由浏览器将这些内容以最快速且接近最完整的方式，呈现给搜索者。还有，搜索引擎是网站建设中针对"用户使用网站的便利性"所提供的必要功能，同时也是"研究网站用户行为的一个有效工具"。高效的站内检索可以让用户快速准确地找到目标信息，从而更有效地促进产品或服务的销售，而且通过对网站访问者搜索行为的深度分析，对于进一步制定更为有效的网络营销策略具有重要价值。

❶ ❷ ❸ 到达推广网站前的准备　　　❹ ❺ ❻ 到达推广网站的后续表现

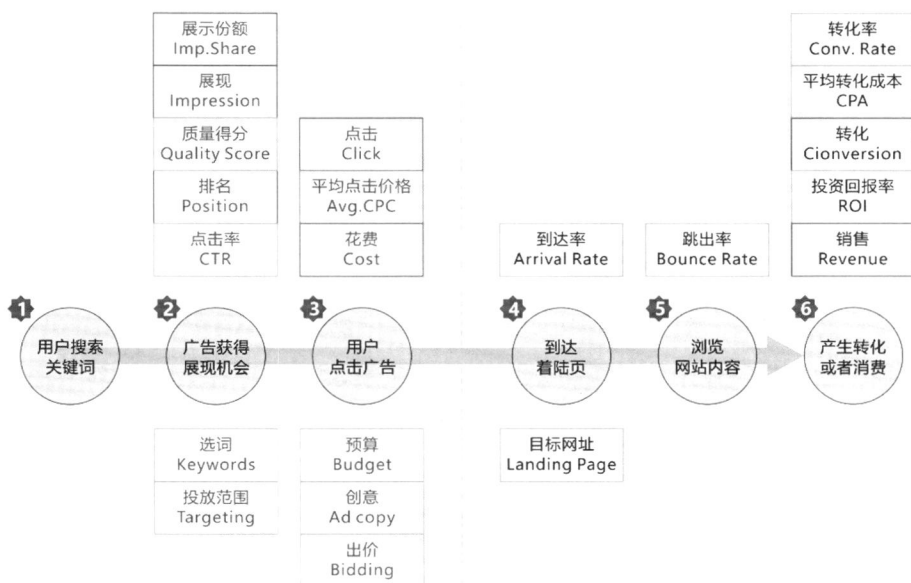

图 2 - 24　搜索引擎营销优化全图

第四，搜索引擎渗透于多个行业，并形成了特有的商业生态。可以说，搜索引擎对行业的渗透甚至改变了行业的形态。一个行业如果不与搜索引擎相结合，在发展中就会受到很多制约，很难形成行业中的对比和竞争优势，或者降低行业内信息获取的速度和效率。这会使得行业因缺乏快速发展的动力而陷入瓶颈。有多个例子可以说明搜索引擎对行业生态改变的意义。如旅游业中，几乎所有的旅游网站都带有搜索引擎的功能，用户在通过网站查看旅游信息时，除了通过网站的目录结构进行人工检索外，还希望能够利用关键词对自己感兴趣的旅游景点的详细信息进行深入了解。此时，搜索引擎就发挥了相应的作用。如果网站不带搜索功能，用户体验就会下降很多，影响到用户的访问。又如，在电商行业中，搜索引擎可以说是其核心的功能之一。因为在几乎所有的电商平台上，都有大量的商家入驻，这些海量的商铺信息使得新入驻的商家经常淹没其中，除了利用广告手段求得靠前排序外，商家很难有其他有效的方法将自己的店铺直接向消费用户展示。因此，搜索引擎是解决这一问题的必要手段。每一个电商平台都十分注重搜索引擎的建设，一个功能强大的搜索引擎对于平台的发展至关重要。用户在电商平台上为了提高交易的质量和效率，经常需要用搜索引擎的功能进行同类商品对比。这种对比可以促进其对商品的进一步了解，强化其购买的意愿和信心。如果用户在平台上无法快速实现与其他同类型产品的比较，就容易造成交易前的犹豫徘徊，降低消费者购买的决心。再如，在教育行业中，很难想象离开搜索引擎整个教育体系会受到怎样的影响。可以说，我们所从事的教育活动、所开展的教学任务，从学前教育到中小学，再到大学及研究生教育，无一不是文化传承的表现，而搜索引擎恰是加速和协助这种传承过程的重要工具和手段。我们在教育过程中对学习资料的收集和分享，对疑难问题的求助，对学术成果的查新等都离不开搜索引擎的帮助。因此，搜索引擎与教育的结合已经深入到教育体系的所有环节，从一定程度上讲，没有搜索引擎，整个教育行业会变得步履艰难，甚至寸步难行。

第五，搜索引擎作为互联网的重要工具，未来会引领所有行业的发展，并成为提高整个社会效率的强大武器。未来科技的发展有着太多想象的空间，任何对未来的预测和期待都有可能随着科技的发展而实现。但社会进步的速度体现于人类所有个体对社会的整体贡献的效率，而这种效率的提升又表现为个体在单位时间内完成的工作总量。人的生命是有限的，无论医学如何发达都无法改变这一事实。因此，在有限的生命周期内，发挥个体的效能，提高个体的创新创造水平，是推动社会加速发展的基本要素。从这个意义上讲，个体效率的发挥必然关联于个体获取信息的途径和速度，而搜索引擎恰好是帮助个体实现这一要求的天然工具。可以想象，未来很多技术和成果都会在一定的规则下被封装为相对独立的单元或模块，如同软件工程一样，将一些功能做成函数或子函数进行调用。当我们需要的时候，就可以随时调用这些被封装好的技术模块，可以按设计对这些科技单元任意拼装，形成更为强大的技术综合体。这种对成熟技术的拼接、组合，其实会成为另一种形式的创新，它是基于对技术深层的了解和把握，是提升技术成果应用效率的必然选择。此种情况下，搜索引擎就可以发挥巨大的作用。当然搜索引擎未来的表现形式可能也有所不同，但无论如何，未来所有的成果和信息都是以数据的形式存储于数据库里的，我们的希望就是，在任何情况下，只要有需要就可以将相关的数据随时调出取阅，甚至是信手拿来，这样才可以保障我们工作和学习不被传统检索或查询过程的时间消耗所拖累。而搜索引擎的效率正是上面所有问题的保障。所以，搜索引擎的不断完善是社会未来每一个阶段发展的必然要求，它会引领所有行业的发展，成为促进社会提高效率的强大武器。

5.3　搜索引擎的使用技巧

如前文所述，搜索引擎的社会价值是无可估量的。作为互联网的重要工具之一，正确并科学地使用搜索引擎对我们的工作、生活和学习无疑是非常重要的，它可以让我们事半功倍，节省很多宝贵的时间和精力。不过，尽管搜索引擎的使用并不复杂，但要想达到一个理想的结果并不容易，尤其是在精准和快速搜索方面，如果不掌握一定的使用方法，搜索的结果很可能与期望相去甚远，甚至大相径庭。下面，针对用户在使用中遇到的问题并结合笔者调查研究积累的经验，给出一些提高搜索效率的建议。

1. 细化搜索条件

一般的搜索行为都是在搜索引擎中输入关键词，然后点击"搜索"就可以了，系统很快会返回查询结果，这是最简单的查询方法，但是查询的结果却不准确，可能包含着许多无用的信息。当我们要搜索一个特定问题的时候，要尽可能给出具体的搜索条件，搜索条件越具体，搜索引擎返回的结果也会越精确。比如，你想查找有关电脑冒险游戏方面的资料，输入 game 是无济于事的。computer game 范围就小一些，当然最好是敲入 computer adventure game，返回的结果会精确得多。此外一些功能词汇和太常用的名词，如对英文中的"and""how""what""web""homepage"和中文中的"的""地""和"等，搜索引擎是不支持的。这些词被称为停用词（Stop Words）或过滤词（Filter Words），在搜索时这些词都将被搜索引擎忽略。

2. 掌握搜索逻辑命令和通配符命令

搜索引擎基本都支持附加逻辑命令查询，常用的是"＋"号和"－"号，或与之相对应的布尔（Boolean）逻辑命令 AND、OR 和 NOT。用好这些命令符号可以大幅提高我们的搜索精度。在关键词的前面使用加号，也就等于告诉搜索引擎该单词必须出现在搜索结果中的网页上，例如，在搜索引擎中输入"＋电脑＋电话＋传真"就表示要查找的内容必须要同时包含"电脑、电话、传真"这三个关键词。在关键词的前面使用减号，也就意味着在查询结果中不能出现该关键词，例如，在搜索引擎中输入"电视台-中央电视台"，它就表示最后的查询结果中一定不包含"中央电视台"。

上面提及的布尔检索，是指通过标准的布尔逻辑关系来表达关键词与关键词之间逻辑关系的一种查询方法。这种查询方法允许用户输入多个关键词，各个关键词之间的关系可以用逻辑关系词来表示。and，称为逻辑"与"，用 and 进行连接，表示它所连接的两个词必须同时出现在查询结果中，例如，输入"computer and book"，它要求查询结果中必须同时包含 computer 和 book。or，称为逻辑"或"，它表示所连接的两个关键词中任意一个出现在查询结果中就可以，例如，输入"computer or book"，就要求查询结果中可以只有 computer，或只有 book，或同时包含 computer 和 book。not，称为逻辑"非"，它表示所连接的两个关键词中应从第一个关键词概念中排除第二个关键词，例如输入"automobile not car"，就要求查询的结果中包含 automobile（汽车），但同时不能包含 car（小汽车）。near，它表示两个关键词之间的词距不能超过 n 个单词。实际使用过程中，用户可以根据需要将各种逻辑关系综合运用，灵活搭配，以便进行更加复杂的查询。

通配符包括星号（*）和问号（?），前者表示匹配的数量不受限制，后者匹配的字符数要受到限制，主要用在英文搜索引擎中。例如输入"computer *"，就可以找到"computer、computers、computerised、computerized"等单词，而输入"comp? ter"，则只能找到"computer、compater、competer"等单词。

3. 精确匹配搜索

除利用前面提到的逻辑命令来缩小查询范围外，还可使用引号（注意引号为英文字符。虽然一些搜索引擎已支持中文标点符号，但顾及其他引擎，最好养成使用英文字符的习惯）来进行精确匹配查询（也称短语搜索）。给要查询的关键词加上双引号（一定是半角符号），可以实现精确的查询，这种方法要求查询结果要精确匹配，不包括演变形式。例如在搜索引擎的文字框中输入"'电传'"，它就会返回网页中有"电传"这个关键字的网址，而不会返回诸如"电话传真"之类的网页。

4. 特殊搜索命令

特殊搜索命令也被称为搜索引擎高级搜索指令，它是针对一些需要精准匹配原始数据的搜索行为，是为了达到用户的直接目的，排除用户不需要的消息。主要包括以下几类：

（1）元词检索。大多数搜索引擎都支持"元词"（metawords）功能，依据这类功能用户把元词放在关键词的前面，这样就可以告诉搜索引擎你想要检索的内容具有哪些明确的特征。其中之一为标题搜索，命令格式为，"title："。用户在搜索引擎中输入"title：清华大学"，就可以查到网页标题中带有"清华大学"字样的网页。在键入的关键词后加上"domainrg"，就可以查到所有以 org 为后缀的网站。其他元词还包括：①image：用于检索图片；②link：用于检索链接到某个选定网站的页面；③URL：用于检索地址中带有某个关键词的网页。多数搜索引擎都支持针对网页标题的搜索，在进行标题搜索时，前面提到的逻辑符号和精确匹配原则同样适用。

（2）网站搜索。此外我们还可以针对网站进行搜索，命令是"site："
"host：""url："或"domain："。其中 site 搜索指令最为常用，它用来搜索某个域名在搜索引擎收录的所有文件。百度、谷歌、雅虎等各大搜索引擎都支持该指令。

（3）链接搜索。在谷歌和 AltaVista 中，用户均可通过"link："命令来查询 url 的反向链接，即查找某网站的外部导入链接（inbound links）。其他一些引擎也有同样的功能，只不过命令格式稍有区别。用户可以用这个命令来查看是谁以及有多少网站与自己做了链接。

（4）inurl 搜索指令。用于搜索查询呈现在 url 中的页面，百度和谷歌均支持该指令。命令格式为"inurl：游戏网络营销"。执行命令后返回的结果是 url 包含"游戏网络营销"的页面，支持中英文。另外，inurl 命令可以准确查询个人博客的收录情况，比如，用户在百度申请了一个用户名为 mytod 的博客，那么如何准确查询博客的收录情况呢？正确的做法是在搜索引擎界面输入"site：hi. baidu. com inurl：mytod"，这条命令的意思就是查找 hi. baidu. com（百度空间域名）包含 mytod（用户名）的页面。

（5）intitle 搜索指令。该指令返回的结果是页面 title 包含关键词，百度和谷歌均支持该指令。指令格式为"intitle：游戏网络营销"。比如我们要查询"医院网络营销"这个关键词的竞争对手，那么用 intitle 指令查询返回的结果中将是查询结果中最强的竞争对手。

（8）allintitle 搜索指令。该指令和 intitle 意思相仿，也是查询页面 title 包含关键词，唯一的区别在于，allintitle 指令可以同时查询多个关键词。指令格式是"intitle：游戏网络营销游戏推广技巧"，相当于"intitle：游戏网络营销 intitle：游戏推广技巧"。

（6）filetype 搜索指令。该命令用于搜索特定文件格式，百度和谷歌均支持该指令。指令格式为"filetype：游戏推广方案 doc"，返回的是包含"游戏推广方案"的文档。

搜索引擎的高级搜索指令还有很多，限于篇幅和本书的性质，这里不一一介绍。有兴趣的读者可以查阅相关资料。

5. 其他使用技巧

搜索引擎的使用还有其他一些注意事项和使用技巧，比如上面提示的搜索中给要查询的关键词加上双引号（注意是半角符号），可以实现精确的查询。搜索中有时还要区分大小写，这是检索英文信息时要注意的一个问题。许多英文搜索引擎可以让用户选择是否要求区分关键词的大小写，这一功能对查询专有名词有很大的帮助，例如：Web 专指万维网或环球网，而 web 则表示蜘蛛网。

另外，我们在利用搜索引擎进行相关搜索时，要明确我们搜索的目的。如果是理论或学术性的，那必须强调结果的严谨性和可信度，通过设置搜索方式并配合使用高级搜索指令来获取我们想要的信息。如果是商业性的，就需要根据搜索的方式利用经验对结果进行判断。商业性搜索价值判断的标准可以根据关键词的竞争程度、搜索结果数量、竞价指数、内页排名数量、百度指数等指标进行判断。一般情况下，关键词竞争越激烈的，说明行业商业利益越集中；搜索结果数量越多的，行业竞争越大；竞价结果数越多的，竞争越大；竞争对手越关注的，竞争越激烈；内页排名数量越多的，商业价值越高；百度指数越高的，网络曝光率及用户关注度越高。这些原则很多基于学识和经验，在实际应用中，需要结合具体情况来分析。有时为了方便用户搜索，或为了扩大影响，需要对关键词进行挖掘、设计，进行 SEO 策划，以便有效地将自己的产品或成果信息向外传播。

总体来说，随着互联网的发展，网上可以搜索的网页变得愈来愈多，而网页内容的质量也变得良莠不齐。所以，未来的搜索引擎将会朝着知识型和智能型的方向发展，以期为搜索者提供更准确及更适用的数据。另外，基于信息化建设的网络百科全书也雨后春笋般发展起来，给搜索引擎提供了更为广阔的应用前景。很多公司也在尝试进行搜索引擎功能和模式的改进，力求更符合用户的要求。作为一个互联网用户，我们每一个人都需要了解搜索引擎的基本知识，并掌握一定的搜索技巧，以便使搜索引擎能给我们提供更好的服务，发挥其更大的价值。

5.4 搜索引擎的负向价值

搜索引擎因为其强大的功能而受到互联网用户的推崇。然而也正是其强大的功能，它在作为工具使用时也常常因为利益的驱使而成为不法分子的帮凶。根据搜索引擎的工作原理，搜索引擎推广之所以能够实现，需要五个基本要素：信息源（网页）、搜索引擎信息索引数据库、用户的检索行为和检索结果、用户对检索结果的分析判断、对选中检索结果的点击。

对这些要素以及搜索引擎推广信息传递过程的研究和有效实现就构成了搜索引擎推广的基本任务和内容。从这个行为看，搜索引擎作为工具而完全是中性的，如果能够正确地使用就可以造福于社会，反之，如果应用于不健康的网络行为或非法使用场景，则会给社会带来危害。现实中有很多负面的案例，这些案例都是利用搜索引擎从事非法活动，或将搜索引擎作为非法获利的工具。我们需要思考的是，如何有效避免搜索引擎的负向利用，即如何规范搜索引擎的管理，使之更符合社会发展的真正需要？下面我们针对搜索引擎领域存在的一系列问题展开讨论。

目前在国内，百度是搜索引擎的领袖，其地位无人能出其右。自2010年谷歌宣布退出中国市场之后，百度就迅速取代了谷歌的地位而变成了行业中的老大。尽管国内还有搜狗、雅虎、爱问、有道、中搜等搜索引擎，但与百度相比都不成气候。后来腾讯公司为分得搜索领域的一杯羹，也推出搜搜。2011年2月22日，新华社和中国移动也联手推出了一款搜索引擎——盘古搜索。同年6月20日，人民搜索网络股份公司也推出了通用搜索引擎平台即刻搜索。奇虎360公司也不甘落后，于2012年开始介入搜索业务。然而，这些搜索尽管都曾雄心勃勃，甚至背后也都有强大的资源，但时至今日都未能撼动百度的龙头地位，百度在搜索引擎领域仍然是一家独大。这可能有其更深层次的原因，除了技术之外，用户还关心界面的友好度、搜索内容的质量、易用性及使用习惯等。尤其是使用习惯，一旦形成很难做出改变。这或许是让竞争者都始料未及的。事实上，人民网在2010年推出的人民搜索原本打算以其强大的媒体资源、新颖的索引架构、先进的大规模并行处理系统、大规模应用闪存技术，通过新闻搜索等方式进行与百度等搜索引擎相区别的差异化运营，也聘请在体育界享有盛誉的邓亚萍担任人民搜索网络股份有限公司总经理，试图在搜索领域发力，求得一席之地。但时过两年，人民搜索就宣布与盘古搜索合并重组。2013年2月17日，网上一篇文章中称，人民搜索旗下即刻搜索到目前为止已花了近 20 亿元而收益甚微。即刻搜索年初所发力推广的搜索产品已经停滞。经过几轮的洗刷之后，搜索领域的局面基本定型，百度作为行业的领导者让很多挑战者都甘拜下风。不过一家独大的局面也容易滋生垄断，让居于垄断地位的老大们产生跋扈的心态，逐渐忽视作为行业领袖的社会责任。

百度，已经成了我们的搜索习惯，当我们有需求通过搜索引擎来获取相关信息时，总会习惯性地使用百度搜索。然而，随着我们对百度搜索的依赖，我们越来越发现百度搜索基于竞价排名的商业模式下的一系列令人担忧的问题。这些问题在一定程度上甚至影响了我们使用搜索的信心。大量的垃圾广告，差强人意的智能信息推送方式，没有边界的不良网络内容等，使得我们对百度搜索不断产生疑问。我们通过百度所搜索出来的信息有多少是可靠的？在大量的推送信息中我们应该做何选择？如何判断我们所关注的问题在百度搜索的排名中是否具有与排名一致的权威？……这些问题或许是每一个互联网用户在使用百度搜索中都会思考的问题。这些问题的长期存在一定程度上影响了人们对搜索引擎作为互联网工具的中性评价，动摇了人们利用搜索引擎获取知识的信心，降低了用户对百度搜索作为行业权威的信任。事实上，百度自从推出竞价排名或百度推广业务之后，就因为对利益的过分追求，使得一些潜在的矛盾逐渐累积并持续发酵。百度推广的原理等同于其粗暴的商业模式，也就是说企业在购买百度推广的服务后，通过注册提交一定数量的关键词，其推广信息就会率先出现在网民相应的搜索结果中。当用户利用某一关键词进行检索，在检索结果页面会出现与该关键词相关的内容。关键词是在特定关键词的检索时，才出现在搜索结果页面的显著位置。当消费者或网民寻找与关键词相关的信息时，企业就会优先被找到，百度按照实际点击量（潜在客户访问数）收费，每次有效点击收费从几角到几元不等，由企业产品的竞争激烈程度决定。正是因为这种商业模式，使得很多企业为获取百度平台上的用户流量而不惜投入巨资进行业务或产品的推广。百度推广在对外拓展业务时也打

出这样的宣传语："世界很复杂，百度更懂你"。百度宣称，每天有超过 1
亿人次在百度查找信息，企业在百度注册与产品相关的关键词后，就会被
主动查找这些产品的潜在客户找到。

不过，因为平台的开放性及利益驱使等因素，在实际操作中平台也缺
乏相应的管理标准及规范，这导致平台对一些无良企业的随意包装甚至做
假行为选择视而不见。很多企业为了快速圈占市场、获取用户，根本无视
国家的相关规定，在包装上弄虚作假，在宣传上夸大其辞，甚至歪曲事实，
虚构故事，杜撰、编造虚假信息来欺骗消费者。尤其是一些非正规医疗单
位或打着健康、养生之名的机构，通过竞价排名让用户在关键词搜索时快
速地陷入他们设下的消费陷阱。我们经常在百度搜索中看到这样的事实，
当我们试图搜索一些与健康或疾病有关的信息时，系统给出的结果并非是
与所搜索的关键词有关的内容，而是跳出一堆不知名的医疗机构或养生会
馆。有人认为，纵观 20 年来百度的发展历程，百度之所以能成为国内搜索
领域的老大，其核心的商业模式仍依赖搜索竞价排名的广告，其最大的金
主来自于莆田系为代表的医疗行业。2016 年发生的"魏则西事件"，震惊
了整个医疗与互联网行业，健康与商业的纠葛成为人们讨论的焦点，也让
存在已久的互联网医疗广告"显露在太阳底下"。魏则西事件是指 2016 年
4 月至 5 月初在互联网上引发网民关注的一起医疗相关事件。2016 年 4 月
12 日，西安电子科技大学 21 岁学生魏则西因滑膜肉瘤病逝。他去世前在知
乎网站撰写治疗经过时称，在百度上搜索出武警北京第二医院的生物免疫
疗法，随后在该医院治疗后致病情耽误，此后了解到，该技术在美国已被
淘汰。2016 年 5 月 2 日，国家网信办会同国家工商总局、国家卫生计生委
成立联合调查组进驻百度公司，对此事件及互联网企业依法经营事项进行
调查并依法处理。此事件看似偶然，实则是百度搜索竞价排名的商业模式
下隐藏的炸弹被引爆，不改变粗暴的商业规则，这样的结果迟早会发生。
魏则西事件让长期以来被掩盖和压抑的矛盾上升到国家层面，引发了社会

关于责任与利益、伦理与道德的广泛讨论。全国政协委员、著名律师施杰和郎克宇均表示，根据《中华人民共和国广告法》（以下简称"《广告法》"）的相关规定，百度推广也属于广告发布的主体，其性质属于有偿服务。"不像是在一些论坛上发布产品或信息，百度推广本身是一种经营行为，它接受广告主的委托，通过特定平台发布广告信息，且一般是根据费用多少来决定推广信息的排名，因此百度推广属于新广告法的监管范围，工商部门有相应的监管职责，但在整个事件中应负有次要责任。"关于百度推广发布的此条医疗信息是否涉嫌虚假广告，施杰表示，是否属于虚假广告，要看发布主体发布的内容是否属实，这需要公安部门调查核实，调查其是否有夸大疗效、虚假事实、诱导等情形。同时，工商、卫生部门也要进行认定，看是否属于《广告法》规定的虚假广告的范畴。如果认定后确实存在违反法律规定的情形，按照《广告法》的规定，需要承担相应的责任。如果构成虚假行为，广告经营者、发布者、代言人，都要承担民事、行政甚至刑事责任。然而，魏则西事件两年多后，百度并没有彻底放弃这种模式，直至今日，其营收的一半以上仍来自搜索竞价排名。这种模式在国内早已备受诟病，无论是大量的互联网用户还是百度的客户，对其的忍耐程度都已到达了一个临界点。目前，百度的医疗竞价广告依旧猖獗，有记者在百度搜索框中输入"头疼如何治疗"时，发现搜索置顶的是一家名为西安中际中西医结合脑病医院（民营医院），通过点击搜索结果进入这家医院的网址后，马上就会弹出一个对话框，有专门的客服询问患者（记者）的病情等信息，并会有专门的"医生"拨打记者的手机亲自问诊。

　　类似性质的问题五花八门。而 2013 年被曝光的海天盛筵的卖淫团伙被查处的案件中，一名涉案的小姐也宣称他们通过百度百科对自己进行文化及艺术包装，让自己看上去俨然就是一个社会名流。百度百科原本应该有字典一样的权威，但因为平台的开放性，一些不良企业却把它变成了虚假宣传的工具。我们在百度上输入"磁化水"，随便一搜就会列出磁化水的各种貌似科学的解释。比如，互动百科关于磁化水有这样的描述：磁化水是一种被磁场磁化了的水（水的磁化特征非常微小）。分天然磁化水和人工磁化水。天然磁化水的产地相对地磁较强或铁矿较多，地磁产生的磁化水使用周期较短，不宜长周期商用，铁矿磁场强度超过 6000 高斯时，天然磁化水的使用周期可达 25 年。人工磁化水是通过磁化器产生的，在工业、农业、医保等领域有广泛的应用。水经磁化后，水的性质发生一系列物理和化学变化，氢键角由 105° 变成 103°，水由原来的 13 ~ 18 个大分子团变成 5 ~ 6 个小分子团。在农业上，用磁化水浸种育秧，能使种子出芽快，发芽率高，幼苗具有株高、茎粗、根长等优点；用磁化水灌田，可使土质疏松，加快有机肥分解，刺激农作物生长。通过实践人们发现，常浇磁化水的大豆、玉米等农作物和萝卜、黄瓜等蔬菜，产量可提高 10% ~ 45%，水稻、小麦、油菜等作物可增产 11% ~ 18%。可以说，在百科中从水被磁化的原理到治疗各种疾病的疗效，以及在农业上灌溉农田让农作物增收的实验数据等，都煞有介事地进行宣传。而背后则是一些与之相关的产品的相继推出。近年来，一些诸如磁化杯、磁化饮水机等产品以直销甚至传销的方式迅速红遍大江南北。且不说水磁化后的效果是否属实，但就说水能否被磁化就很让人表示怀疑。为此笔者专门做了调查，并就水的性质和能否被磁场所磁化等问题向化学及材料科学的一些教授们进行了咨询。给出的答案是，水作为极性分子理论是可以被磁化的，但磁场一旦消失，水的磁性也随之消失。水被磁化只能将水置于有磁场的条件下。然而需要考虑的是，我们的饮用水难道是带着磁场喝的吗？灌溉时难道要给农田加上磁场吗？这显然是毫无道理的。但普通大众怎么会知道氢键是怎么一回事？百科中所列举的各种数据怎么知道不是随意编造的？类似的百科词条比比皆是，每一个词条的背后都映射出一个隐藏其中的商业目的。这些伪科学的东西目前已经十分泛滥，其对用户造成的误导已经严重影响了人们的生活。

　　还有一些令人担忧的问题，就是搜索引擎对所抓取内容的无差别和无过滤性呈现。这种问题对于所有的搜索引擎都普遍存在。固然搜索引擎只是互联网中的搜索工具，但因为搜索的群体可能涉及儿童或未成年人，有些内容可能会引起他们的不适，影响到其身心的健康成长。比如，前些年网上流传的某山村过年杀人吃人肉的新闻，用户通过搜索引擎搜索相关内容，就会出现一些画面。这些画面，有的是一些大人们正拖着一个全裸的女人宰杀，也有放血的场景，还有分割人肉的画面。其惨状让人不寒而栗。尽管后来经公安机关调查，此事子虚乌有，纯属虚构，是有人利用 PS 技术制作出来的图片。但这些不健康的内容通过搜索引擎而得到广泛传播，并在一定的群体中引起恐慌。另外，一些涉黄的内容更是通过搜索引擎在网络上泛滥。很多用户利用搜索引擎在网上查找这些信息，而搜索引擎搜出的内容也往往能够满足用户的需求，这导致一些用户乐此不疲，将搜索引擎视为获取黄色信息的有效工具。

网上对百度的评价也是褒贬不一。有人认为，百度行业新闻不多，但是负面新闻不少。近期，作家六六更是在微博上大骂百度垃圾企业，骂李彦宏是骗子首领。因为她仅仅使用百度查询上海美国领事馆信息就出现一堆虚假广告。在魏则西事件引起公愤后，百度广告还是我行我素，无所顾及。因为无法摆脱竞价排名作为最主要的收入来源的现实，百度也无法割舍这个给他带来巨大财富的聚宝盆，但这也正是让百度病入膏肓的毒瘤。有人说，路径依赖是种病。一旦习惯了，就会变得不思进取，抱残守缺。尤其是竞价排名背后的既得利益实在诱人，在没有实现模式转型及新业务接入的前提下盲目切断竞价排名规则很可能自毁长城。这其中错综复杂的利害关系也许并不容易被外人所知。

一些搜索引擎的设计一开始就带有不良的企图和目的。有的被设计为专门猎取情报或机密的系统，有的则被设计为传播谣言的工具。一些特殊设计的搜索工具，经常伪装成为用户提供专业服务的插件，被安装在大量的 PC 端或手机上，表面上为用户提供一定的个性化服务，但实际上可能通过其底层规则悄悄地窃取你电脑或手机中的数据。很多前年，笔者曾了解过一个专门搜索专利信息的搜索引擎，这种系统安装在用户的电脑中一直在后台运行，前端根本看不到任何异常，而实际上则是利用黑客技术通过非法搜索专门获取别人的专利技术信息。其实多数黑客工具利用的也是搜索引擎技术。

搜索引擎是互联网发展到一定阶段后必然出现的产物，它的正向价值表明了它存在的社会意义，也是人们的期望所在。但搜索引擎的运营主体不能仅看重利益而轻视自身应该承担的社会责任。互联网发展到自媒体时代，每个人都成了一个信息的来源，人们可以轻易地将自己的言论、图片发到网上，供人赏阅。人们通过各种搜索引擎很容易找到相关的信息，但如果我们发布的这些信息不加核实，或者为了作秀、制造噱头而虚构事实或移花接木，就可能对其他用户造成危害。这种危害对用户来讲，除因为相信虚假信息而上当受骗之外，还有可能因为付出太多无效投入而错失一些商业机会，严重者可能会因此付出经济甚至生命的代价。

如何规范人们的网络造假行为？怎样才能约束一些不良的网络内容通过搜索引擎向外传播？这是每一个网民都应该深入考虑的问题。网络上移花接木式的信息泛滥会影响到公众对事实事件的判断，原本一个陌生人挥汗的动作，被心怀不轨的人拍下并冠以另类的标题就可能成为城管打人的"证据"，而一般人却无从区分信息的真实性，可能出于情绪上的对立而盲目转发，从而导致围观，最终有可能引发成一个互联网事件。很多别有用心的人出于作秀、制造噱头、打击对手、好玩或其他利益等目的，不断地在互联网上制造出各种各样的"新闻"，因为缺乏有效的管理，我们已经进入到一个制造新闻的时代，而搜索引擎的无责任抓取与推送很容易将自己变成违法行为的帮凶。因此，对搜索引擎负向价值的研究也是推动搜索行业健康发展的必然要求。

5.5　搜索引擎之间的行业竞争

　　搜索市场是块巨大的蛋糕，几乎所有的互联网巨头都对它充满幻想。所以自谷歌宣布退出中国市场以来，很多互联网企业都纷纷染指这一市场，企图从中谋得一席之地。除百度外，很多互联网企业凭借自己多年来在行业内积累形成的资源试图在搜索引擎的细分领域找到一个切入点，通过垂直深耕或行业资源导入跑马圈地。然而，搜索引擎不同于一般的互联网应用，传统的互联网应用一般都以发展用户作为价值的增长点，用户量往往是衡量一个应用平台市场价值的重要指标，而用户的积累又可能利用利益或积分等手段吸引用户注册，所以有一些现成的公式性的运营模式可供借鉴。但搜索引擎则不同，用户使用搜索引擎完全凭借使用习惯或喜好，平台也无须引导用户进行注册。当一个搜索引擎平台在用户心目中形成一定的影响之后，即使其他搜索平台在技术或用户体验上并没有什么不足，但用户一般也不会选择其他搜索工具。用户对平台的依赖性代表了平台的黏性。

　　作为国内最大的互联网巨头的腾讯，自2006年就开始布局搜索业务。其中搜搜就是其旗下的搜索网站，当时也是腾讯主要的业务单元之一，并一度成为为中国网民首选的三大搜索引擎之一，主要为网民提供实用便捷的搜索服务，同时承担腾讯全部搜索业务，是腾讯整体在线生活战略中重要的组成部分之一。搜搜于2006年3月正式发布后开始提供网页、图片、视频、音乐、博客、新闻搜索和搜吧、问问等功能。搜搜对外宣称："将致力打造一个精准化、个性化、社区化的创新搜索平台。"腾讯公司联席CTO熊明华表示，"我们是做绿色的商业化的平台"。他还表示，"搜搜的搜索结果里面不会有一项是广告"。腾讯搜索高级执行副总裁李海翔与搜索技术研发中心总经理孙良曾对媒体表示，将在数据、场景、用户群以及商业模式四方面与情境搜索结合，"让用户随时随地都能完成智能个性化搜索，这将是腾讯搜搜未来的一个发展方向"。在面对与其他搜索引擎竞争优劣势分析时，李海翔称，各家搜索引擎的后台大架构体系差别不大，不同点主要集中于基于信息采集的用户行为分析，腾讯更加强调对用户的研究以及用户所需信息排序，腾讯的用户分析比其他各家更加精准。因为用户对 QQ 等腾讯的业务黏合度较高，所以有足够的能力更了解用户。然而，这些预测的结果并没有顺利地实现，用户习惯是一个很难突破的门槛，2013 年 9 月 16 日腾讯宣布将搜搜并入搜狗搜索，SOSO 品牌就此消失。

搜狗搜索是搜狐公司于 2004 年 8 月 3 日推出的全球首个第三代互动式中文搜索引擎。它是中国领先的中文搜索引擎，致力于中文互联网信息的深度挖掘，旨在帮助上亿网民加快信息获取速度，为用户创造价值。搜狗的其他搜索产品也各有特色。音乐搜索小于 2% 的死链率，图片搜索独特的组图浏览功能，新闻搜索及时反映互联网热点事件的看点首页，地图搜索的全国无缝漫游功能，使得搜狗的搜索产品线极大地满足了用户的日常需求，体现了搜狗的技术能力。搜狗搜索有三大特色：①搜索功能包括分类提示、网页评级、站内查询、网页快照、相关搜索、拼音查询、智能纠错、高级搜索、文档搜索等。②提供了一系列方便实用的工具，这些工具包括天气预报、手机号码、单词翻译、生字快认、成语查询、计算器、IP 地址等；③增加了右侧提示服务功能，主要有搜索音乐、搜索地图、股票查询、邮编查询、区号查询、楼盘查询、游戏查询、热书荐读、博客推荐等。搜狗搜索作为搜索领域内较有实力的搜索引擎，经过多年不懈的努力，在市场上形成了一定的影响，也占有了一定的市场份额，其突出的业绩表现在以下三个方面：①是全球首个百亿规模中文搜索引擎，收录 100 亿网页；②每日网页更新达 5 亿，用户可直接通过网页搜索而非新闻搜索，获得最新新闻资讯；③在导航型和信息型的两种查询结果中，分别以 94% 和 67% 的准确度领先业界。可以看出搜狗在中文搜索方面确有不俗的战绩。然而与百度相比还有很大的差距，并且令人遗憾的是，因为对广告业务把关不严，搜狗搜索对其发布的广告未尽到依法审核义务，导致侮辱英雄烈士违法信息在网上传播，造成不良影响。2018 年 6 月 6 日下午，北京市网信办、市工商局针对抖音在搜狗搜索引擎投放的广告中出现侮辱英烈内容问题，依法联合约谈查处抖音、搜狗，责令网站立即清除相关违法违规内容并进行严肃整改。

近年来，在搜索领域异军突起的一个平台是 360 搜索。事实上，周鸿祎一直有搜索情结，周鸿祎曾经三度涉水搜索界，从当年创立 3721、时任雅虎中国总裁时推出了"一搜"，再到雅虎收购 3721，与新浪合资成立一拍网，周鸿祎三度出手却三度折返而回。不过，手握 360 浏览器和安全软件积累起来的庞大用户群，周鸿祎这些年在搜索业务上斩获颇丰。2015 年 1 月 6 日，360 总裁齐向东宣布 360 搜索将正式推出独立品牌"好搜"，原域名可直接跳转至新域名。2016 年 2 月，360 再次宣布，将"好搜搜索"更名为"360 搜索"，域名也由"haosou. com"切换为更易输入的"so. com"，回归 360 母品牌。据说，该域名是公司花费上百万美元购买来的，是考虑到方便用户输入。这意味着 360 搜索将继续依托 360 母品牌的基础，在安全、可信赖等方面，继续形成差异化优势。360 搜索主要包括新闻搜索、网页搜索、微博搜索、视频搜索、MP3 搜索、图片搜索、地图搜索、问答搜索、购物搜索，通过互联网信息的及时获取和主动呈现，为广大用户提供实用和便利的搜索服务。

360 综合搜索提供一站式的实用工具综合查询入口，这类搜索在国外被定义为"元搜索"，是通过一个统一的用户界面帮助用户在多个搜索引擎中选择和利用合适的（甚至是同时利用若干个）搜索引擎来实现检索操作，是对分布于网络的多种检索工具的全局控制机制，同时将信息聚合在一起实现网络工具化、个性化的发展需求，提升网络使用效率，让用户更快地从繁复的搜索系统里解放出来，让上网搜索更轻松有效。

此前，360 综合搜索在 2012 年 8 月 16 日低调上线。在没有任何市场宣传的情况下，众多网站站长发现来自该搜索引擎的流量呈爆发式增长，短短 5 天时间就超越搜狗等老牌搜索引擎。据站长之家、77gm 机迷网、win7jia、安卓论坛、奇艺高清网等多家网站发布的流量来路数据，360 搜索已快速超越搜狗、谷歌和腾讯搜搜，成为仅次于百度的中国第二大搜索引擎。360 推出搜索后，百度迅速反击。在 360 推出综合搜索次日，百度宣布联手知名安全厂商组建首个以搜索引擎为中心的安全联盟，共同打击钓鱼、违法、诈骗等各类危害用户上网安全的网站。这被看作是对 360 以安全之名进军搜索打击百度的提前预防。从 2012 年 8 月 22 日开始，百度还通过对奇虎 360 网址导航导入的搜索流量进行提示，建议用户将百度设置为首页。2012 年 8 月 28 日夜间，百度和 360 展开攻防战，百度对 360 搜索业务展开反击，用户通过 360 综合搜索访问百度知道、百科、贴吧等服务时，将会强行跳转至百度首页。这是 360 推出综合搜索以来百度展开的最激烈举动。有工程师分析，百度页面跳转策略是针对所有隐藏访问来源及违规抓取百度内容的行为，目的是为保护用户能够获取完整、稳定、优质的百度搜索内容服务，并不针对任何特定网站。该工程师分析，360 绕开百度爬虫协议，违规抓取百度相关内容，可能会使用户体验不完整。对于 360 违反 Robots 协议的说法，奇虎 360 公司董事长周鸿祎表示："百度是在滥用 Robots 协议，阻碍 360 进入搜索市场。"在他看来，Robots 协议是国外搜索引擎和普通网站之间进行博弈的一个结果形成的行业规则。百度既是搜索引擎，也是内容网站，百度百科和百度知道等内容的 Robots 协议仅针对 360 搜索引擎，其他引擎都可以顺利抓取。这是一种歧视性的行为，完全是不正当竞争。周鸿祎强调说，百度百科和百度知道等都是公开的信息，没有任何隐私的内容，"如果百度认为 360 搜索引擎涉及百度的网站安全，那就请拿出证据，让专家、社会各界来评判"。2016 年由百度搜索引发的魏则西事件造成了社会的一致批评，同年 5 月 3 日，360 搜索宣布，放弃一切消费者医疗商业推广业务。360 方面表示，魏则西事件把互联网医疗推广推到了风口浪尖，360 搜索正式决定放弃一切消费者相关的医疗商业推广，为网民提供安全、干净的搜索服务。360 还表示，2015 年开始就在尝试建立严格的审核机制，但发现无法从根本上杜绝虚假医疗信息造成的危害。于是在魏则西事件后，360 搜索做出了以上决定。其实，360 的上述表示看似是对该事件所引发的社会责任的自我警示，实则是对于因魏则西事件而遍体鳞伤的百度一起致命的补刀。不过，商场也是没有硝烟的战场，利用一切事件进行自我营销也是商家惯常的手段。

在搜索引擎领域，还有一些竞争者因为自身掌握了一定的行业资源，而对搜索业务抱有幻想，但几经努力并没有在行业内形成影响也没有为广大用户所认可。这些平台包括盘古搜索和即刻搜索等。盘古搜索定位于国家级搜索引擎，它是由新华社和中国移动联手打造，并于 2011 年 2 月 22 日正式上线。它覆盖了新闻搜索、网页搜索、图片搜索、视频搜索、音乐搜索、时评搜索以及一系列实用的生活资讯搜索。盘古搜索拟通过联合新华社的新闻优势、媒体内容优势和中国移动的客户群体优势、新媒体技术优势、市场服务优势，提供桌面搜索与手机搜索互动的、多屏合一的搜索体验。根据其官方描述："盘古搜索将充分发挥新华社的权威新闻优势、媒体内容优势和中国移动的客户群体优势、新媒体技术优势、市场服务优势，秉持开拓创新的理念，为用户提供权威、便捷、第一时间的信息服务，贴切、实用的百姓生活服务以及精准、深邃的企业运营搜索服务，提供桌面搜索与手机搜索互动的、多屏合一的搜索体验。搭建服务于互联网用户，开放共赢、加速发展的搜索平台，为各行各业提供翔实可信、科学严谨的信息支撑。"即刻搜索是由人民搜索网络股份公司于 2011 年 6 月 20 日推出的通用搜索引擎平台，它的前身是人民网推出的人民搜索，即刻搜索致力于成为大众探索求知的工具、工作生活的助手和文化交流的平台。即刻搜索使用的是新一代搜索引擎技术，其索引架构、并行处理和闪存技术都是可圈可点的，代表了我国高等学府在这个领域的最高成就。然而，无论是盘古搜索还是即刻搜索，虽然背后有强大资源支撑，但都无法改变在激烈的竞争环境下被围剿的事实。2013 年 8 月 1 日，盘古搜索和即刻搜索召开会议，宣布合并信息，两家大背景下的搜索团队将重组为一个新公司，新华网总裁周锡生将担任新公司 CEO。2014 年 3 月 1 日，盘古搜索和即刻搜索合并的中国搜索正式上线。第一个版本推出新闻、报刊、网页、图片、视频、地图、网址导航七大类综合搜索服务，以及国情、社科、理论、法规、时政、地方、国际、军事、体育、财经、房产、汽车、家居、购物、食品、智慧城市等16 个垂直频道和"中国新闻"等移动客户端产品和服务。中国搜索由中国搜索信息科技股份有限公司创办运营，该公司是由中国七大新闻机构——人民日报社、新华通讯社、中央电视台、光明日报社、经济日报社、中国日报社、中国新闻社联合设立的互联网企业。看得出中国搜索是典型的国字号企业，背靠重量级的国家媒体，理应在行业的竞争中体现突出的优势。并且为了快速发展用户，形成市场影响，中国搜索还通过建立合伙人制度甚至以会议营销的方式组织企事业单位开展产品推介会，很多企业法人在朋友的推荐下参加了此类的会议，有的还签署了合作协议，并交纳了一定的费用。然而，协议的签署并没有给这些企业带来业务或市场方面的改观，相反这些企业自己也没有形成使用中国搜索的习惯，他们对于百度的依赖并没有因为合作关系而打破。可以说，中国搜索尽管背靠强大的媒体资源，且运营方曾一度雄心勃勃，但在残酷的市场竞争中，始终没有突围成功，到目前为止其影响力和市场份额基本可以忽略不计。

根据网站 StatCounter Global Stats – Search Engine Market Share 提供的数据，截至 2018 年 7 月份，在中国的搜索引擎市场份额中，百度仍然居于首位，占到了 73.84%，可以说遥遥领先。而神马、360 和搜狗分别位列第二、三、四位。其他如谷歌和必应则相对较少，只拥有 1.69% 和 1.05% 的市场占有率。但放眼全球，在整个世界范围内来看，谷歌却遥遥领先，占到了 90.49%，百度只有 1.95% 的市场占有率。这个巨大的差距说明，在

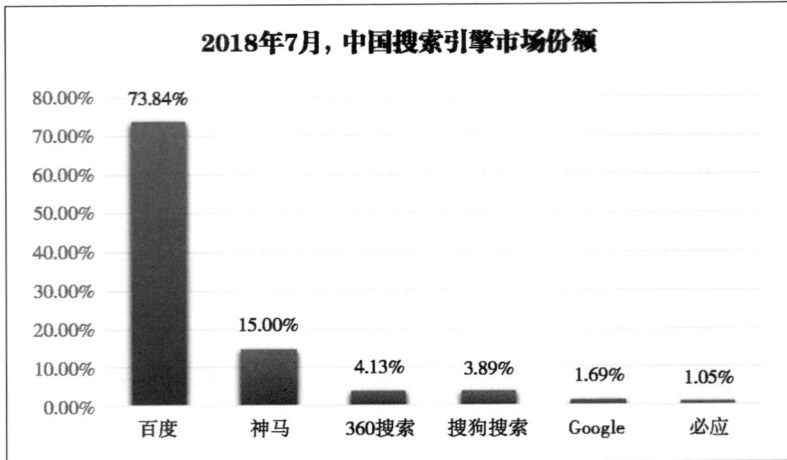

2018年7月，中国搜索引擎市场份额

图 2 – 25　2018 年国内搜索引擎市场份额

数据来源：StatCounter Global Stats – Search Engine Market Share

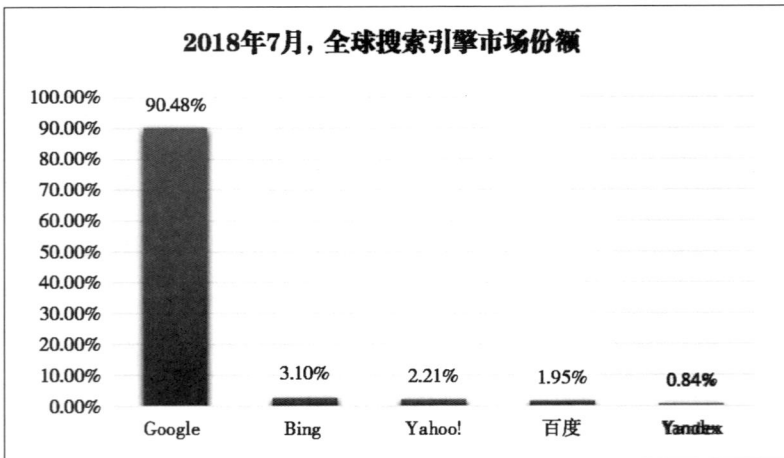

2018年7月，全球搜索引擎市场份额

图 2 – 26　2018 年国内搜索引擎市场份额

数据来源：StatCounter Global Stats – Search Engine Market Share

搜索引擎市场的全球化竞争中，中国的搜索引擎还无法对谷歌形成挑战，要想在激烈的市场竞争中崭露头角，还有很长的路要走。

互联网的价值判断

第一节
互联网项目的价值测度标准

1.1 互联网项目的价值测度参数

互联网平台的价值测度标准是一个非常复杂的数学问题。从不同的维度考虑，其价值呈现出多元化的形式，用以测度一个平台价值的参量的选择也涉及很多因素，而且其测度模型的建立也需要考虑很多干扰项，尤其是包含政策等方面的社会化因素。

在当今层出不穷的互联网项目中，几乎所有的项目的价值评估都包含累积价值和潜在价值两方面。其中累积价值也称为直接费用价值，主要包括项目的开发费用、团队建设费用、市场费用和办公费用等的累积总量，潜在价值主要包括赢利模式、用户数量、用户活跃度、用户黏性、用户转化率、用户增长速度、单个用户获取成本、市场容量、行业竞争排位、团队竞争力等要素。在这么多参量中要想建立互联网项目的价值测度模型是非常困难的事情，行业内给出的算法也多种多样。传统的价值投资，看中产品所创造价值的可持续性，注重品牌的影响力效应，但互联网项目具有变化快、周期短、波动性大等特点，将衡量传统项目价值的方法应用于互联网项目会产生很大偏差。但传统价值存在于所有的变化之中，无论产品的形态如何，也不管商业模式怎样，传统价值一部分总是根植于用户的基本需求和属性之中，尽管因为业务类型、发展速度和市场的叠加效应等因素而难以预测。

在测度一个互联网项目的价值时，应该首先分析该项目的可持续性、品牌效应、发展速度、市场容量等因素，同时还应该考虑项目的创新元素及社会环境中的新消费精神，这些因素的结合有时会形成一种新的消费文化现象，会促成商业模式的升级。但更多的情况却是难以琢磨。基于以上分析，这里给出互联网创新项目价值测度的几点建议：

第一，项目的生存能力是首先需要考虑的最重要的因素。一个项目在初期就必须明确商业模式和赢利模式，但要评估一个项目的生存能力，就需要深入理解用户的长久不变的心理惯性是什么，首先去迎合，不要试图挑战。

第二，新消费精神不是单个项目就能创造出来的，所以不要在产品或服务中把多种新场景进行叠加，否则很容易低估用户的惯性思维和他们的数量所产生的效应。

第三，互联网用户多数靠直觉消费，通常抵触理性和说教。选择时越来越依赖"感觉"和"情绪"而非思维。

第四，团队的价值永远大过项目本身。

一个名为净观察的网友曾经给出过一个早期互联网项目价值的"四维结构"。它从空间和时间的维度展开，试图通过形成一种独特的视角来平衡"流行"和"价值"（传统）的一些因素。当然由于很多要素还没有形成关联，该结构还称不上是价值测度模型，有待进一步完善。该结构的示意图如图3－1。

这里给出几点说明：创始人团队是早期的第一考察因素。净观察借用"领导力模型"作为衡量工具，5个要素依次对应了创始人和团队的5个方面素质。这些衡量要素只有通过近距离交流和观察来确认。相比一个人的历史信息，面对面的感觉更容易让人相信。

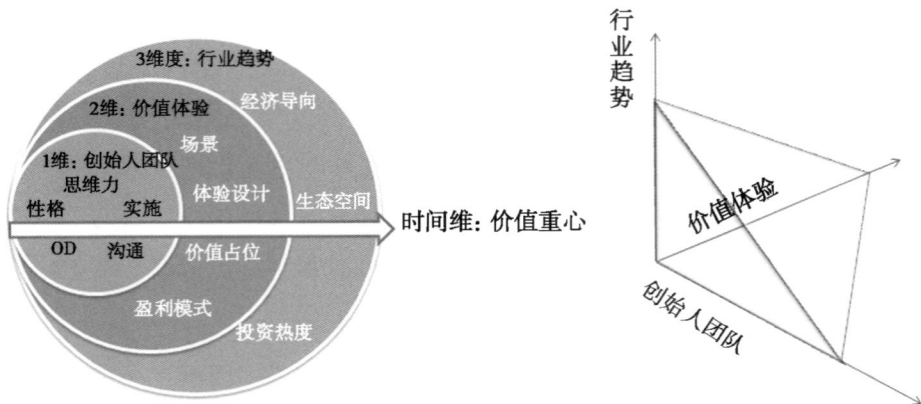

图 3 - 1   早期互联网项目价值的"四维结构"

场景：吴声的"场景革命"理论可以引发许多思考，如果进一步简化，可以把场景视为服务模式的闭环。需要注意的是，新服务（如同新生命一样）是进化来的，不是创造出来的；新功能是长出来的，不是变出来的。用户的驱动力是"好奇心"，而阻碍力是"惰性"，要理解这一点，可以参考"技术采用曲线"。

价值占位：在价值链上的位置，并对上下游或关键要素的依赖程度。依赖程度高，服务稳定性就差。依赖程度小，服务价值就小。这是 O2O 重点考虑的内容。比如：汽车配件商城，就比汽车分类信息服务商的服务价值稳定性差，然而更容易形成自己独特的用户体验，单位价值也更大。

生态空间：尽管有点抽象和复杂，但却是非常重要的因素。有些行业如同万象的节点，可以与许多新产业形成强关联，比如新能源汽车、智能家电。而有些则相对难一些，特别是所谓"传统行业"，比如服装、餐饮。除此之外，它在行业内部的具体业态也会导致不同的空间，需要具体考虑。

上面给出的只是互联网早期项目的一般测度依据，随着项目的发展，项目价值的测度手段和测度模型都要做适应性调整。近年来，大部分相关论文对计算机及互联网项目估值方法的选取倾向于与营业收入、现金能力、毛利率相关的估值方法。Schwartz 和 Moon（2001）认为当公司的营业收入增速足够高的时候，公司的高估值可以被认为是理性的。在估值方法选取方面，Ofek 和 Richardson（2002）认为当互联网公司股票的交易量过高时，互联网公司的资产价值不能反映公司的基本面水平，因此 P/BV（Book Value，账面价值）倍数不适用。Demer 和 Lev（2001）在其研究中选用 P/S 倍数，而 Gollotto 和 Kim（2003）在研究中选用 P/GM（Gross Margin，毛利率）倍数。学者们对于合理的估值方法持有不同意见并提出了不同的支持依据。由于大多数论文探讨的是互联网泡沫期间的市场异常状况，因此市盈率估值法普遍未被纳入研究的考量范围，营业收入、现金能力和毛利率仍是研究关注的重点。Trueman 和 Wong 等（2000）发现用户平均浏览的页面数量对投资者有重大意义。因此，适用于互联网公司的特殊指标也被纳入研究的范围。

对公司或项目进行估值时，能够影响估值方法的选择主要有五个因素，分别是：公司或项目类别、商业模式、公司发展阶段、企业战略转型、非经常性支出或收入。如图 3-2 所示。

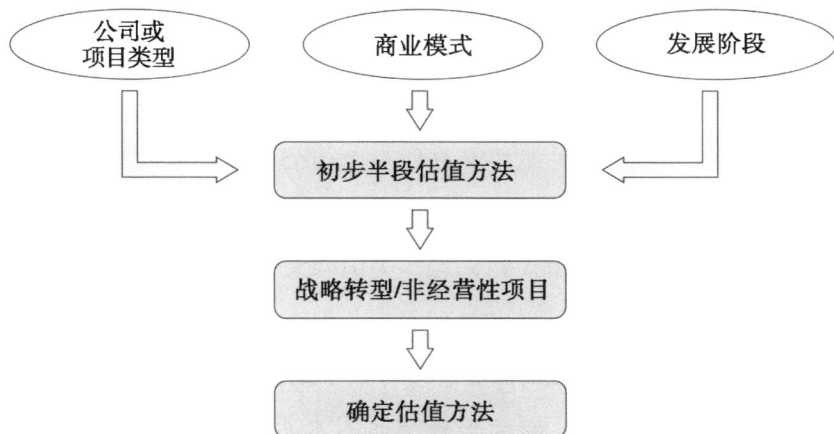

图 3-2　项目估价方法选择流程逻辑

　　互联网公司估值应从公司类别（主营业务）判断开始，明确公司所在的细分领域，并结合公司商业模式和公司所处的发展阶段进行估值指标选择。但是，公司类别、商业模式和公司发展阶段三个因素不一定能用以确定最终的估值方法。投资者仍需分析公司是否存在企业战略转型或非经常性收支的特殊情况。若存在对公司业绩产生较大影响的特殊情况，估值时需要对估值方法进行适当调整。在进行公司估值时，相对于传统行业公司，确定计算机及互联网公司的估值方法难度更高，主要原因包括以下几个方面：

1. 行业细分领域多，可以对比的公司少

　　计算机及互联网行业中的细分行业种类繁多，而且不同细分市场个性化差异严重，寻找可用于估值对比的公司相对困难。虽然计算机及互联网行业规模整体较大，业内公司数量也很多，但是细分行业复杂，同一细分行业的上市公司数量较少。这给公司或项目的估值方法选择带来一定难度。

2. 不同商业模式将导致不同盈利水平

　　计算机及互联网行业内同一细分行业的公司也会形成不同的商业模式，从而导致不同的盈利水平。公司对于业绩的评判标准也略有不同。因此，挑选可比公司时需考虑其商业模式和业绩特点。

3. 业内对项目利润或业绩容忍度有较高的弹性

　　与国内情况不同，海外股票交易所对上市公司业绩要求较低，净利润较低的公司也能在部分交易所上市融资，从而提升了项目估值的难度。从各交易所各市场制定的上市规则来看，美国两大交易所对于净利润表现的容忍度较大，因此也产生了许多净利润为负但市值很高的互联网公司。交易所对于上述公司业绩表现的高容忍度导致了估值困难。

4. 行业发展时间短，暂无完整的业内企业生命周期经验

　　互联网行业是非常年轻的行业，在对业内公司进行估值时，难以找到成熟期的公司作为参照。目前，许多上市公司的营业收入仍处于高速增长阶段，对这部分上市公司进行估值时，难以寻找相关可比公司的历史经验以预测其终期收入增速。

5. 科技进步驱动行业增长导致行业变化快且多

计算机与互联网行业技术创新频繁，行业环境变化快，导致估值方法也不稳定。行业的频繁变化一方面要求公司拓展新业务或进行转型，另一方面要求市场更新考量业内公司的标准。并且，在大环境的变化中，上市公司的变化速度参差不齐，导致可比公司的选择更加困难，从而提高了估值难度。

6. 兼并收购案例频发导致上市公司业绩波动大

并购事件频发容易影响公司的现金流和其他费用，导致估值难度上升。计算机与互联网公司常发生并购事件，公司通过并购可以获取新的技术、整合上下游资源。当公司想要进入新的市场或研究新的技术时，向目标领域的公司进行投资或者并购是最直接的进入方式。因此，兼并收购事件常对公司估值造成影响。而大型公司经营业务较多，需分别估值，从而增加估值难度。目前大型的互联网领域公司均涵盖多个细分领域的业务，比如微软拥有企业级软件研发业务、操作系统研发业务、云计算业务、服务器业务和游戏设备业务等，阿里巴巴拥有电商平台、云计算服务等，因此目前对于涵盖多个细分领域业务的大型计算机公司无法使用单一的可比公司估值法，必须对每个部分业务单独估值，再进行加总。

7. 企业规模影响估值水平

过去15年的数据显示，美国市场上的小型IT公司的平均市盈率普遍高于中型IT公司，中型IT公司的平均市盈率普遍高于大型IT公司。2009年下半年，受宏观环境影响，标普小盘600信息技术指数成分的平均市盈率出现异常波动，达到5000以上。在宏观经济环境恶化时，中小型IT企业的估值倍数波动异常。在宏观经济环境复苏时，大、中、小型公司的市盈率会趋近。

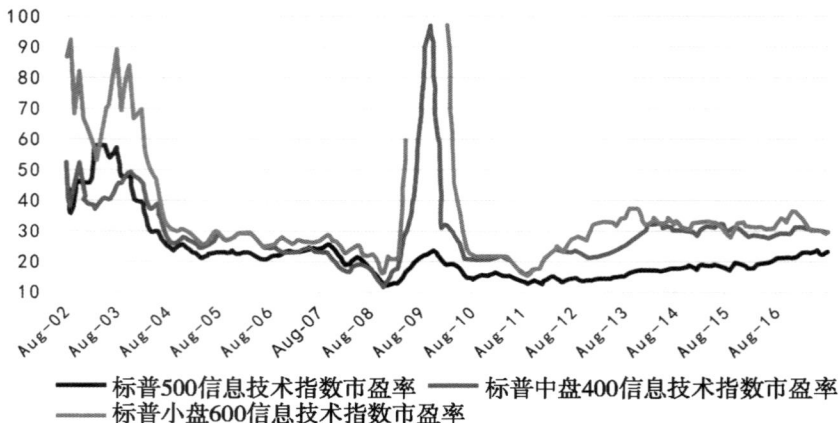

图 3－3　近十五年标准普尔信息技术指数市盈率

　　这里涉及一个标准普尔指数的概念，标准普尔是一家总部位于美国纽约市的金融分析机构，由亨利·瓦纳姆·普尔先生（Mr Henry Varnum Poor）创立于 1860 年，是普尔出版公司和标准统计公司 1941 年合并而成，专为全球资本市场提供独立信用评级、指数服务、风险评估、投资研究和数据服务，在业内一向处于领先地位。标准普尔是全球金融基础建构的重要一员，在 150 年来一直发挥着领导者的角色，为投资者提供独立的参考指针，作为投资和财务决策的信心保证。标准普尔提供的多元化金融服务中，标准普尔 1200 指数和标准普尔 500 指数已经分别成为全球股市表现和美国投资组合指数的基准。该公司同时为世界各地超过 220000 家证券及基金进行信用评级。标准普尔已成为一个世界级的资讯品牌与权威的国际分析机构。标准普尔的实力在于创建独立的基准。通过标准普尔的信用评级，他们以客观分析和独到见解真实反映政府、公司及其他机构的偿债能力和偿债意愿，并因此获得全球投资者的广泛关注。在对企业的估值方面，标准普尔给出了一个公信力较高的参照。

表 3 – 1 标普信息技术指数相关数据

指数名称	成分股数量	成分股市值最小值	成分股市值最大值
标普 500 信息指数	68	51 亿美元	8319 亿美元
标普中盘 400 信息技术指数	66	13 亿美元	102 亿美元
标普小盘 600 信息技术指数	87	1.2 亿美元	43 亿美元

1.2 互联网或计算机公司分类

判断公司类别是公司估值流程中的第一步。对于规模较大的互联网或计算机型公司，可能涉及的产品结构多样、产业布局广泛，因此，对这个公司的估值需要结合很多因素，估值前必须对公司的类别进行清楚的判断。而判断公司类别则需要对公司产品、服务和收入来源进行分析。根据行业内现有商业模式对海内外计算机公司和互联网公司进行分析分类，目前海内外上市公司中主要包括以下四种类型：

1. 平台型公司

平台型公司主要为用户提供互联网平台服务，公司收入来源于平台广告收入、平台交易佣金等。平台型公司中的典型公司包括阿里巴巴、腾讯、Facebook、谷歌等。目前，平台型公司的主要估值方法为 P/E 估值法和 P/S 估值法。

2. 产品型公司

产品型公司主要从事软硬件研发、销售，公司收入来源包括硬件产品销售收入、软件产品许可权或订阅使用权销售收入。产品型公司中的典型公司包括微软、Adobe、Autodesk、苹果等。产品型公司的主要估值方法为P/E估值法。

3. 项目型公司

项目型公司有时也称为产品型公司，其突出的业务特征表现为，它通常为客户提供完整的软硬件解决方案，主要面向企业级客户市场。公司的收入主要为项目佣金和服务。项目型公司中的典型公司包括甲骨文、IBM等。目前，项目型公司的主要估值方法为P/E估值法。

4. 运营型公司

运营型公司的主要特征是，它为客户提供流程外包业务、设备运营管理服务等，主要面向企业级客户市场。公司的收入主要为业务服务费。运营型公司中的典型公司包括印孚瑟斯（Infosys）、塔塔咨询服务（Tata Consultancy Services）等。目前，运营型公司的主要估值方法为P/E估值法。

1.3　主要估值方法分析与探讨

对互联网企业或项目的价值判断是研究行业发展的重要因素，尤其是在企业进行股权融资和股权转让时，给企业估值是不可避免的。但对项目进行估值也是一门科学，其理论涉及数学、经济学、社会学等多个学科。如何给企业估值直至今天仍是一个没有完全解决的问题。在实践中，可能用到的企业估值理念很多，有时候很发散。在同一理念下，由于采用的具体指标不同，也会衍生出不同的估值方法。而互联网行业细分领域较多，行业内不断涌现新的产品与商业模式。上面提及的公司类别仅作为选取估值方法的一个参考因素，难以反映公司的产品和服务特质与商业模式。因此，在初步判断公司类别之后，需要对公司的发展阶段和商业模式进行分析，方能形成对公司的全面认识，继而选取合适的估值方法。在实际估值过程中，可以将按折现现金流法计算出来的企业价值与通过其他估值方法计算出来的企业价值相互印证。此外，场景分析和对特定因素的敏感程度分析也有助于加深对企业价值的理解。根据各种估值方法的特点并结合互联网公司的类型等属性，下面对适用于互联网行业的各种估值方法进行简单介绍。

1.3.1　P/E 估值法及其适用对象

P/E（通常也称为 PE）估值法又称市盈率估值法，市盈率是公司股票的每股市价与每股盈利的比率，它是中国私募股权市场最常用的估值指标。计算公式为：市盈率 = 每股市价/每股盈利。市盈率是反映市场对公司收益预期的相对指标。使用市盈率指标要从两个相对角度出发，一是该公司的预期市盈率（或动态市盈率）和历史市盈率（或静态市盈率）的相对变化；二是该公司市盈率和行业平均市盈率的对比。如果某上市公司市盈率高于之前年度市盈率或行业平均市盈率，说明市场预计该公司未来盈利会上升；反之，如果市盈率低于行业平均水平，则表示与同业相比，市场预计该公司未来盈利会下降。所以，市盈率高低要相对地看待，并非高市盈率不好，低市盈率就好。根据投中集团 2011 年的调查统计，中国基金的投资成本介于 8～15 倍市盈率之间。这个投资成本与 2012 年中国 IPO 市场平均约 30 倍的市盈率的发行价相比是合理的，但与国际市场的市盈率相比则相对过高。以美国市场为例，标准普尔指数 1920—2005 年间的平均市盈率在 15 倍左右。香港市场的历史平均市盈率在 17 倍左右。

市盈率指标一共有三种：静态市盈率（LFY）、动态市盈率（LTM）、前瞻市盈率（Forward P/E）。这三个指标使用的净利润指标有所不同。静态市盈率指标使用的是公司上一年度的净利润指标。动态市盈率使用的是公司最近四个季度的净利润指标。前瞻市盈率使用的是对该公司下一年度净利润的主流预测值。在应用市盈率评估时要注意，由于行业属性的差异，不同行业的市盈率会有很大的差别。另外，企业的利润容易受经济周期的影响，市盈率指标也容易受经济周期的影响。使用市盈率指标的缺点有两个，一是企业的净利润指标容易受到财务处理方法的影响，二是前瞻市盈率指标使用的净利润指标依赖于主观预测。

PEG 指标（市盈率相对盈利增长比率）是 Jim Slater 发明的一个股票估值指标，是在 PE（市盈率）估值的基础上发展起来的，它弥补了 PE 对企业动态成长性估计的不足。其计算公式是：PEG = PE／（企业年盈利增长率×100）。假如一个企业的市盈率为 30 倍，其净利润的平均增速为25%，那么该企业的 PEG 比率 = 30／25 = 1.2。PEG 比率的缺点有两个，一是经验的成分较多，缺乏理论依据，二是用过去的增长率预测未来的增长率缺乏一定的合理性。与 PE 值类似，PEG 比率也存在行业差异，并受经济周期的影响。

P/E 估值法适合未来业绩和净利率可预测性高且未出现亏损的计算机和互联网公司。Trueman 和 Wong 等（2000）在研究中发现互联网内容供应商的市值和净利润存在显著相关关系，但同时也指出这种相关关系在电商平台等互联网公司中不存在。因此，市盈率估值法仅适用于部分互联网公司。互联网内容供应商，如谷歌，通过投递广告创造收入，其商业模式较为直观。由于未来全球广告投入可预测性较高，因此互联网内容供应商的未来收入和利润的可预测性也较高。在未来收入和利润可预测的情况下，市盈率估值法的适用性更高。

美国计算机软件与服务行业的市盈率自 2001 年互联网泡沫后经历了大幅下滑。近十年来，标普 500 互联网软件与服务行业指数市盈率在 17～50 倍的范围内波动，标普 500 指数市盈率在 12～24 倍的范围内波动。市场对于互联网行业的估值指标高于全市场的估值指标。总体而言，互联网行业的市盈率水平高于市场整体水平，并且波动性较大。在 2008—2009 年经济环境差的情况下，互联网行业市盈率迅速降至低点。随着经济复苏，自

2011 年以来，行业市盈率回升，目前仍呈现向上趋势。标普 500 互联网软件及服务行业指数包含 6 只市值较大的成分股，纳斯达克互联网指数包含 88 只成分股，因此，纳斯达克互联网指数更能体现全行业的市盈率变化。近七年，纳斯达克互联网指数市盈率在 32 ~ 77 倍的范围内波动，目前市盈率在 60 倍附近。标普 500 互联网软件及服务行业指数市盈率目前在 40 倍的水平，因此，全行业的估值水平高于行业中部分大公司的估值水平。从历史数据的波动程度和近年来行业市盈率的发展趋势来看，使用 P/E 估值法时应将同期规模相似的可比公司的 P/E 值作为估值指标，而非本公司历史的 P/E 值。

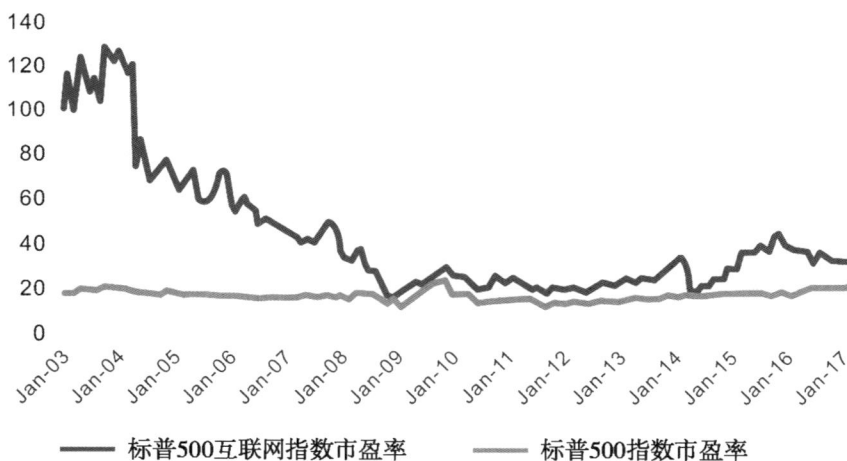

图 3-4 近十五年标普 500 指数和标普 500 互联网软件及服务行业指数市盈率

实际应用中，适合用 PE 法估价的公司主要包括以下几类：

（1）盈利水平稳定的公司，如谷歌、微软、苹果和甲骨文等；

（2）主营业务稳定的公司，如网易、腾讯、百度等；

（3）商业模式明确的公司，如美团、滴滴及细分行业的独角兽公司。

1.3.2　P/S 估值法和 EV/Sales 估值法及适用范围

P/S 估值法又称市销率估值法，它是基于营业收入的估值法。市销率指标可以用于确定公司股票相对于过去业绩的价值。市销率也可用于确定一个市场板块或整个股票市场中的相对估值。市销率越小（比如小于1），通常被认为投资价值越高，这是因为投资者可以付出比单位营业收入更少的钱购买股票。不同的市场板块市销率的差别很大，所以市销率在比较同一市场板块或子板块的股票中最有用。同样，由于营业收入不像盈利那样容易操纵，因此市销率比市盈率更具业绩的指标性。但市销率并不能够揭示整个经营情况，因为公司可能是亏损的。市销率经常被用来评估亏损公司的股票，因为没有市盈率可以参考。在几乎所有网络公司都亏损的时代，人们使用市销率来评价网络公司的价值。P/S 估值法的优点是销售收入稳定，波动性小；并且营业收入不受公司折旧、存货、非经常性收支的影响，不像利润那样易操控；收入不会出现负值，不会出现没有意义的情况，即使净利润为负也可使用。所以，市销率估值法可以和市盈率估值法形成良好的补充。P/S 估值法的缺点是：它无法反映公司的成本控制能力，即使成本上升、利润下降，不影响销售收入，市销率依然不变；市销率会随着公司销售收入规模扩大而下降；营业收入规模较大的公司，市销率较低。

EV/Sales 估值法又称市售率估值法。市售率高的股票相对价值较高，以市售率为评分依据，给予 0～100 之间的一个评分，市售率评分越高，相应的股票价值也较高。用每股价格/每股销售额计算出来的市售率可以明显反映出创业板上市公司的潜在价值。因为在竞争日益激烈的环境中，公司的市场份额在决定公司生存能力和盈利水平方面的作用越来越大，市售率是评价上市公司股票价值的一个重要指标。

市售率（EV/Sales）与市销率（P/S）的原理和用法相同，主要用作衡量一家利润率暂时低于行业平均水平甚至是处于亏损状态公司的价值，其前提条件是投资者预期这家公司的利润率未来会达到行业平均水平。使用销售收入的用意是销售收入代表市场份额和公司的规模，如果公司能够有效改善运营，将可实现行业平均或预期的盈利水平。市销率只能用于同行业内公司的比较，通过比较并结合业绩改善预期得出一个合理的倍数后，乘以每股销售收入，即可得出符合公司价值的目标价。

Demer 和 Lev（2001）认为 P/S 倍数是分析师和商业媒体使用的最普遍的估值倍数，在大部分计算机和互联网公司尚未实现盈利的背景下，选用 P/S 倍数较为合理。Trueman 和 Wong 发现在许多案例中网站访客数和平均浏览网页数对于互联网公司的估值水平具有较高的解释能力。网站访客数和平均浏览网页数可以作为预测公司未来营业收入的基本指标，因此，营业收入对于公司的估值水平的解释能力较高。

美国计算机软件与服务行业和互联网行业的市销率的波动较小。互联网行业的市销率在 1998—1999 年间达到了高点，2000 年以来两个行业的市销率变化都较为平稳。计算机软件及服务行业的市销率的标准差仅为 0.97，互联网行业的市销率的标准差为 9.41，若不考虑 1998—1999 年的异常水平，互联网行业的市销率标准差仅为 1.82。因此，在使用市销率进行估值时，既可以与可比公司进行横向对比，也可以与本公司历史数据进行纵向对比。近十年，标普 500 互联网软件与服务指数市销率在 3～11 倍的范围内波动，目前市销率为 8 倍；而标普 500 指数市销率长期在 1～2 倍的范围内波动，市场总体市销率低于互联网软件与服务行业。因此，市场对于互联网软件与服务行业公司的估值仍有一定溢价。基于营业收入的估值法的适用情况有两种：高营业收入增速与负净利润并存的企业无法使用市盈率估值法，考虑到互联网公司市销率的波动性较小，市场常选用基于营业收入的估值方法对这类公司或业务进行估值；行业中有部分公司采用的盈利水平评判指标并非传统的利润表项目，而是一些特殊的指标，比如电商平台的 GMV。市盈率估值法对这类公司也不适用，但是这些特殊指标与公司的营业收入紧密相关，因此本质上是一种基于营业收入的估值方法。

P/S 和 EV/Sales 估值法的区别在于后者考虑了公司的资本结构对市值产生的影响，对于资产负债比显著不同于行业水平的公司，EV/Sales 是更为合理的估值倍数。在估值对象和行业平均资本结构类似的情况下，EV/Sales 和 P/S 产生的估值结果相同。运用 EV/Sales 和 P/S 估值法对公司进行估值的核心在于营业收入的计算。对于部分公司而言，未来营业收入测算可利用预计的年复合增长率进行计算；对于另外一部分公司而言，未来营业收入需通过微观层面的指标进行详细计算，如电商平台、在线旅游服务公司等。

实际应用中，适合于 P/S 和 EV/Sales 估值法的公司通常包括：①电子商务平台；②在线旅游服务公司；③SaaS 公司；④高速成长期中的互联网信息提供商等。如表 3 – 2 所示。

表 3 – 2　适用于 P/S 和 EV/Sales 估值法的公司类型

	互联网信息供应商	互联网平台公司	云计算服务公司
主营业务	基于数据向客户提供广告投放服务等	为客户提供平台服务	为客户提供 SaaS、PaaS 和 IaaS 服务

1.3.3　P/FCF 和 EV/EBITDA 估值法

在对互联网公司进行价值测度时，还有两个比较重要但不常见的估值指标 EV/EBITDA 和 EV/FCF，一些专业的投资者有时会用到这两个指标。这两个指标都以 EV 为基础，一般情况下 EV（（Enterprise Value）被理解为企业价值，这个概念与价值投资紧紧相连。价值投资的基本出发点是对整个公司的有形和无形价值进行整体估价投资。计算公式为：EV = 公司市值 + 负债 + 少数股东权益 + 优先股 – 现金以及现金等价物。在并购活动中，收购方必须承担被收购方的负债，这提高了并购的成本，但与此同时，被收购公司的现金以及现金等价物在收购之后将直接落入收购者的口袋，这对收购者来说等同于减少了收购成本。当收购方收购其他公司时，要同时承担对方公司的债务，因此 EV 提供了一个更为准确的收购估值，因为在 EV 的估值计算当中加入了债务。EV/EBITDA = 企业价值/息税折旧摊销前利润。EV/FCF = 企业价值/自由现金流。与 P/E 类似，这两个指标越小，说明估值越低，越值得购买。

而基于自由现金流的估值方法主要为 P/FCF 和 EV/FCF 估值法。P/FCF和EV/FCF 适用于处于盈利水平波动大但产生现金的能力稳定且自由现金流为正的公司，以及将公司运营目标聚焦于自由现金流的公司。自由现金流代表公司每年获得的可以用于未来投资的现金，利润表体现的盈利水平不一定代表公司产生现金的能力。"现金为王"是公司金融中十分重要的一个概念，因此在公司估值中，自由现金流是非常重要的一个指标。不同于 P/E、P/S 等基于利润表账户的估值方法，自由现金流将资产负债表的变动考虑在内。自由现金流的常用计算公式为：自由现金流 = 息税前利润 ×（1 – 有效税率）+ 折旧费用 + 摊销费用 – 净营运资本变动值 – 资本支出，或自由现金流 = EBITDA – 税收费用 – 净营运资本变动值 – 资本支出。

另一常见的基于自由现金流的估值指标为自由现金流收益率（FCF Yield），其中 FCF Yield 是 P/FCF 的倒数。EV/FCF = 企业价值/自由现金流；P/FCF = 股价/每股自由现金流；FCF Yied = FCF/P = 每股自由现金流/股价。

基于息税折旧及摊销前利润的估值方法主要为 EV/EBITDA 估值法。EV/EBITDA 估值法适用于受利息收支、财税收支和折旧摊销费用影响较大的公司。在海外市场，息税折旧及摊销前利润（EBITDA）是投资者比较关心的一个指标。因为不同公司对折旧和摊销的处理可能存在差异，所以

EBITDA 能够反映公司最核心的盈利水平。EBITDA 相对自由现金流（FCF）而言计算更为简便，并且 EBITDA 可以反映出公司自由现金流的增长情况，因此 EV/EBITDA 估值法成为除 P/E 估值法外最简单直接又较为具有解释意义的估值方法。此外，在兼并收购案例中，EV/EBITDA 是最核心的估值倍数，尤其是在私有公司收购或上市公司私有化的案例中，因此未来在对被收购企业的估值中仍沿用 EV/EBITDA 估值法。对兼并收购获得的控股子公司应用 EV/EBITDA 估值法的好处，在于子公司的资本结构和经营范围与母公司可能相去甚远，以公司被兼并收购时的企业价值倍数为起点，投资者和分析师可以对该公司进行合理的估值。

通过对市场的观察发现，有时部分互联网公司存在同时适用于 P/S、P/FCF 和 EV/EBITDA 中两个及以上估值方法的情况。主要原因在于非适用于 P/E 估值法的公司通常具有净利润波动幅度大的情况。因此，市场会寻找公司利润表上的其他项目，包括收入和 EBITDA，进行估值计算。自由现金流的计算公式表明，FCF 和 EBITDA 的区别主要在于净营运资本变动值和资本支出。当公司的净营运资本变动和资本支出长期稳定时，其自由现金流和 EBITDA 的相关性极高。相关比较如表 3－3 所示。

表 3－3   P/S、P/FCF 和 EV/EBITDA 估值方法适用情况比较

	相同	不同
P/S	适用于净利润波动幅度较大的互联网公司	适合净利润、营业利润等项目均不稳定的互联网公司
P/FCF		适合自由现金流稳定或高度关注现金创造能力的互联网公司
EV/EBITDA		适合受折旧摊销费用影响较大或有过兼并收购历史的互联网公司

资料来源：兴业证券研究所

1.3.4 其他估值方法

互联网公司的估值相当复杂，不同的公司往往各具特色，不存在一个通用的估值方法适合于所有的互联网企业或项目。实际应用中，除了上述各种估值方法之外，经常用到的还有以下估值方法。

1. 现金流量折现法

现金流量折现法也称为折现现金流法（DCF）。这种方法一般应用于以上市为目标或已经上市的互联网公司。现金流量折现法是通过预测公司将来的现金流量并按照一定的贴现率计算公司的现值，从而确定股票发行价格的定价方法。投资股票为投资者带来的收益主要包括股利收入和最后出售股票的差价收入。使用此法的关键在于需要确定以下两点：第一，预期企业未来存续期各年度的现金流量；第二，要找到一个合理的、公允的折现率，折现率的大小取决于取得的未来现金流量的风险，风险越大，要求的折现率就越高，反之则越低。行业内专业人士广泛使用折现现金流法进行估值。

折现现金流法将企业价值定义为企业未来可自由支配现金流折现值的总和。典型的折现现金流估值法会预测企业未来十年的现金流，之后的全部现金流则会用终值代替。未来10年的现金流及终值的折现值之和即为估算的企业价值。现金流预测期间的长度视行业的不同而不同。一般来说，现金流越稳定的企业，预测期越长。折现现金流法的好处是不太容易受股票市场波动的影响，并且不需要同行企业作为估值参照。缺点是这种方法需要做出很多假设，包括折现率、现金流预测及企业终止等。而这些假设的微调就可能导致估值范围的巨大波动。

折现现金流指标的准确程度取决于现金流指标的准确程度，这对尽职调查提出了很高的要求。相当多的杠杆收购最终以亏损告终，其根本的原因就是对现金流的估计过于乐观。折现现金流模型的工作流程如下：①通过尽职调查了解企业的业务和财务信息，并构建企业的财务模型；②预测企业未来的现金流或终值，估算加权平均资本成本；③运用模型计算企业价值及股权价值。

2. 重置成本法

重置成本法是指在资产评估时按被评估资产的现时重置成本扣除其各项损耗来确定被评估资产价值的方法。重置成本法，就是在现实条件下重新购置或建造一个全新状态的评估对象，所需的全部成本减去评估对象的实体性陈旧贬值、功能性陈旧贬值和经济性陈旧贬值后的差额，以其作为评估对象现实价值的一种评估方法。

3. 清算价值法

清算价值法就是根据企业目前所有资产的变卖价值来确定企业价值。

估算资产的变卖价值也并不容易，因为人们平时只注意到在持续经营情况下资产作为公司的一个部分所代表的价值，只在少数情况下，如面临破产时才会注意到资产的变卖价值。在某些情况下，清算价值特别适用，其中之一就是自然资源企业价值的评估。如果企业所拥有的主要是一些自然资源财产，那么，企业的价值应该接近于这些财产的变卖价值，因为对这样的企业组织资本比较少。与重置成本法一样，清算价值法的主要缺点在于忽略了组织资本。

除此之外，还有一些与行业有关的估值方法，比如，主要应用于地产行业的 NAV 估值法，主要应用于实业的 RNAV 估值法等。也有人对各种估值方法按照虚实表现分为相对估值法（乘数法）和绝对估值法。其中相对估值法是将企业的主要财务指标乘以根据行业或参照企业计算的估值乘数，从而获得估值参考标准，包括市盈率（P/E）、市净率（P/B）、市现率（EV/EBITDA）和市售率（P/S）等多种方法。地产估值中采用的资本化率方法也属于这种方法。用相对估值指标来给目标企业估值的工作流程为：①选定相当数量的可比案例或参照企业；②分析目标企业及参考企业的财务和业务特征，选择最接近目标企业的几家企业作为参照企业；③在参照企业的相对估值的基础上，根据目标企业的特征调整。而绝对估值法则依据企业的可见资产通过建立相应的模型进行估值。上面提及的折现现金流法和清算价值法都属于此类。

4. 分部估值法

分部估值法适用于一些多元化业务的大型公司。业务布局多元化是目前大型互联网公司发展的一个趋势，未来公司估值的难度将随着业务增加而提升。例如，Facebook 成功收购 Oculus，Oculus 仍处于商业早期阶段，盈利水平较低，因此，适用于 Facebook 其他业务的估值方法不适用于 Oculus。互联网公司的不同业务通常处于不同发展阶段和盈利阶段，因此，市场给予同一公司内适用于不同业务的不同估值方法，即分部估值法。运用分部估值法对公司进行估值需要两个前提条件：①公司公开披露各细分业务的盈利状况；②各项业务均对公司业绩产生显著影响。在两个前提条件满足的情况下，分部估值法能够更为准确地计算公司的价值，并且其估值结果对公司更有解释意义。分部估值法对于像百度、新浪、阿里巴巴等类型的公司较为合适。事实上，自 2013 年以来，百度对其搜索引擎业务、交易业务和爱奇艺平台三大业务板块进行了详细的业绩披露。目前，交易业务和爱奇艺对百度的营业收入已形成一定影响。百度在其财报中披露了各项业务的详细运营状况之后，市场对百度的估值方法也由原始的 P/E 估值法转变为分部（Sum－of－the－Parts）估值法，即对各项业务分别进行估值再获得公司总估值。对于高增长负利润的交易业务和爱奇艺业务，主流的估值方法为 P/S 估值法；对于发展稳定的搜索引擎业务，主流的估值法仍为 P/E 估值法。对于拥有处于不同发展阶段的业务的互联网公司，市场对其各业务的估值方法将因业务发展程度而改变。对于高增速、薄利润的公司和业务板块，市场普遍采用 P/S 估值法。新浪、阿里巴巴的情况大致类似。

5. 海外互联网公司常用估值方法

海外互联网公司的估值方法相较于国内公司有一定程度的灵活性和自

由度。通常国内市场更加注重净利润，大部分国内上市公司和海外上市的中概念股都选用 P/E 估值法，但国外市场对上市公司业绩要求更加灵活，对于不同类型、不同发展阶段的公司在估值方面有所区别。由于国内市场对申请挂牌上市的公司的业绩要求较海外市场更为严格，因此，对于经营状况稳定的公司，DCF 和 P/E 估值法普遍适用。在面对特殊触发事件或战略转型时，建立在众多假设上的 DCF 难以应用，国内市场的普遍估值方法为调整后的 P/E 估值法。海外市场由于业绩要求较低，常出现业绩大幅波动的情况，因此市场会将更多估值指标纳入考量，并通过严谨的分析以确定新估值方法。当公司遇到特殊触发事件或进行战略转型时，公司估值方法的选择受主营业务变化程度影响。对发生特殊触发事件的公司进行估值时，首先需要分析事件对公司的影响程度，主要内容为判定主营业务的稳定情况。若公司的主营业务未发生变化并且营收与毛利率较为稳定，估值方法可以调整为调整后的市盈率估值法。若公司的主营业务受到较大影响，则需要重新考虑公司的商业模式与公司分类，继而重新选择估值方法。市场对于上市公司新业务的敏感度高，因此，关注公司业务改变是考虑改变估值方法的核心步骤。

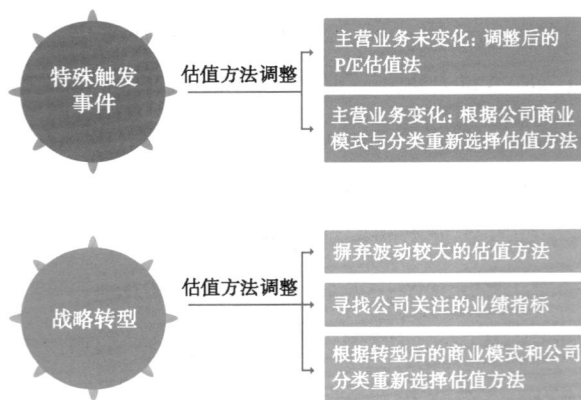

图 3-5　估值方法调整思路

　　战略转型是公司业务的一次大洗牌，常伴随着业绩的波动，因此，估值时需要有所舍弃，继而对公司进行全面的分析以选取新的估值方法。对采取战略转型的公司进行估值时，首先观察其净利润、自由现金流等业绩指标的波动情况。基于波动较大的业绩指标的估值方法将不再适用，例如，当净利润为负数时，市盈率估值法将不再适用。排除不适用的估值方法后，首先考虑与公司管理层重点关注的业绩指标相关的估值方法。例如，亚马逊和 Autodesk 近年将自由现金流作为主要业绩指标，市场也随即将目光聚焦于 P/FCF 估值法上。如果公司未指明主要业绩指标，估值方法的选择由公司战略转型后的商业模式和公司类别所决定。此外，转型期的上市公司可能存在多种收入来源和销售模式，估值时需要考虑是否对各项业务独立估值。对比国内的情况，国外机构对上市公司进行估值时常常选用多个估值指标。国内机构进行公司估值时以 DCF 和 P/E 估值法为主，通常仅考虑一个估值指标。通过观察众多海外上市公司的历史数据，尤其是高增长、利润波动大的公司，可以看出，公司通常会有超过 1 个表现稳定的估值指标。当公司发展进入稳定阶段，P/E 估值法会逐渐取代其他估值法。由于部分互联网公司仍处于营收高增长、利润表现较差的阶段，P/E 无法成为公司的唯一估值指标。在进行估值时，市场常选用多个估值指标进行估值，多个估值指标均对公司市值具有解释意义。每种估值方法都有其利弊，并且各估值指标的关注重点不同，因此，选用多个估值指标产生的结果将更加具有说服力。在对这些公司进行估值时，市场既关注其营业收入高增长的可持续性，也关注其现金流来源和利润发展情况，因此，机构往往采用多个估值指标进行估值。亚马逊和 Facebook 是采用多种估值方法的主要代表。此外，上市公司在开拓新业务或收购新标的后，可能出现多个并行业务所处发展阶段不同的情况。例如，Facebook 主营的广告业务与其收购的 Instagram 和近期开展广告投放业务的 Messenger 处于不同的发展阶段。因此，Facebook 主营的广告业务可以使用 P/E 和 EV/EBITDA 进行估值；而

Instagram 和 Messenger 的估值需要利用 ARPU 和每用户价值两项新指标，本质上是使用基于营业收入的估值方法对其进行估值。

　　计算机和互联网公司的商业模式或许天马行空，但估值方法必须兼备灵活和严谨。与传统行业相比，互联网行业因为有自身的特性，不断进步的技术将会推动行业继续向前，并且催生新的商业模式。未来行业的变化可能超出人们现在的想象，公司估值的难度也会有所提升。所有的公司估值最终都应根据公司未来现金流进行折现计算。对于成熟公司而言，未来现金流折现计算价值应与运用 P/E 倍数计算价值相等。但由于外部或内部环境影响，计算机与互联网公司可能遭遇净利润水平失真的情况，因此未来现金流折现估值和 P/E 估值结果不一致，导致市场必须选取其他估值方法来表征分析公司未来现金流。公司因外部或内部影响导致公司净利润失真的情况，要求机构灵活地选取或创造适当的估值方法，同时也要求选取的逻辑十分严谨。例如，在线旅游服务公司 Priceline 的估值方法中运用了创新的估值指标——单位房间价值。这一指标是通过对公司历史数据进行线性回归分析得到的，因此，这一结论是严谨的。Gollotto 和 Kim（2003）在研究中选用了 Price/Gross Margin 倍数，他们认为有的公司尽管实现了较高的营业收入增速，但其毛利率、净利率等比率表现较差。因此，金融机构在对上市公司进行收入预测时也会做出毛利率或毛利润预测，以保证 P/S 估值法的有效性。基于以上事实，Gollotto 和 Kim 认为 P/GM 倍数较 P/S 倍数更适合用于互联网公司估值。尽管 P/GM 估值法不是主流估值方法，但 P/GM 估值法的合理性是基于有效事实的严谨结论。若公司存在多个适用的估值指标，则要求估值方法具备一定灵活性。对于成熟公司，市场更加关注净利润，因此 P/E 估值法更为适用。对于高速发展阶段的公司，市场关注收入、利润、现金流等多个指标，选取估值方法时需要判断市场和公司管理层关注焦点再进行估值方法选择。

　　以上是目前较为流行的互联网行业公司或项目的各种估值方法，鉴于篇幅和本书的性质，我们无法一一完整陈述。随着互联网和信息技术的进一步发展，未来可能还会诞生更多新的估值方法，以适应市场和社会的需求。但无论哪一种估值方法，都不能脱离公司或项目本身存在的社会意义，其对社会发展所做的贡献或所起的作用是评价项目价值的最直接因素。试图跳过这个要素用虚构或不切实际的量标来测度项目的价值，最终只会掩耳盗铃，自欺欺人。

1.4 互联网公司的价值核心

一般情况下，对公司的估值更注重公司的收入和利润。但互联网是一个很特殊的行业，很多企业在创业之初并不会产生实际的收入和利润。因为任何一个互联网项目，从立项到策划、研发，再到测试、运营往往需要一个很长的周期，有的甚至需要数年时间，在这一段时期内，公司会因为产品未能进入市场而表现为持续的投入。这种情况下，如果估值注重收入和利润，根本无法形成客观的价值判断。因此，实际估值时会考虑到项目规划中的几个关键要素或指标，主要有：①用户群体范围，包括用户年龄结构、职业状况、收入水平等；②市场容量，即该项目进入市场后理论上可以达到的市场价值量上限；③技术门槛，即该项目在技术上有无领先优势，领先优势能够保持多长时间等；④资源条件，即公司所拥有的各种资源，包括政府资源、媒体资源、自然资源和其他社会资源；⑤团队能力，主要包括创始人背景、性格、品行、胸怀、格局、凝聚力及其他核心成员的综合能力。

在上述几个要素中，最重要的是团队能力，它是项目能否取得成功的最直接因素。因为任何事情都是人做出的，无论项目如何好，资源如何丰富，如果缺乏核心人才也容易导致失败。梅花创投创始合伙人吴世春曾经公开表示，投独角兽的秘诀可概括为"一流的团队加三流的方向等于二流以上的项目"。然而，普通的投资人或投资机构往往看重项目本身，将目光聚焦于项目的商业模式和盈利方式上，通过对项目的经营状态，如财务数据、用户规模、用户增长速度等指标来判断项目投资的价值。这种价值判断的基础产生于投资机构对投资回报的追求，反映了投资人投资格局的局限和投机的心理。真正有眼光的投资人一定是从人的因素出发，通过对项目创始人的全面了解来判断其对项目的谋划、控局及执行能力。因此，他更看重的是创始人的人品、胸怀、眼光、境界和格局以及与之相关的性格要素，包括意志力、忍耐力、胆识、气魄、悟性、凝聚团队的能力和学习能力。最伟大的投资往往观察投资人的社会担当和责任。因为一个人所体现出来的社会正义和承担社会责任的意识往往会凝聚社会的主流意识，形成资源聚集，从而在项目推进过程中得到广泛支持，形成群体共识和一致效应，进而突破项目发展过程中出现的困难和瓶颈。这是一般普通项目创始人所不具备的潜质。投资人的目光决定了他所投项目的性质，如果过于急功近利，或单纯地追逐商业利益，从投资回报的角度或许在短期内较容易实现投资的目标，甚至得到超出投资期望的货币收益增量，但对于项目的可持续性和健康性以及产业生态的布局往往造成一定的伤害甚至破坏，这会使得项目在发展到一定阶段之后表现出市场疲软状态，或者在用户群体中形成不良口碑，造成项目进一步发展的瓶颈，而这种瓶颈受限于项目创始人的格局和境界，单凭自身力量难以突破，进而影响项目的后续发展。现实中类似的例子不胜枚举。最著名的例子如马云及所创造的商业帝国阿里巴巴。马云从 1992 年开始创业过程，经历了成立海博翻译社，创办中国黄页，受外经贸部邀请进京建立中国国际电子商务中心（EDI）并为外经贸部官方网站、网上中国商品交易市场、网上中国技术出口交易会、中国招商、网上广交会和中国外经贸等一系列网站。1999 年 3 月马云才用拼凑来的 50 万元开发阿里巴巴网站，在奋斗了一个半月之后，阿里巴巴网站正式上线。Invest AB 副总裁蔡崇信听说阿里巴巴后，飞赴杭州洽谈投资，在和马云谈了 4 天后，决定辞职加入阿里巴巴。随后阿里巴巴网站经过半年左右的运营，在蔡崇信的帮助下，1999 年 10 月和 2000 年 1 月，先后两次共从软银等国际投资机构融资 2500 万美元，从而促进了企业的正规化运作，并实现了事业的快速腾飞。可以看出，马云从成立阿里巴巴到实现 2500 万美元的融资，才用了半年多一点的时间，很难想象，在这半年的时间内一个网站能够实现多大的价值，无论其销售数据还是用户规模恐怕都不能让国内任何一家投资机构满意，对于国内的专业投资机构来说，这些数据根本称不上数据。他们也很难被这些数据所呈现出的行业趋势所打动。所以，马云对未来的宏伟规划和构想并没有得到国内外一些投资人的认可，相反，很多投资人认为马云对未来市场的描绘过于乐观，或者过于虚幻，根本无法实现，而最终都没有看好马云所描绘的价值。甚至有些人以貌取人，对马云夸夸其谈的行为表示反感，将其列为传销分子的行列，更为严重者甚至将其视为行业的骗子。来源于网上的一些段子这样描述马云的遭遇：马云跟大老板们讲什么叫电子商务，大老板们得出一个结论——这是个骗子。但正是马云的执着、坚韧的性格使得他在面对这些挫折时一直坚持，从不放弃，以不可理喻的行为最终造就了一个不同寻常的故事，最终成就了一个令人无法企及的商业神话。《福布斯》杂志对马云做了这样的评价：深凹的颧骨，扭曲的头发，淘气地露齿而笑，拥有一副 5 英尺（1.53 米）、100 磅（45 千克）的顽童模样，这个长相怪异的人有着拿破仑一样的身材，同时也有着拿破仑一样伟大的志向。

上面的例子说明成就伟大投资的关键要素在于人而不在于事和物。其实与之相似的例子还有腾讯公司的创始人马化腾、华为技术有限公司创始人任正非、巨人集团的史玉柱等。这些人都曾不同程度地遭遇挫折，甚至遭受过灭顶之灾，在最困难的时候都不曾被资本看好，但他们从逆境中历练出的坚毅性格和不屈精神使得这些人最终从被人轻视的目光中脱颖而出，成长为商界的巨人。

与之相反的情况则是资本对短距商业项目的嗅探和聚集。近年来，随着分享思想的萌发和成长，诞生了一系列像共享单车、共享充电宝、共享雨伞等系列的共享项目，这些项目的商业模式极其简单，无非是通过收取用户的租赁押金和使用服务费形成价值沉淀和持续现金流。然而，这些项目徒有"共享"之名，而无共享经济之实，最后无不偏离了共享经济的道路。以共享单车为例，共享单车模式下所谓的共享经济本质上是被互联网包装的租赁经济，共享单车公司作为直接的服务提供者参与到与用户的交易当中，这显然与共享经济的最核心理念和特点不符。无论是头部玩家还是二线玩家，共享单车的竞争实则是裹挟在其背后的资本的竞争，这也暴露出了共享单车的本质——伪共享，真租赁。最后的结局让人唏嘘不已。卡拉单车创始人林斌以借朋友 29 万元偿还用户押金收场；悟空单车创始人雷厚义赔进去 300 多万；3Vbike 创始人巫盛华损失 100 多万；町町单车更是落得资金链断裂，创始人丁伟跑路的下场。共享充电宝的悄然消失、共享单车的频频倒闭，都告诉我们一个不争的事实——并不是所有的行业都适用于伪共享经济的模式。共享的世界，永远不缺夸大、炒作，然而当可共享的领域越来越多，难免回到问题的本源——是否已经偏离了"共享经济"的内涵。归根到底，共享单车等伪概念企业只是互联网化经营的传统业态，不同的只是经营模式而非经济模式。而那些不具备消费场景或真实需求的"伪共享"项目，终究逃不过像当年团购、O2O 销声匿迹的结局。风口过后的倒闭潮仿佛成了那些喊着"共享经济"口号创业者们的归宿。显然，共享单车只是其中的一个缩影。投资者们都犯了一个致命的错误，那就是将目光聚焦于事和物的本身而忽视了人的因素，他们所投资的对象过于看重短期利益而缺乏社会责任担当意识和产业生态布局能力，这也是导致项目很快出现瓶颈的根本原因。

另外，还有一些像滴滴、美团、饿了么、拼多多之类的带有行业标签的互联网项目，也引起了资本的追逐。这些项目的共性就是先通过涵养市场，以补贴或低价的方式吸引商家和用户，并通过一定规则培养用户习惯。当用户形成市场依赖之后，这些平台型项目便会通过市场压制或联合形成行业垄断，然后再提高市场价格，将此前市场的补贴投入加倍地掠回。这种放水养鱼再宰杀的做法，其实是一种互联网打劫行为，它并没有创造真正意义上的社会价值，无非是分食原有的行业生态体系中的蛋糕而已。用一句通俗的话讲，就是针对行业发展中的缺陷或不足用一种诱饵强行分割行业，然后再贪婪地在行业内吸血。所以尽管这些类型的项目看似有巨大的投资价值，但它们对行业造成的破坏或负面影响在不久的将来很快就会呈现出来，使项目的发展遭遇瓶颈，直至出现危机。投资者如果关心并看重中期利益而寻找投资，那么上述项目无疑是较为合适的选择。但可以肯定的是，这些互联网项目因为不完全吻合国家的健康产业生态，注定不会成就伟大的投资。

除团队的因素之外，投资领域的另一个核心价值是与社会进步相对应的技术革新。换句话说，就是公司或项目是否具备一定的技术门槛。关键技术代表着知识产权的衍生价值，在市场未得到突破之前，它可能通过授权使用或转让等方式实现超乎寻常的商业价值。就像美国高通公司一样，在 5G 技术方面形成了国际垄断，其仅向移动互联网行业收取专利使用费一项就可以实现巨量的财富。据报道，美国高通公司未来一年向中国收取的 5G 专利费用就高达 3000 亿元人民币。由此可知，除人的因素之外，公司的核心技术是最具投资价值的要素之一。正因为如此，中国的华为技术有限公司被认为是国内最有价值的科技公司。华为是全球领先的信息与通信技术（ICT）解决方案供应商，专注于 ICT 领域，坚持稳健经营、持续创新、开放合作，在电信运营商、企业、终端和云计算等领域构筑了端到端的解决方案优势，为运营商客户、企业客户和消费者提供有竞争力的 ICT 解决方案、产品和服务，并致力于领跑未来信息社会，构建更美好的全连接世界。其产品和解决方案涵盖移动、宽带、IP、光网络、网络能源、电信增值业务和终端等领域，致力于提供全 IP 融合解决方案，使最终用户在任何时间、任何地点都可以通过任何终端享受一致的通信体验，方便人们的沟通和丰富人们的生活。华为每年的科研投入都占到营销收入的 10% 以上，而且每年递增。2015 年，华为研发投入为 596 亿元，占 2015 年销售收入的 15.1%，近十年来，华为已经在研发方面投入了超过 2400 亿元。2016 年全球研发投入排名前十的企业中，华为名列第九，约 92 亿美元（约 630 亿元人民币），已超过苹果、思科等巨头。2018 年 7 月 10 日，在国家知识产权局 2018 年上半年发明专利授权量排名中获得第一名，共有专利授权量 1775 件。华为立足于国际主流标准，将其与产业紧密结合，推动 WRC－15 为 IMT 新增至少 500MHz 全球频段，发布 5G 技术 Vision 白皮书；在 SAE/PCC 领域推动网络能力开放、Service Chaining 等重要议题；领跑 NFV 标准，推动 ICT 融合标准生态环境；促进 Carrier SDN 产业孵化；推动更易互联互通、适当增强的 IP/Internet 领域安全原则；引领 Flex－OTN 标准，是 100GE/400GE 以太网标准的主要贡献者；在 IEEE 802.11 启动和引领下一代 WiFi 标准的研究。

华为在技术领域取得的成就奠定了其在国内甚至国际上的地位，成为互联网和科技界一颗耀眼的明星，其价值不可估量。2013 年，华为首超全球第一大电信设备商爱立信，排名《财富》世界 500 强第 315 位。2016 年华为营收总额超过了 5000 亿元，大致相当于 1.5 个联想、5 个格力电器、5 个中兴、5 个阿里巴巴、6 个比亚迪、6.5 个小米，约等于万达和万科之和，超过腾讯百度阿里巴巴总和，这是一般的科技企业和互联网公司无法企及的。它充分印证了核心技术对公司价值描述的贡献，反映了公司价值组成的源点。

上面讲述了互联网及相关领域项目或公司的两个主要价值构成。但通常情况下投资人并不具备对一个项目的前景给出完全准确的判断的能力，尤其是对人的投资。而且对人的投资往往也是早期的，基本是种子期或天使期。但大的资本并不希望在对人的选择上浪费太多时间，所以他们更希望通过资本的力量推动项目实现一个确定的结果，那就是让项目快速进入资本市场，以实现资本的增值。因此，他们更看重一些可以量化的指标。在互联网公司进行前期融资时，活跃用户数是所有公司估值的一个重要指标。但对于一些已成规模的大型互联网公司进行估值时，活跃用户数仅衡量公司收入等式（收入＝单价×数量）中的数量部分，如 Facebook、Google、腾讯等。对上市的互联网公司进行估值时，市场更加关注互联网公司的利润表项目，即公司的收入和利润。在对互联网公司进行估值时，其活跃用户数的增长是支持其估值增长的一个条件，最终，用户数的增长会反映至公司的收入增长和利润增长上。

表 3－4　可比互联网公司 IPO 信息

	谷歌	领英	Facebook	Twitter	Snap
上市时间	2004 年	2011 年	2012 年	2013 年	2017 年
IPO 前营业收入	14.6 亿美元	1.6 亿美元	37.1 亿美元	4.5 亿美元	4.0 亿美元
IPO 前净利润	1.4 亿美元	200 万美元	6.7 亿美元	-9900 万美元	-5.2 亿美元
IPO 当时市值	230 亿美元	90 亿美元	810 亿美元	180 亿美元	200 亿美元
活跃用户	N/A	9000 万	8.5 亿	2.2 亿	1.6 亿
市值/活跃用户	N/A	$100/人	$95/人	$82/人	$125/人
P/S 倍数	15.7	56.2	21.8	40	50

资料来源：公司招股说明书、Bloomberg、兴业证券研究所

Snapchat 和 Instagram 是目前较为活跃的网络社交平台，两个平台都以图片信息作为载体，以区分于 Twitter、Facebook 等传统社交平台。诞生于

2011 年底的 Snapchat，于 2017 年初成功上市。Snap（Snapchat 的母公司）最近财年营业收入仅为 4 亿美元，公司亏损规模达到 5.15 亿美元。市场对 Snap Inc. 进行估值时采用的是基于活跃用户数的估值方法。目前 Snap 市值约为 178 亿美元，其最新公布的月活跃用户数是 1.66 亿人，可计算出其单个用户价值为 107 美元。与其他互联网信息供应商相比，Snap 上市当日市销率倍数过高。领英用户的 LTV（生命周期价值）领先于其他公司，并且领英拥有独特的用户群体（职场人士和高校学生），因此公司获得高估值，从而产生高市销率。Snap 的收入来源与 Facebook、Twitter 相似，但市销率远高于 Facebook 和 Twitter，并且 Snap 的亏损规模比上述所有可比公司大。从 Facebook 和 Twitter 的历史数据上看，Facebook 在 2013 年以前存在股价与 MAU 变化高度相关的现象；Twitter 上市时间较晚，公司在 IPO 当日估值较高，此后股价变化与 MAU 变化无明显相关关系。由此可证，在 Facebook 和 Twitter 上市首日的估值方法为基于用户数的估值方法，而后期的股价波动与 MAU 的变化显示出估值方法转为关注公司收入或利润。LinkedIn 在 2013 年以前也表现出股价与 MAU 高度相关的关系，随后股价与 MAU 变化无明显相关关系。因此，LinkedIn 也显示出后期估值方法转为关注公司收入或利润。

然而，在互联网公司的价值构成中，基于活跃用户数的估值方法越来越引起行业的置疑，很多互联网项目尽管活跃用户很高，但这种活跃数据并不能形成市场价值，用户转化困难。

以 Facebook 为例，市场在 IPO 当日仅关注其用户数，即"收入 = 单价 × 数量"中的"数量"部分。当 Facebook 明确业务发展方向之后，市场对于等式中的"单价"部分更加注重。由于"单价"和"数量"都受到市场的关注，市场的实际关注焦点落到等式左边，即 Facebook 的收入。Twitter、腾讯的微信、新浪的微博等互联网公司或互联网公司的重要业务部分的主流估值方法都与其收入和利润相关。尽管活跃用户数的增长情况可以显示公司和部分业务的增长情况，但用户数的增长不必然支持公司估值的上升。

除上面描述的几个要素之外，其他的因素并不能构成互联网公司或项目的价值的核心。但一些关键信息对于公司短期价值的评估会产生一定的促进和帮助。比如公司战略转型期间往往会给予一定估值溢价，这取决于公司的体量和规模以及公司在行业中的地位。一般情况下，行业巨头在发展瓶颈期通常会根据科技进步和行业环境做出战略转型的决定。而大型公司，如微软和 Autodesk，通常拥有在其业务领域内占据绝对优势的产品。例如，Autodesk 拥有 AutoCAD，微软拥有 Windows 系统和 Microsoft Office 套件。这些占据绝对优势的产品对公司来说是聚财的法宝，形成了公司的价值地位的基础。但当行业环境变迁时，这些产品也不足以支持公司继续保持发展的格局。因此，公司在大环境变迁的情况下会进行战略转型。战略转型对公司而言是一次彻底的改变，公司通常会在战略转型期经历业绩阵痛。但这种阵痛往往体现于公司化茧成蝶般的蜕变，被市场期待为新的价值板块的诞生和成长，因此，市场在公司战略转型期内会根据公司的转型效果给予一定估值溢价。一些国际型大公司如 Autodesk、Adobe、微软、惠普、网易、阿里巴巴等都曾经历过发展中的战略转型。但每次转型都意味着公司的一次里程碑式的成长标志，被市场理解为新业务的扩张或产业生态的新布局。

第二节
互联网平台的社会价值量度

　　互联网平台的价值分析中，有一个价值很难被精确地度量，这种价值就是平台的社会价值。社会价值之所以难以度量是因为它表现出的结果并非以直接的收益来呈现，而是不容易被发现或建立联系。一般来说，互联网项目或平台的社会价值是通过运营而体现出来的，它往往具备如下特点：

　　第一，间接性。互联网项目在运作过程中，除了运作主体的直接收益之外，还会对社会的发展造成间接影响。比如，因改变了人们的消费习惯而催生了新的网络文化，因提高了用户的工作生活方式而提高了社会的整体效率，因提供了增加用户的收入的工具或方法而增强了人们的幸福指数，因改变了金融服务模式或消费支付方式而降低了社会犯罪数量，如此等等。

　　第二，隐秘性。互联网项目对社会的贡献并非全部是显性的，有很多结果需要经过深入地分析才能被发现。比如，上面提到的因消费支付方式的改变所导致的社会犯罪数量减少就未必会被多数人观察到。因为移动支付的成熟和普遍使用，人们逐渐习惯了无现金支付，出门只需携带手机即可完成绝大多数情况的消费支付，这在一定程度上降低了因携带大量现金而造成的遗失以及被偷窃或抢劫等潜在的风险。再比如，因为一些互联网应用给人们带来了更多工作选择机会和工作方式，很多用户可以方便地通过网络寻找并选择工作，或者自主创业。这在一定程度上必然缓解了大量人员失业而造成的社会压力，对社会的稳定有着重要的促进作用。

第三，长期性。互联网项目的社会价值呈现需要一段时间的沉淀才能显现出来，尤其是它对一种文化现象的养成需要很多因素的相互作用并进行叠加累积。如同习惯的养成，没有一定阶段的重复或强化是很难成功的。

第四，继承性。互联网技术的快速发展促进了社会进步，提高了文明成果。每一个互联网项目背后都代表着创始人的思想和思维逻辑，项目的运作过程就是将这种思维进行扩散或推广的过程。一个项目运营的成功必然意味着这种思想被社会所普遍接受，因此，它对社会的价值必然包含着对用户思想甚至是行为的改造，而这种改造的结果也将意味着一个文化成果的传递，对社会的发展有非同寻常的意义。

以上几点粗略地描述了互联网平台的社会价值表现特点。然而，要想相对科学地对其进行度量却相当困难。除上以上特点所形成的量度阻滞之外，还有一个巨大的困难就是度量参数的选择。事实上，互联网平台的社会价值是一个抽象的概念，属于虚拟的范畴，无论我们如何试图将其具体化，都很难将其归入一个可以用公式描述的集合中。因此，对社会价值的判断我们可以依据以下事实先进行定性归纳。

首先，要看项目本身所解决的问题是否符合社会主义核心价值观。具体来说，就是产品的商业模式设计是不是健康的，是否有益于社会的进步。对于那些单纯为了利益不择手段，想尽一切办法去玩弄概念、制造噱头、设置陷阱等的互联网项目，无论它们的用户数量有多少，无论项目的利润有多高，都不能说它是一款有社会价值的产品。换句话说，那样的互联网平台违背了社会良性发展的原则，其所呈现的社会价值是负向的。从长远来看，随着社会法制的健全和监督管理机制的完善，这样的产品注定会退出历史舞台。

其次，要看一个互联网项目是否提高了社会运行的效率。从总体上看，互联网项目所解决的问题是基于用户的真实需求，如果仅凭创始人的主观愿望，一厢情愿地去自作主张，就有可能造成产品与用户间的割裂，导致产品的市场运营成本增加，甚至被用户抛弃。一个不受用户欢迎的互联网产品，不用说其未来的前景如何，但凭其最初的用心，就无法实现一个良性的运转，更谈不上对社会的贡献了。一个好的互联网产品，它至少能够让用户得到它需要的价值，满足其希望的需求，改善其工作、生活或学习的效率。当更多的用户群体普遍受益于该产品带来的便利时，整个社会的运行效率自然就得到提升，这个产品的社会价值也自然会得到体现。

另外，一个互联网项目的社会价值体现还要参照其技术是否代表社会进步的力量。无论技术如何先进，模式如何新颖，但其不是为解决社会真正的需求而是无视社会责任和道德成为单纯追逐利益的工具，这种技术就没有什么社会价值。不过，技术的价值表现往往是中性的，应用的范围和场景代表了其价值的走向，所以衡量一个项目的技术价值必须考量其使用的方向和目的，了解其服务的对象。一般情况下，技术是融合在项目中的，具体应用中我们并不关注技术本身，而是关心这种技术应用于什么样的项目。所以，建立在互联网公司项目中的价值判断首先要分析公司的业务性质，其次研究其商业模式，再次判断公司项目运营中对社会的影响，最后才是项目对公司自身的价值贡献。之所以将项目运营对公司的价值贡献放在最后，是因为从长远战略的角度考虑，最能持久的价值构成是源于其对社会的贡献而不是其他。

第三节
互联网产业链的价值延伸

互联网作为一个新兴产业，对社会经济增长的贡献引人注目，它自身的经济发展形态已经相当丰富，并且不同形态的商业模式也各式各样。互联网产业因为具有资产轻量，运营效率高，不受时间和空间约束等特性，所以吸引了越来越多的投资者进入该领域，形成了资本在相对短的时期内的聚集。但是互联网产业链的形成对社会带来的贡献远非互联网本身所表现出的价值测度所限定的部分，其延伸价值超出了我们的想象。

首先，互联网产业链对传统行业造成的影响已经成为社会进步的标志，它集中体现于以下几个方面：

（1）促进了传统行业运行效率的提高。互联网技术的广泛应用使得传统行业的运转形式发生了很大改变，原来依靠人力和设备的局面得到了一定程度的缓解，一些通过人工连接的业务模式找到了替代的形式，而人工智能和互联网的深度结合则缩短了传统行业的业务流程。这些因素都直接提高了行业内各种业务的发展速度，降低了企业的生产成本，促进了产业效率的提高。可以说，在互联网技术发展到一定时期后，传统行业如果没有受惠于互联网发展所带来的自身价值放大的机遇，那个该行业就是一个没落的甚至被淘汰的行业，它未来生存的机会要么就是成功转型，要么就蜕变为其他行业的附庸。

（2）对传统行业的产业结构进行了洗刷式调整。在互联网时代，传统行业的产业结构受到各种新生力量的冲击，造成了商业模式和利益分配方式的变革，这必然会导致产业结构的适应性调整，一些效能低下、利益链条冗长、资源依赖严重、能耗及环境破坏超标、投机性强等类型的企业势必随着网络技术的应用而失去存在的价值，逐渐为新型的产业形态所取代。

（3）为传统行业的运行状态和运行规律提供了监测、分析和预测的工具。互联网的发展除自身技术的表现之外，还衍生了一系列虚拟形态的产品、平台和工具，这些产品或工具一方面满足了人们网络社交、娱乐、商务及其他应用服务的需要，一方面也为传统企业的商业行为提供了健康状态诊断及运行规律分析判断的功能，尤其是通过互联网平台或工具所收集的各行各业的运行数据，可以分析、比较行业内存在的问题，找出影响或制约行业内企业发展的障碍性因素，进而形成对企业未来健康发展的预测。如果借助于一定的人工智能工具和科学的数学模型，还可以给出企业未来运行的仿真结果。

其次，互联网产业链的形成极大地促进了政府行政职能效率的提升，并在全社会范围内改善了政府行政职能部门服务的质量。在互联网得到普及之前，政府机关及行政职能部门通过组织关系行使服务职能，这种原本作为服务的职能因为传统观念的影响和信息闭锁等原因，在一些人眼里反而变成了权力的象征。普通市民无法区分角色地位的差异和自身角色在社会上所处的位置，经常将自己理解为社会底层的一员，是需要服务于政府的一个角色。所以在现实中他们与政府沟通通常表现为弱势的一方，态度谦和且低声下气。2009年中央人民广播电台记者赶赴郑州采访主管信访工作的市规划局副局长逯军时，这位副局长竟质问记者"你是准备替党说话，还是准备替老百姓说话？"遭致网友热议，一时间"替谁说话"成为网络热词，被网上称为"最牛的一句话"。仔细分析，他的言外之意就是党和老百姓的关系是对立的，替党说话了就不能替老百姓说话。这种雷人的极端语录其实反映的正是他们对自己角色定位的错误认识和对基层民众的轻视。类似的事件在网络较不发达的过去层出不穷，很多地方政府官员自诩为一方贵族，将人民赋予的权力视为自身固有价值的一部分，混淆了自己与服务对象之间的关系，在工作中也没有摆正自己的位置，长期高高在上，居高临下看待每一个前来寻求政务服务的民众。互联网和新媒体的发展使这种局面得到了很大的改观。一方面社交媒体的广泛应用发挥了巨大价值，平台功能及传播效应使得政府行政管理中一些违规的行为得到了及时曝光，并通过网络在社会上快速传播，在极短的时间内就会形成社会的关注，而关注的力量是任何人都无法以己之力所能抗衡的。它促进了社会正义的持久和延续，使得社会不公和罪恶被大众讨伐。从这一方面看，互联网成为实现社会公平并促进社会进步的正向力量。另一方面，互联网作为一门新兴技术，其强大的连接能力和通信功能使得政府的一些组织管理和服务可以通过网络平台方便地实现，并且效率得到了极大提升。在追求质量和效率的时代，这无疑是整个社会的福音。目前，遍布全国的政务服务系统纷纷建立起来，从工商税务到公共安全，从文化教育到医疗卫生，从政府管理到社会服务，无论哪个部门，只要涉及公众业务或服务，都几乎都建立了自己的网络服务平台或体系。而一些有较大影响的社交媒体的接入，使得上述服务更加快捷便利，民众充分体会到了互联网的发展给社会带来的巨大便利。现在基本上足不出户就可以得到政府行政主管部门的各项职能服务，其服务质量和效率也得到了极大的提升。用户无须在政务窗口进行长时间的等待，也无须经常面对一些办事人员陌生的面孔，有效降低了用户时间的开销并削减了一定的社会矛盾。另外，基于互联网产业生态建立起来的社会评价机制也客观上促进了政府行政职能部门提升服务的质量和水平，使政府的行政体系不断走向一个健康良性发展的轨道。

第四节
虚拟资产的价值测度

4.1　虚拟资产的属性分析

　　虚拟资产原本是指企业资产的特殊组成部分，是持续经营的会计假设前提的产物。从本质上说，虚拟资产并不是资产，而是企业已经发生的费用或损失，按照权责发生制和会计配比的要求，暂时作为资产进行核算的部分。但这里指的虚拟资产并不以上述定义为标准，它专指用户通过互联网工具或平台在虚拟世界里积淀下的社会财富。

　　按照上面的规定，虚拟资产主要包括各种形式的互联网平台账号、产品 LOGO、企业商标、网络游戏中的各种虚拟道具、基于区块链的数字货币等。

　　虚拟资产与有形资产相比，其价值测度相对复杂，并且测度的手段和工具也不容易界定。由于缺乏相应的有价参照，虚拟资产的价值也非常容易受到时间、环境等条件的影响，产业价值大幅波动。下面针对不同的虚拟资产类型进行简要分析。

　　各种互联网平台的兴起给互联网用户带来的价值除了作为工具提升工作效率之外，还包括用户在互联网平台上注册的账号信息。一般情况下，互联网平台的账号用作服务于互联网用户的专用通道，是为了提供更便利的服务而设置的。但随着互联网技术的发展，一些平台运营者发现用户账号信息对于平台的可持续发展意义深远。这些后来被称为平台流量重要组成部分的数据成为互联网平台争相抢夺的稀缺资源。而作为用户一方的账号也因为服务或应用的积累和深入而表现出一定的价值。尤其是在一些互联网平台上，用户被一些规则所分类，或者通过平台的规则而升级，成为具有一定 VIP 等级的用户，进而享受一定的特权服务。这些账号无疑是有一定价值的。但对这种价值的测量却没有统一或固定的标准，因为平台规则不是固定不变的，而且用户往往受限于规则在自己的某些权益受到影响时无法主张权利。因此，对于个人账号的价值测度基本都是按照平台服务为用户生成或节省的实际价值及服务质量的差异所带来的体验价值的综合评定来进行的，实际中还要考虑用户账号的命名规律、方便程度等数字信息。一般情况下，短号的价值高于长号的价值，合乎大众认知习惯和价值趋向的账号有较高的价值。基于用户登录方便程度和用户传统伦理、道德及价值观等方面的因素，一些短且表现吉祥的数字账号可以形成普遍的价值认同。这一点对于 QQ、微信、手机号码等账号中表现得尤其明显。一些早期的 QQ 短号及尾号多含有 8 的 QQ 号或手机号码，可以在市场上形成超越一般号码很多倍的价值测度。一些非互联网平台中形成的虚拟资产凭证如车牌号、商铺号等也具有类似的属性。

一些企业的产品 LOGO 也具有现实的价值，可以形成一定的价值量判断。但这类虚拟资产并不能孤立测量，它依附于其产品和企业自身的品牌或地位。一般情况下，产品越受市场欢迎，企业品牌形象越高，产品 LPGO 的价值越大，其本身的艺术设计所形成的价值越能被认可。单纯地测度产品 LOGO 设计的艺术价值容易偏离产品本身的实用特性，成为纯艺术的描述，这会降低其作为虚拟资产的价值水平。企业商标与之相似。不同的是企业商标需要企业提出申请并得到国家工商部门的审核登记，受《商标法》保护，其价值测量多出一个参数，因此企业商标比单纯的产品 LOGO

更有实际价值，除非产品 LOGO 与企业商标一致。

　　网络游戏中的虚拟道具的价值测量因为有相对成型的标准，所以对其价值认定时相对容易，其方法也较为成熟。但虚拟道具受游戏运营公司的规则所限定，因此关于虚拟道具的价值判断也不可避免地受游戏规则的影响，且随着时间和环境的变化价值波动较大。通常情况是，虚拟道具的形成是游戏玩家在游戏世界里充值的结果，其价值的表现就是在虚拟世界里的使用与展示。不过因为所有游戏公司都是以追求利益为目的，他们对虚拟道具的生产完全依赖于玩家的精神需求，而且在游戏世界里，虚拟道具可以无限地任意复制，玩家在充值获取的同时会造成虚拟道具的数量增加，进而造成玩家的虚拟财富贬值。而不断推出的新的虚拟道具则会引发虚拟世界里的通货膨胀，使得玩家此前充值形成的虚拟财富被蒸发。因此，对于网络游戏中虚拟道具的价值测度必须与游戏公司的运营规则结合起来。网络游戏的不断更新会导致虚拟物品的不断翻新，旧有的虚拟道具在新型道具环境下可能变得完全没有价值。这是网络游戏的普遍规则。由于涉及法律方面的争议，所以有关这方面的讨论缺乏一定的现实意义。但无论如何，玩家通过游戏充值所获得的虚拟道具价值一定不高于充值本身。其价值量判断一定程度上依赖于游戏服务器中同类道具在玩家群体中所占的比重以及在虚拟世界里价值发挥的程度。对于点卡付费的游戏类型，虚拟道具的产生往往是通过玩家执行副本任务来完成的。但一些可以生成极品道具的副本任务往往很难完成，这需要玩家进行团队协作，而且对玩家的等级及战力要求也相对较高。所以副本中杀怪掉落的装备或道具在游戏世界中具有一定的稀有度，另外它也不能通过玩家充值获得，所以对这一类虚拟道具的价值估算就可以结合虚拟世界中市场的需求形成主观性较强的判断。很多情况下，玩家与玩家间更容易达成这类虚拟道具的交易价值认定，因为玩家深知副本任务的难度和稀有物品掉落的几率。

　　基于区块链技术的数字货币价值判断有较为复杂的数学依据，它涉及较为复杂的函数运算，笔者在此不打算深度展开，在下一节试图单独就数字货币的起源、形成方式及价值测量给出较为详尽的讲解。

4.2　与区块链技术相关的互联网产品的价值尺度

4.2.1　区块链相关概念介绍

区块链是目前极为流行的网络应用技术。什么是区块链？恐怕只有少数人才真正理解区块链的概念，很多人只是停留在这一名称上面，一些大谈区块链概念的人甚至连区块链的定义也无从知晓，更谈不上区块链的应用。一些人甚至利用人们在区块链技术认知上的欠缺，打着顺应国家大力发展区块链技术政策的幌子，到处招摇撞骗，将区块链变成一种新型传销的工具。说到底，骗子们很多都将区块链技术简缩为数字货币，在朋友圈中大肆进行虚假宣传，狂吹泡沫，最终通过滥发数字货币，以击鼓传花的方式寻找下一个接盘用户，而自己则趁机变现跑路。目前以区块链之名进行诈骗或从事传销活动的不计其数，国家也开始重视并重拳打击这些违法犯罪行为。我们每一个人都应该擦亮眼睛，在避免自己上当受骗的同时，也要对社会上以区块链之名进行违法犯罪的行为进行抵制或举报，并尽可能地在身边的朋友中进行正向宣传，防止更多的人掉入陷阱。为此，有必要对区块链及数字货币做一个简明介绍。

区块链是日本人中本聪提出的概念。2008 年 11 月 1 日，中本聪在"metzdowd.com"网站的密码学邮件列表中发表了一篇论文，题为《比特币：一种点对点式的电子现金系统》。论文中详细描述了如何创建一套去中心化的电子交易体系，且这种体系不需要创建在交易双方相互信任的基础之上。很快，2009 年 1 月 3 日，他开发出首个实现了比特币算法的客户端程序并进行了首次"采矿"，获得了第一批的 50 个比特币。这也标志着比特币金融体系的正式诞生。2010 年 12 月 5 日，在维基解密泄露美国外交电报事件期间，比特币社区呼吁维基解密接受比特币捐款以打破金融封锁。中本聪表示坚决反对，认为比特币还在摇篮中，经不起冲突和争议。在随后的几年中，区块链概念成为电子货币比特币的核心组成部分，并作为所有交易的公共账簿。通过利用点对点网络和分布式时间戳服务器，区块链数据库能够进行自主管理。为比特币而发明的区块链使它成为第一个解决重复消费问题的数字货币。比特币的设计已经成为其他应用程序的灵感来源。

在关于区块链技术的讨论中，有几个经常被提及的概念就是"哈希（Hash）""哈希函数（Hash Function）"或"哈希算法"，这些是数学上的概念，一般人并不容易理解。哈希是一种加密算法。哈希函数又被称为散列函数，它是一个公开函数，可以将任意长度的信息数据 M 映射成为一个长度较短且长度固定的值 $H（M）$，称 $H（M）$ 为哈希值、散列值或信息摘要（Message Digest）。也就是把任意长度的输入（又叫作预映射 pre－image）通过哈希算法变换成固定长度的输出，该输出就是散列值。这种转换是一种压缩映射，也就是说，散列值的空间通常远小于输入的空间，不同的输入可能会散列成相同的输出，所以不可能从散列值来确定唯一的输入值。它是一种单向密码体制，即一个从明文到密文的不可逆映射，只有加密过程，没有解密过程。其表达式为：$h = H（m）$。

无论输入的数字格式是什么、文件有多大，其输出都是固定长度的比特串。以比特币使用的 Sh256 算法为例，无论输入的是什么数据文件，输出的就是 256bit。每个 bit 就是一位 0 或者 1，256bit 就是 256 个 0 或者 1 二进制数字串。如果用 16 进制数字表示，因为 16 是 2 的 4 次方，所以每一位 16 进制数字可以代表 4 位 bit，因此 256 位 bit 用 16 进制数字表示，就是 256 除以 4，即 64 位。我们通常看到的哈希值，为 64 位的 16 进制数字串，如：

17790a40247f13bc23b41f54a9fe3a8c79a654bb21cfa2871ab07858b21eefa6。

哈希函数具有如下特点：

（1）易压缩。对于任意大小的输入 X，哈希值的长度很小，在实际应用中，函数 H 产生的哈希值，其长度是固定的。

（2）易计算。对于任意给定的信息，计算其哈希值比较容易。

（3）单向性。对于给定的哈希值，求哈希的逆很困难。在给定某个哈希函数 H 和哈希值 H（M）的情况下，得出 M 在计算上是不可行的。即从哈希输出无法倒推输入的原始数值。这是哈希函数安全性的基础。例如，我们在数据库保存用户的密码并不是保存密码明文，而是保存密码明文的哈希值，验证密码是否正确的时候将明文哈希值与数据库保存的哈希值对比即可。这样即使数据库泄露，也不会泄露用户的密码。

（4）抗碰撞性。无论哈希函数设计得多么精细，都会产生碰撞现象，也就是 2 个关键字处理函数的结果映射在了同一位置上。理想的哈希函数是无碰撞的，但在实际算法的设计中很难做到这一点。

（5）高灵敏性。这是从比特位角度出发来分析的，指的是 1 比特位的输入变化会造成 1/2 的比特位发生变化。消息 M 的任何改变都会导致哈希值 H（M）发生改变。即如果输入有微小不同，哈希运算后的输出一定不同。

对于哈希函数中存在的碰撞现象，实际应用中会造成一些潜在的风险。2017 年 2 月 Google 和荷兰国家数学和计算机中心（Centrum Wiskunde & Informatica，CWI）的研究人员完成了针对第一例 SHA－1 的碰撞攻击，创造了两个哈希值完全相同但内容截然不同的文件。其实，早在 2015 年荷兰国家数学和计算中心和新加坡南洋理工大学研究员联合发表的论文中，就描述了哈希函数 SHA－1 碰撞攻击的各种理论性可能。同时，在 RSA 2016 的密码学家研讨会上，该篇论文得到了很多关注，参会的著名密码学专家 Adi Shamir 也预测，真实的 SHA－1 碰撞攻击在未来几个月将会成功实现。在此次会议之后，一些安全公司正式对外宣布 SHA－1 机制可能存在缺陷。

Message 1																			
IV₁　50	6b	01	78	ff	6d	18	90	20	22	91	fd	3a	de	38	71	b2	c6	65	ea
M₁　9d	44	38	28	a5	ea	3d	f0	86	ea	a0	fa	77	83	a7	36				
33	24	48	4d	af	70	2a	aa	a3	da	b6	79	d8	a6	9a	2d				
54	38	20	ed	a7	ff	fa	52	d3	ff	49	3f	c3	ff	55	1e				
fb	ff	d9	7f	55	fe	ee	f2	08	5a	f3	12	08	86	88	a9				
Compr(IV₁,M₁) f0	20	48	6f	07	1b	f1	10	53	54	7a	86	f4	a7	15	3b	3c	95	0f	4b

Message 2																			
IV₂　50	6b	01	78	ff	6d	18	91	a0	22	91	fd	3a	de	38	71	b2	c6	65	ea
M₂　3f	44	38	38	81	ea	3d	ec	a0	ea	a0	ee	51	83	a7	2c				
33	24	48	5a	ab	70	2a	aa	a3	da	b6	6d	d4	a6	9a	2f				
94	38	20	fd	13	ff	fa	52	d3	ff	49	3b	7f	ff	55	04				
db	ff	d9	6f	71	fe	ee	ee	e4	5a	f3	06	04	86	88	ab				
Compr(IV₂,M₂) f0	20	48	6f	07	1b	f1	10	53	54	7a	86	f4	a7	15	3b	3c	95	0f	4b

图 3 - 6　消息不同而哈希值相同的哈希碰撞

为了防止任何理论攻击可能，一些安全公司开始反对继续使用 SHA - 1 算法。尽管谷歌、Facebook、微软和 Mozilla 等公司已采取措施替换 SHA - 1 算法，但哈希函数仍在广泛使用。当 Google 和 CWI 的实验成功之后，SHA - 1 碰撞攻击再次受到关注。如果攻击者使用类似于比特币挖矿的专业装备和技能，攻击可能将会变得更加便捷。为避免产生碰撞，作为安全和开发团队来说，最好的方法就是使用 SHA - 256 等更复杂的算法，或使用两个独立的加密算法。目前行业内通常使用的解决碰撞冲突的方法有几下几种。

1. 开放地址法

开放地址法有一个公式：Hi = ［H（key）+ di］MOD mi = 1，2，…，k（k≤m-1）。其中，m 为哈希表的表长。di 是产生冲突的时候的增量序列。如果 di 值可能为 1，2，3，…m-1，称线性探测再散列；如果 di 取 1，则每次冲突之后，向后移动 1 个位置；如果 di 取值可能为 1，-1，2，-

2，4，－4，9，－9，16，－16，…k＊k，－k＊k（k＜＝m/2），称二次探测再散列；如果 di 取值可能为伪随机数列，称伪随机探测再散列。总的来说，就是当发生地址冲突时，按照某种方法继续探测哈希表中的其他存储单元，直到找到空位置为止。

2. 再哈希法

当发生冲突时，使用第二个、第三个哈希函数计算地址，直到无冲突时。缺点是计算时间增加。比如按首字母进行哈希冲突了，则按照首字母第二位，进行哈希寻址，依次类推，直至不再冲突为止。

3. 链地址法（拉链法）

创建一个链表数组，数组中每一格就是一个链表。若遇到哈希冲突，则将冲突的值加到链表中即可。如图 3－7。

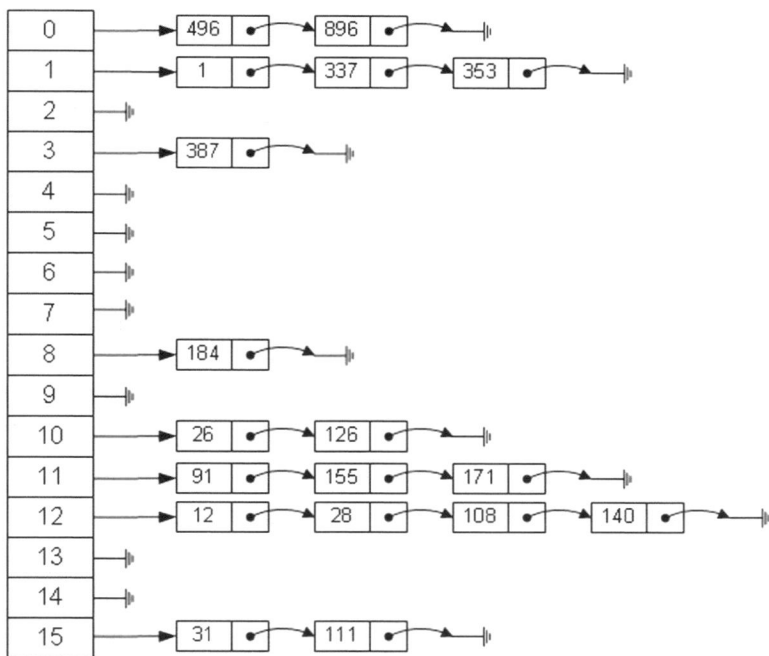

图 3－7　链地址法

哈希表是由链表 + 数组组成。通过 hash（key）% len 存储到相对应的数组中，如 140% 16 = 12。意味着数组下标相同，并不表示哈希值相同。

4. 建立一个公共溢出区

假设哈希函数的值域为［0，m－1］，则设向量 HashTable［0，…，m－1］为基本表，另外设立存储空间向量 OverTable［0，…，v］用以存储发生冲突的记录。

拉链法的优缺点是：①拉链法处理冲突简单，且无堆积现象，即非同义词决不会发生冲突，因此平均查找长度较短。②由于拉链法中各链表上的结点空间是动态申请的，故它更适合于造表前无法确定表长的情况。③开放定址法为减少冲突，要求装填因子 α 较小，故当结点规模较大时会浪费很多空间。而拉链法中可取 α≥1，且结点较大时，拉链法中增加的指针域可忽略不计，因此节省空间。④在用拉链法构造的散列表中，删除结点的操作易于实现。只要简单地删去链表上相应的结点即可。而对开放地址法构造的散列表，删除结点不能简单地将被删结点的空间置为空，否则将截断在它之后填入散列表的同义词结点的查找路径。这是因为各种开放地址法中，空地址单元（即开放地址）都是查找失败的条件。因此在用开放地址法处理冲突的散列表上执行删除操作，只能在被删结点上做删除标记，而不能真正删除结点。

拉链法的缺点是，指针需要额外的空间。故当结点规模较小时，开放定址法较为节省空间，而若将节省的指针空间用来扩大散列表的规模，可使装填因子变小，这又减少了开放定址法中的冲突，从而提高平均查找速度。

回到对区块链概念的讨论。简单或狭义地讲，区块链就是一种按照时间顺序将数据区块以顺序相连的方式组合成的一种链式数据结构，并以密码学方式保证的不可篡改和不可伪造的分布式账本。广义来讲，区块链技术是利用块链式数据结构来验证与存储数据、利用分布式节点共识算法来生成和更新数据、利用密码学的方式保证数据传输和访问的安全、利用由自动化脚本代码组成的智能合约来编程和操作数据的一种全新的分布式基础架构与计算方式。

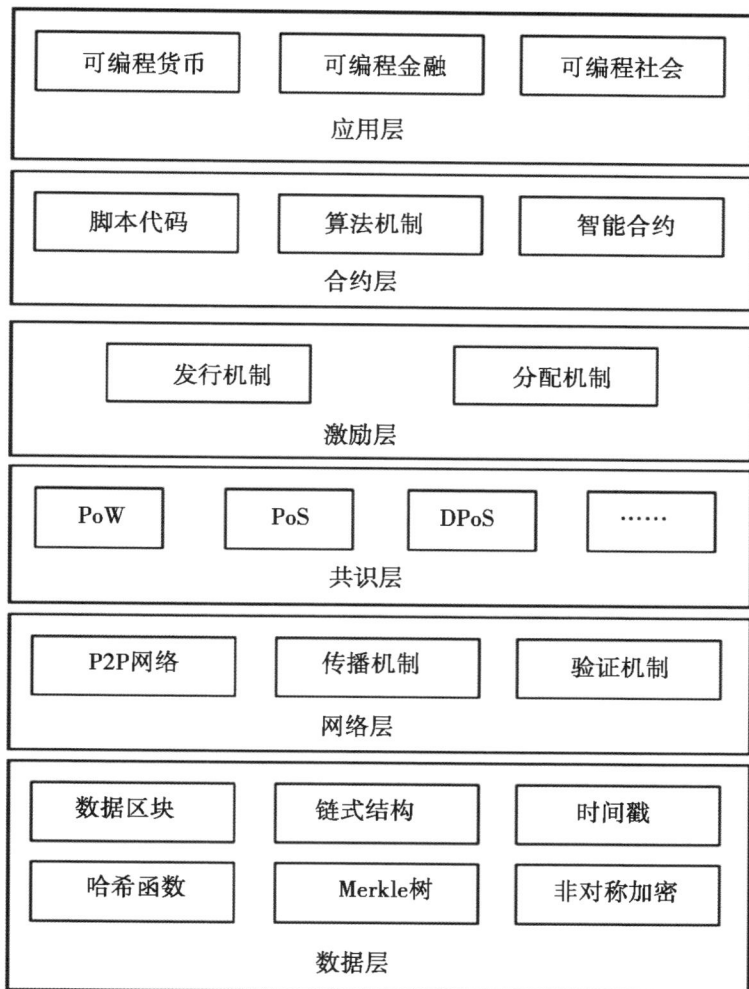

图 3-8 区块链基础架构模型

区块链系统由数据层、网络层、共识层、激励层、合约层和应用层组成。其中，数据层封装了底层数据区块以及相关的数据加密和时间戳等基础数据和基本算法；网络层则包括分布式组网机制、数据传播机制和数据验证机制等；共识层主要封装网络节点的各类共识算法；激励层将经济因素集成到区块链技术体系中来，主要包括经济激励的发行机制和分配机制等；合约层主要封装各类脚本、算法和智能合约，是区块链可编程特性的基础；应用层则封装了区块链的各种应用场景和案例。该模型中，基于时间戳的链式区块结构和分布式节点的共识机制，基于共识算力的经济激励和灵活可编程的智能合约，是区块链技术最具代表性的创新点。

区块链主要解决交易的信任和安全问题，因此它针对这个问题提出了四个技术创新：

第一个叫作分布式账本，就是交易记账由分布在不同地方的多个节点共同完成，而且每一个节点都记录的是完整的账目，因此它们都可以参与监督交易合法性，同时也可以共同为其作证。跟传统的分布式存储有所不同，区块链的分布式存储的独特性主要体现在两个方面：一是区块链每个节点都按照块链式结构存储完整的数据，传统分布式存储一般是将数据按照一定的规则分成多份进行存储。二是区块链每个节点的存储都是独立的、地位等同的，依靠共识机制保证存储的一致性，而传统分布式存储一般是通过中心节点往其他备份节点同步数据。没有任何一个节点可以单独记录账本数据，从而避免了单一记账人被控制或者被贿赂而记假账的可能性。也由于记账节点足够多，理论上讲除非所有的节点被破坏，否则账目就不会丢失，从而保证了账目数据的安全性。

第二个叫作非对称加密和授权技术，存储在区块链上的交易信息是公开的，但是账户的身份信息是高度加密的，只有在数据拥有者授权的情况下才能访问到，从而保证了数据的安全和个人的隐私。

第三个叫作共识机制，就是所有记账节点之间怎么达成共识，去认定一个记录的有效性,这既是认定的手段,也是防止篡改的手段。区块链提出了四种不同的共识机制,适用于不同的应用场景,在效率和安全性之间取得平衡。

区块链的共识机制具备"少数服从多数"以及"人人平等"的特点,其中"少数服从多数"并不完全指节点个数,也可以是计算能力、股权数或者其他的计算机可以比较的特征量。"人人平等"是当节点满足条件时,所有节点都有权优先提出共识结果、直接被其他节点认同后并最后有可能成为最终共识结果。

以比特币为例,采用的是工作量证明,只有在控制了全网超过51%的记账节点的情况下,才有可能伪造出一条不存在的记录。当加入区块链的节点足够多的时候,这基本上不可能,从而杜绝了造假的可能。

另外一个重要的技术特点叫智能合约,智能合约是基于这些可信的不可篡改的数据,可以自动化执行一些预先定义好的规则和条款。以保险为例,如果说每个人的信息(包括医疗信息和风险发生的信息)都是真实可信的,那就很容易在一些标准化的保险产品中去进行自动化的理赔。在保险公司的日常业务中,虽然交易不像银行和证券行业那样频繁,但是对可信数据的依赖是有增无减。因此,利用区块链技术,从数据管理的角度切入,能够有效地帮助保险公司提高风险管理能力,具体表现在投保人风险管理和保险公司的风险监督等方面。

总的来说,区块链是一种去中心化的数据库,它包含一张被称为区块的列表,有着持续增长并且排列整齐的记录。每个区块都包含一个时间戳和一个与前一区块的链接:设计区块链使得数据不可篡改。一旦记录下来,在一个区块中的数据将不可逆。区块链格式作为一种使数据库安全而不需要行政机构的授信的解决方案首先被应用于比特币。2008年10月,在中本聪的原始论文中,"区块"和"链"这两个字是被分开使用的,而在被广泛使用时被合称为区块-链,到2016年才被变成一个词"区块链"。在

2014 年 8 月，比特币的区块链文件大小达到了 20 千兆字节。到 2014 年，"区块链 2.0"成为一个关于去中心化区块链数据库的术语。对这个第二代可编程区块链，经济学家们认为它的成就是"一种编程语言，可以允许用户写出更精密和智能的协议，因此，当利润达到一定程度的时候，就能够从完成的货运订单或者共享证书的分红中获得收益"。区块链 2.0 技术跳过了交易和"价值交换中担任金钱和信息仲裁的中介机构"。它们被用来使人们远离全球化经济，使隐私得到保护，使人们"将掌握的信息兑换成货币"，并且有能力保证知识产权的所有者得到收益。第二代区块链技术使存储个人的"永久数字 ID 和形象"成为可能，并且对"潜在的社会财富分配"不平等提供解决方案。

在《区块链：定义未来金融与经济新格局》一书中，将区块链分为三类：一是公有区块链，它认为世界上任何个体或者团体都可以发送交易，且交易能够获得该区块链的有效确认，任何人都可以参与其共识过程。公有区块链是最早的区块链，也是应用最广泛的区块链，各大 bitcoins 系列的虚拟数字货币均基于公有区块链，世界上有且仅有一条该币种对应的区块链。二是联合（行业）区块链，由某个群体内部指定多个预选的节点为记账人，每个块的生成由所有的预选节点共同决定（预选节点参与共识过程），其他接入节点可以参与交易，但不过问记账过程（本质上还是托管记账，只是变成分布式记账，预选节点的多少、如何决定每个块的记账者成为该区块链的主要风险点），其他任何人可以通过该区块链开放的 API 进行限定查询。三是私有区块链，仅仅使用区块链的总账技术进行记账，可以是一个公司，也可以是个人，独享该区块链的写入权限，本链与其他的分布式存储方案没有太大区别。

4.2.2　区块链技术应用或产品的价值描述

毫无疑问，区块链作为一项革命性的互联网技术发明，被认为是继蒸汽机、电力、互联网之后，下一代颠覆性的核心技术，它对互联网产业的未来有着不可估量的价值。因为区块链具有去中心化、开放性、自治性、信息不可篡改、匿名性等特征，所以它的应用范围和应用场景异常丰富。目前区块链在应用上的探索主要集中于以下几个方面。

1. 艺术行业

Ascribe 让艺术家们可以在使用区块链技术来声明所有权，发行可编号、限量版的作品，可以针对任何类型艺术品的数字形式。它甚至还包括了一个交易市场，艺术家们可以通过他们的网站进行买卖，而无需任何中介服务。

2. 法律行业

BitProof 是近些年来涌现的众多文档时间戳应用中最为先进的，将会让传统的公证方式成为过去。相对于包括 Blocksgin 和 OriginStaemp 这样的免费版本，BitProof 提供更多的服务，包括有一个是针对知识产权的。有趣的是，BitProof 最近和一家旧金山的 IT 学校进行合作，把他们学生的学历证书都放在区块链上，完全重新定义了文凭和学生证书的处理和使用方式。

3. 开发行业

Colu 是首个允许其他企业发行数字资产的企业，他们可以将各种资产来"代币化"，让许多人印象深刻。尽管免费的比特币钱包 Counerparty 也允许发行简单的代币，并且在其他钱包持有者之间进行交易。Colu 的代币可以设置成各种状态和类型，能够脱离或者重新回到这个系统，并且当区块链上存储数据过大的时候能够将数据存储在 BitTorrent 的网络上。

4. 房地产行业

区块链的应用能够让整个产业链流程变得更加现代化，解决每个人在参与房地产面临的各种问题，包括命名过程、土地登记、代理中介等。

5. 物联网

一种可能的应用场景为：通过 Transaction 产生对应的行为，为每一个设备分配地址 Address，给该地址注入一定的费用，可以执行相关动作，从而达到物联网的应用。类似于 PM2.5 监测点数据获取、服务器租赁、网络摄像头数据调用、DNS 服务器等。另外，随着物联网设备的增多，Edge 计算需求的增强，大量设备之间需要通过分布式自组织的管理模式，并且对容错性要求很高。区块链自身分布式和抗攻击的特点可以很好地试用到这一场景中。IBM 在物联网领域已经持续投入了几十年的研发，正在探索使用区块链技术来降低物联网应用的成本。2015 年初，IBM 与三星宣布合作研发 ADEPT 系统。

供应链行业往往涉及诸多实体，包括物流、资金流、信息流等，这些实体之间存在大量复杂的协作和沟通。传统模式下，不同实体各自保存各自的供应链信息，严重缺乏透明度，造成了较高的时间成本和金钱成本，而且一旦出现问题（冒领、货物假冒等）难以追查和处理。通过区块链各方可以获得一个透明可靠的统一信息平台，可以实时查看状态，降低物流成本，追溯物品的生产和运送整个过程，从而提高供应链管理的效率。当发生纠纷时，举证和追查也变得更加清晰和容易。该领域被认为是区块链一个很有前景的应用方向。例如运送方通过扫描二维码来证明货物到达指定区域，并自动收取提前约定的费用，给供应链带来透明。

在公共网络服务领域，现有的互联网能正常运行，离不开很多近乎免费的网络服务，例如域名服务（DNS）。任何人都可以免费查询到域名，没有 DNS，各种网站基本就无法访问了。因此，对于网络系统来说，类似的基础服务必须要能做到安全可靠，并且低成本。

区块链技术恰好具备这些特点，基于区块链打造的 DNS 系统，将不再会出现各种错误的查询结果，并且可以提供稳定可靠的服务。

6. 保险行业

金融行业历来对先进技术最为敏感。传统的银行和证券业巨头从 2014 年就纷纷投身于如火如荼的区块链创业投资中，两年内全球投资总额高达 10 亿美金，其中更不乏像 DAH 的 6 千万美元、Blockstream 的 5 千万美元这样的巨额 A 轮融资。除了资金投入，各大公司更是亲自参与和推动具体的业务应用。例如美国纳斯达克证券交易所推出的 Linq 区块链股权交易所已经于 2015 年底开始发行测试；而全球 43 家跨国银行结成的 R3 CEV 联盟也是一直在测试和改进银行间的跨行清算联盟链，动作之快、参与度之高都是前所未有的。保险行业虽然对于区块链技术的参与相对比较保守，但在学术领域一直在进行积极的探索和研究。2014 年底，由英国著名的 Z/YEN Group 咨询集团发起的欧美保险业论坛推出的长达 50 页的《终身之链》专项研究报告从多个方面讨论了区块链将会给保险业带来的创新和变革。在研究区块链技术的同时，和国内众多保险行业的专家、学者交流，从业务流程、公司管理等多个角度深入探讨了区块链在保险业务的具体落脚点。

区块链技术还可应用于投保人的风险管理。在保险经营中，保险公司和投保人的纠纷时有发生，要么是投保人提供虚假的个人信息骗保，要么是理赔的时候对于免责条款的认定发生分歧。而这些问题的关键都在于对投保人的个人信息缺乏一个真实可信的数据采集和存储手段。而随着诸如医疗信息数字化、个人征信体系等国家系统性工程的推进，越来越多的数据源出现，如果能够将这些数据引入并存储在区块链上，将成为伴随每一个人的数字身份，这上面的数据真实可信，无法篡改，实时同步，终生有效，对于投保人的风险管理将带来莫大的益处。第一，是将不同公司之间的数据打通，相互参考，从而及时发现重复投保、历史理赔等信息，及时发现高风险用户。第二，是将不同行业的数据引入区块链，可以提高核保、核赔的准确性和效率。举一个重疾险的例子，如果能在区块链上查询到投保人所有的就诊记录，甚至直系亲属的就诊记录，对于投保人当前的身体状况、患病史、家族病史就有了一手的资料，能有效地杜绝带病投保。

　　另外，区块链技术对于保险公司风险监督也有很强的可操作性。在保险公司运营过程中，由于各种原因导致的风险时有发生，监管机构只能采取事前审核或者事后约束的措施。但随着保险业务的前端日益开放，参与保险市场的企业越来越多元化，事中监督的需求日益凸显。区块链技术正是进行事中监督的有效技术手段之一。只要保险公司将日常运营流程搬到区块链上，并向监管机构开发一个记账节点（即使是一个只读的记账节点），监管机构就可以实时观察到保险公司的全部业务动向。例如资金流向和投资构成、产品的承保和赔付数据、主要的人事和管理操作等，无需等到保险公司事后申报，从而及时发现可能存在的业务风险和违规操作。在此基础上，监管机构还可以利用大数据技术，对全国的保险市场进行分析和预测，及时发现和预防可能存在的系统性风险，或是发现潜在的保障需求和趋势，从而更好地为老百姓提供保障。除了通过改变数据存储方式来减少保险公司在承保和监督方面的风险，区块链技术还激活了很多传统的保障模式，例如相互保险，以及很多新的保障需求，例如临时动态保单。随着科技和保险行业的交流和碰撞日益加深，还会有更多新的应用和公司出现。

7. 金融行业

　　区块链技术将应用于金融行业的征信、交易安全和信息安全。金融的数据安全、信息的隐私以及网络的安全正适合分布式区域块技术，区块链在金融方面可以形成点对点的数字价值转移，从而提升传输和交易的安全性。

8. 网络游戏

　　区块链应用于游戏领域的核心价值是把游戏权利交还给游戏玩家。区块链技术有去中心化、智能合约、资产买卖等技能特点，能很好地解决现在游戏中职业游戏数据和用户数据隐私泄露的问题，促进游戏中虚拟数字钱银的保值，完成用户与游戏开发渠道公正的价值共享。

9. 社交

区块链技术在社交领域的应用目的，就是为了让社交网络的控制权从中心化的公司转向个人，实现中心化向去中心化的改变，让数据的控制权牢牢掌握在用户自己手里。同时利用标签代币化和个性化定价，帮助人们重塑社交网络形象、人与人之间关系、身份与认知。

10. 医疗

区块链应用于医疗领域的核心价值在于实现数据共享，可更精确地诊断，更有效地治疗。一直以来，医疗机构都要忍耐无法在各渠道上安全地同享数据的弊端。数据供给商之间更好的数据协作意味着更精确的诊断和更有效的治疗，以及提高医疗系统供给经济合算的医疗服务。区块链技能能够让医院、患者和医疗利益链上的各方在区块链网络里同享数据，而不用担心数据的安全性和完整性。

除了上面列出的一些行业应用之外，区块链在版权保护与交易、共享经济、云计算和社会慈善等方面都有着现实及想象的应用价值。可以肯定，未来区块链技术作为一项日臻成熟的技术会越来越普遍地应用于社会的各种行业。其在个人隐私保护、个人及公共安全维护、社会信用打造、社会协同效率提升等方面发挥出不可估量的价值。

4.2.3　区块链的负向价值描述

区块链作为一种新兴技术，价值固然存在，但也显现出了一些劣势。其一便是效率低。数据写入区块链，最少要等待十分钟，所有节点都同步数据，则需要更多的时间。拿比特币举例，当前产生的交易有效性受网络传输影响，比特币交易每次的确实时间大约10分钟，6次确认的话需要一个小时。因此区块链的交易数据是有延迟性的。其二便是能耗，区块的生成需要矿工进行无数无意义的计算，这是非常耗费能源的。英国一家电力信息网 POWER – COMPARE 提供的预测数据显示，按照目前比特币挖矿、交易耗电量的增长速度，至 2020 年比特币耗电量将会与目前全球用电量持平。尽管这一数据备受质疑，但是那些藏在深山老林的"矿场"则实实在在展现了这门生意的耗能景象。此外，在区块链公有链中，每一个参与者都能够获得完整的数据备份，所有交易数据都是公开和透明的。如果想知道一些商业机构的账户和交易信息，就能知道其所有财富、重要资产和商业机密等，隐私保障难。当然，区块链的去中心、自治化的特点淡化了国家监管的概念。在监管无法触及的情况下，市场的逐利等特性会导致区块链技术应用于非法领域，为黑色产业提供庇护所。

然而即使发展到现在，区块链目前最好的应用领域还是在加密数字货币方面。在产业应用上，则处于起步阶段。尽管如此，越来越多的科技公司还在不断加码区块链项目。遗憾的是，多数都集中于数字货币的设计、发行与销售方面。数字货币的现状是百花齐放，现在流行的一些数字货币主要有 bitcoin、litecoin、dogecoin、dashcoin。除了货币的应用之外，还有各种衍生应用，如 Ethereum、Asch 等底层应用开发平台以及 NXT、SIA、比特股、MaidSafe、Ripple 等行业应用。2016 年 1 月 20 日，中国人民银行数字货币研讨会宣布对数字货币研究取得阶段性成果。会议肯定了数字货币在降低传统货币发行等方面的价值，并表示央行在探索发行数字货币。中国人民银行数字货币研讨会的表达大大增强了数字货币行业的信心。这是继 2013 年 12 月 5 日央行五部委发布关于防范比特币风险的通知之后，第一次对数字货币有了明确的表态。

随着国家高层对区块链技术的重视和对数字货币的价值认可，一些以区块链为名目的项目雨后春笋般冒了出来。继新零售后，区块链已然成为 2018 年的第二个风口。有报道称，工信部电子工业标准化研究院区块链研究室主任李鸣在接受记者采访时表示，目前有关区块链国家标准计划已经公布，相关部门也将组建全国区块链和分布式记账技术标准化委员会，预计该标准体系的建设最快将于 2019 年完成。当然，国家之所以非常重视区块链技术，完全是因为它有能力引领新一轮的技术创新和产业革命。此前国家信息技术安全研究中心主任俞克群曾在 2018 区块链安全高峰论坛上指出："区块链技术的发展或将成为我们账务全球科技竞争先机的重要一步。"然而设想固然美好，如果没有一个良好的执行标准，区块链技术在实际应用中会出现很多乱象。用户在不了解区块链相关知识的情况下盲目投资，可能会付出沉重代价。在互联网快速发展的今天，一些投机取巧的钻营行为很容易利用区块链尚不成熟的技术欠缺和管理漏洞，让一些不明真相而又急功近利的用户成为这一概念下的牺牲品。而骗子则通过精心布局，利用吹泡沫、直销等手段去收割别人的财富，从资本市场大量套现。

如今，我们可以发现，到处都是区块链的讲座，很多人连概念都不懂，就开始站台忽悠了。甚至一些人将区块链设计成一种新型的传销！而网络上一些媒体也不断向大众宣传，区块链会颠覆很多行业。然而正当大众期待着一场技术和理念的创新性革命时，伴随而来的却是对各种数字货币的炒作和割韭菜骗局，一夜暴富的神话反复上演为对百姓的洗脑工具。

2018 年 6 月，广州天河警方以涉嫌诈骗罪刑事拘留了三名涉及光锥 LCC 的人员。LCC 及其衍生的多种"数字货币"投资者有 5～8 万人，涉及的资金额高达 49 亿元。"老套路"披上区块链的新马甲立刻就成为实现财务自由的捷径。知名投资人、PreAngel 创制基金创始合伙人王利杰在 2018 年 3 月的一次微信分享会上讲道："目前 90% 的区块链产品是庞氏骗局。"2018 年 4 月，西安警方破获了一起打着"区块链"幌子的特大网络传销案，涉案金额达 8600 万元。该传销团伙借助西安作为"一带一路"重要节点城市的便利，以聚集性传销、网络传销为手段，以每枚 3 元的价格在"消费时代"（DBTC）网络平台销售虚拟的"大唐币"，并自行操控升值幅度。为营造高大上的形象并掩人耳目，该传销组织在豪华、气派的写字楼内租用办公场所，并通过社交媒体大张旗鼓地进行宣传。2018 年 3 月，深圳南山警方侦破了一起特大集资诈骗案，数千名投资者被骗资金达 3.07 亿元。在这起案件中，涉案的深圳普银区块链集团有限公司正是以"区块链＋藏茶"的模式发行虚拟货币，套取公众存款。区块链日渐成为一些传销案件的"当红标的"。早在 2015 年就出现了"百川币"传销骗局。福建百川币网络科技有限公司法定代表人周运煌，只用了不到一年时间便建立起"百川币"多级金字塔形传销活动王国，范围涉及 24 个省（区、市）的 90余万会员，层级多达 253 层，涉案金额高达 23 亿元。2016 年 11 月，广东警方破获了"恒星币"非法传销案。公开资料显示，该组织团伙以发展人员数量为条件提成返利，引诱会员通过"恒星币"层层发展下线，4 个月就吸收了全国 31 个省（区、市）的 16 万会员，涉案近 2 亿元。2017 年 9月，海南海口警方破获的"亚欧币"传销案也属于同一类型。短短一年时间，亚欧币骗局就吸引了 4 万名参与者，吸收资金达 40 多亿元。

类似的"虚拟货币"骗局层出不穷，不断上演。在网上随便一搜就可以出现各种花样繁多的区块链投资项目，这些项目看上去都具有一些高科技、去中心化的特征，让人一接触便心生敬畏，但鲜亮外衣的下面却是一个个蓄谋已久的发币骗局。在这些骗局中，有的发币公司几个月后就关门跑路，使受害者投诉无门。有的发币公司则被警方查获，组织者被捕归案。《腾讯 2017 年度传销态势感知白皮书》提供的数据显示，截至 2017 年 2月，腾讯安全反诈骗实验室共识别出 3534 个疑似传销平台，参与人数高达3176 万人，每天新增识别传销平台约 30 个左右。业内专家指出，打着"虚拟货币""区块链"旗号的传销骗局，主要是利用了投资者对虚拟货币、区块链概念认识上的无知，通过设计、炒作迎合时尚的投资模式，以数字货币、区块链技术为包装形式，诱使投资者上当受骗。另外，因为这类传销模式容易被复制的特点，参与过这类骗局的成员很容易另起炉灶，从而使这类骗局呈现病毒式的扩散态势。

目前，越来越多的机构或投资人热衷于用区块链技术进行概念加工，并在海外纷纷成立各种数字货币交易所等发币机构，然后在国内对朋友或其他社会成员进行大肆宣传。这种看似合法身份的背后其实一开始就是一个充满诱惑的陷阱。他们公然宣称为某某国家代发数字货币，与某国家领导人进行了合作会谈，与某国商业部负责人达成了发币代理协议，甚至还向周围朋友出示与一些国家达成的合作文书。稍有理性的人都能够推断出这些所谓的合作其实都是彻头彻尾的骗局，一些协议文本多数也是伪造的。他们的目的只有一个，那就是用利益来诱惑别人进入其精心设计的骗局。

发币，即初始数字货币发行，通常被称为 ICO，它是区块链项目的主要融资手段。ICO 项目的参与者大致可以分为三类：第一类是纯粹的诈骗。它通过传销不断地发展吸收下线，让入局的人为系统贡献财富，然后设局者找机会套现跑路。第二类就是虚构项目圈钱，虽然看上去有项目作为背景，但项目本身与设局者描述的价值并不对等，充其量一个普通项目加上了一个区块链的外壳。第三类是真正想做事业的，只有很少一部分人真正希望通过区块链技术来推动行业进步，实现创新发展。从理论上讲，币的价格应该由 ICO 项目的内在品质决定。如果 ICO 项目本身没有实质用途，上家买入代币只是期待下家能以更高的价格接盘，那么这种击鼓传花的投机行为就是一个典型的庞氏骗局。披着区块链外衣炒作数字货币的行为，本质上就是为了迷惑他人，试图对别人割韭菜的套路之一，并没有特别高明之处。总结来说，这些套路无非有如下几种表现：一是以科技之名行传销之实。二是玩空手道。通过设计网络虚拟盘，人为操作所谓数字货币的上下波动，吸引不明真相的群众加入，最后再人为对币值进行调整，制造出"贬值"的局面，对入局者进行"割韭菜"。三是"洋为中用"，"出口转内销"。骗子们利用境外组织对国内成员进行诈骗。他们的传销网站及营销模式都由外籍人员组织建立，服务器也设在境外，然后以高额利益为诱饵实施诈骗，引诱参加者不断发展下线。这些使得成千上万人中招的套路，之所以屡试不爽，主要就是骗子们利用了人性的弱点，将投资者的财富渴求心态引导成为进入陷阱的动力。

2018年8月24日，银监会、中央网信办、公安部、人民银行、市场监管总局发文提示：近期，一些不法分子打着"金融创新""区块链"的旗号，通过发行所谓"虚拟货币""虚拟资产""数字资产"等方式吸收资金，侵害公众合法权益。此类活动并非真正基于区块链技术，而是炒作区块链概念行非法集资、传销、诈骗之实。提示的内容涉及区块链骗局的主要特征，包括：

（1）网络化、跨境化明显。依托互联网、聊天工具进行交易，利用网上支付工具收支资金，风险涉及范围广、扩散速度快。

（2）一些不法分子通过租用境外服务器搭建网站，实质面向境内居民开展活动，并远程控制实施违法活动。一些个人在聊天工具群组中声称获得了境外优质区块链项目投资额度，可以代为投资，极可能是诈骗活动。这些不法活动资金多流向境外，监管和追踪难度很大。

（3）欺骗性、诱惑性、隐蔽性较强。利用热点概念进行炒作，编造名目繁多的"高大上"理论，有的还利用名人大V站台宣传，以空投"糖果"等为诱惑，宣称"币值只涨不跌""投资周期短、收益高、风险低"，具有较强的蛊惑性。

（4）不法分子通过幕后操纵所谓虚拟货币价格走势、设置获利和提现门槛等手段非法牟取暴利。

（5）一些不法分子还以ICO、IFO、IEO等花样翻新的名目发行代币，或打着共享经济的旗号以IMO方式进行虚拟货币炒作，具有较强的隐蔽性和迷惑性。

（6）存在多种违法风险。不法分子通过公开宣传，以"静态收益"（发展下线获利）为诱饵，吸引公众投入资金，并利诱投资人发展人员加入，不断扩充资金池，具有非法集资、传销、诈骗等违法行为特征。

（7）此类活动以"金融创新"为噱头，实质是"借新还旧"的庞氏骗局，资金运转难以长期维持。

（8）提醒广大公众理性看待区块链投资，不要盲目相信天花乱坠的承诺，树立正确的货币观念和投资理念，切实提高风险意识；对发现的违法犯罪线索，可积极向有关部门举报反映。

上述风险提示像一枚炸弹在区块链和币圈内激起了轩然大波。它使得一些还沉浸在区块链创富神话中的投资人睡意全无，很多已经深陷区块链投资陷阱的居民开始集体焦虑。一些对区块链投资骗局推波助澜的自媒体也纷纷禁声或被处分。一批涉及区块链内容的微信大号，如金色财经网、币世界快讯服务、大炮评级、TokenClub、比特吴、火币资讯、深链财经等均显示账号违反《即时通讯工具公众信息服务发展管理暂行规定》，被责令屏蔽所有内容并停止使用。事实上，一些自媒体平台一开始就充当了区块链骗局的号手。据《金融界》报道，2017 年以比特币为代表的数字货币迎来了暴涨的高潮，两万美元的高位创造了无数个财富自由神话。到了 2018 年春节，打着徐小平、薛蛮子、蔡文胜等知名人物招牌的三点钟社群更是挟裹着民众的焦虑，在春节期间一炮走红。生怕被时代抛弃的各色人等，挤破头也要进三点钟创世群，围观大佬们激辩。甚至有人愿意出五十万买一个进群的资格。进不了群的则成立一家区块链媒体用以拉近与大佬们之间的关系。因此，近千家媒体如雨后春笋般冒出，构成了光怪陆离的币圈舆论场。区块链媒体的狂轰滥炸使得区块链变成了一个如影随形的"隐秘金矿"，只要你伸开双臂就能触手可得。一些在行业内具有一定影响力的自媒体通过为虚拟货币或区块链项目撰写推广文章来提升项目估值，吸引投资人参与，然后项目方、交易所、自媒体共同参与"割韭菜"的分成。项目在炒作的过程中需要进行"市值管理"，各大平台上的相关文章则是其中重要的一环。数字货币分析人士肖磊称，所谓"市值管理"就是在代币价格下跌时，项目方通过在"媒体"平台发布一些看涨信息的软文带动市场情绪，进而带动代币价格上涨。不计其数的 ICO 代币，如同一台又一台水泵，抽走了市场的流动性，制造了现代文明社会无数无法申诉的"惨案"。2018 年 8 月 22 日，北京市朝阳区金融社会风险防控领导小组办公室发布了《关于禁止承办虚拟货币推介活动的通知》（以下简称"《通知》"）。《通知》显示，为保护社会公众的财产权益，保障人民币的法定货币地位，防范洗钱风险，维护金融系统安全稳定，根据全国互联网金融风险专项整治工作领导小组办公室《关于进一步开展比特币等虚拟货币交易场所清理整治的通知》的规定，要求各商场、酒店、宾馆、写字楼等地不得承办任何形式的虚拟货币推介宣传等活动。这个《通知》的发布标志着一些地区对所谓区块链项目的警醒。

区块链作为一项新型互联网技术，代表着时代的发展与进步。然而与之相应的各种应用则良莠不齐，一大批以区块链名义包装的项目鱼龙混杂，让人应接不暇。而作为区块链相对成熟的数字货币体系则因为巨大的投资价值而吸引了世人的目光，并让无数人为之疯狂。那些所谓的数字货币因为其宣称的数量有限、去中心化、匿名性、稀缺性、流通便捷、交易成本低等特点，被多数人理解为具有作为未来货币的所有完美属性，致使越来越多的人对投资数字货币产生期待与幻想。然而也许令很多人想不到的是，世面上存在的任何数字货币一开始就带有收割别人财富的特征，发行者的最终目的并不是真正取代现行的货币系统，它无法也不能以国家的名义树立信用。它的一个可以直接与现行货币兑换或交易的行为暴露了它的原始本质，那就是，它并非那么容易维持币值的稳定，其背后隐藏的一切操控行为一直不断地在普通投资群体中疯狂吸血。当前比特币狂跌的事实就是这一本质的最好证明。

第四章

互联网产业管理

电子商务系统的问题与管理 ◎

网络游戏管理的制度与标准 ◎

第一节
电子商务系统的问题与管理

1.1　电子商务领域管理制度的缺失

电子商务在中国经历了二十几年的发展，已经彻底改变了人们的生活和购物习惯，人们对它的依赖已经根深蒂固，一旦出现问题就会影响到很多人的利益，甚至对社会的健康发展造成破坏，所以国家对电子商务的管理一直以来十分重视。但是电子商务毕竟是一个年轻的行业，它伴随着计算机和互联网技术的发展而逐渐成长。因为缺乏行业内可供借鉴的管理经验，电子商务的成长过程在一段相对长的时间内都处于一种自发和放任的状态，这种状态必然会导致一系列与现行管理体制和法规不太一致的成长过激与盲从。一些不很协调的行为也成为影响民众情绪和社会舆论的焦点，时常为大众所诟病。但从源头上进行分析发现，电子商务领域的问题很多都归因于管理和制度的迟滞效应所引起的发展偏差，一个新生事物在发展过程中所处一段管理真空会影响到其发展方向的自我判读和约束，为自身的健康发展留下一定的隐患。概括起来，这些问题主要集中于以下几点：

1. 社会诚信基础相对薄弱，导致电子商务交易信用成本较高

电子商务在中国的发展只有 20 年左右的时间，其间一些针对行业管理的规范和标准尚没有建立起来，而且由于长期的"重商主义"影响，也导致一些传统的社会诚信道德与伦理的缺失。因此，在电商发展的过程中，假冒伪劣商品肆虐、虚假广告泛滥、合同履约率低、经理人缺少诚信、信用卡诈骗、对欠债追讨不力等诚信问题屡见不鲜，甚至在一定时期成了普遍现象。而电子商务作为非面对面的交易模式，并不容易得到消费者的认同，而"无商不奸"的观念在人们的思想中根深蒂固，企业与企业、企业与消费者、人与人之间防范多于信任，都是电子商务发展的心理障碍。一些心怀不端的商人更是利用政策和制度上的漏洞，通过刺激人性弱点对消费者设局行骗，导致社会对电子商务系统心存畏惧。这些问题都不同程度上增加了电子商务系统的交易成本。

2. 社会信用体制尚不健全，导致电子商务运营波折不断

互联网行业横跨计算机、通讯、软件等多个领域，其发展代表着不同行业技术的进步，而在出现顺序上技术又总是超前于管理，这必然导致以互联网技术为主要发展载体的电子商务系统一开始就面临着"管理真空"的风险，其缺乏方向引导的放任成长会造成行业内的无序与混乱状态。在信用体系建设方面，可以说我国信用系统严重滞后，还未建立起健全的诚信管理体系，缺乏有效的失信、违规行为监督惩罚机制，市场化运作模式虽已初露端倪，但运作存在不规范现象，未形成有效的行政管理机制，行业自律尚未形成。而电子商务贸易内的信用评级还完全属于行业和个人行为，没有得到政府的支持和认可，所以评级中介机构、评级依据都未得到法律认同，从而评级也就没有法律效力。同时，我国电子商务信用信息存在分割问题，主要由两方面的原因引起：一方面是我国以前的信用体系建设本身就是行业性质的，银行、税务、法律、保险等部门都有各自的信息库，这些信息库本身没有形成相互联网交互，因而无法实现信息共享；另一方面在电子商务贸易中，即使各行业的信息库进行互联，但是由于行业有些商业信用信息相互保密，造成贸易双方无法从中获得有利的信息。信用系统建设的缺失严重影响了电子商务的正常发展，这对于新兴的电子商务行业是一个比较严峻的考验。

3. 电子商务的虚拟特性导致系统多端的地位失衡

由于网上交易通过网页实现，没有面对面的交流沟通，交易双方对商品的信息掌握程度存在差异，交易只能根据经验进行，这必然造成一定的盲目与风险。根据中国互联网络信息中心的数据，在电子商务的发展初期，通过对用户实际购买和期待购买的商品种类的统计分析可以看出，价格相对较低的商品如图书、音像、软件、鲜花礼品、通讯产品等是网上消费的主要热点。在信息不对称的情况下，消费者只选择一些商品信息不重要的商品，而对购买卷入度高的大型家电、电子产品以及伴随着休闲行为的服装产品则相对冷淡。这种状态随着电子商务的逐渐成熟而有所好转，但系统多端（消费者、商家、平台运营方等）的不平衡状况依然是制约行业健康发展的重要因素。

4. 电子商务系统违规处置缺乏规范的制度标准

电子商务在经历了一段快速发展时期之后，社会底层用户的消费习惯已经基本养成，其直截了当的商业模式迅速吸引了商家的注意，越来越多的线下销售商开始将目光转移到电子商务平台上来，很快便形成了商家的群聚效应。他们发现，通过网络平台来实现商业价值比传统销售方式更加容易，各种商业环节在互联网软件的催化下被轻易地简化，这种无需租金、水电，无需太多销售及服务人员的新型销售方式将是改变传统销售模式的有利机会。而且电子商务领域市场管理制度的相对缺乏让一些贪欲膨胀的商人开始产生幻想，他们在电子商务市场野蛮生长的初始阶段迅速把握机会，将一些线下禁售或无法通过店铺销售实现商业价值的交换行为直接移植到了网络平台中。除了假冒伪劣商品开始泛滥之外，枪械、毒品、国家保护动物等也曾成为一些不法商贩通过电商平台销售的对象。一些人还将非物质形态的服务或精神领域的成果封装为商品进行出售，如代办备案、申请资质、代写情书、售卖课程、代出方案、销售点子、游戏道具或账号交易等，在一段时间内已经成为常规意义上的商品并为很多人所接受。但是在这些非物质化的"商品"中，很多已经超出了社会道德、伦理甚至是法律的底线，成为危害社会的因素。其中较为突出的表现有雇佣水军、代办学历、男女朋友出租、替人收账、私家侦探、婚姻调查、色情服务等，这些通过电子商务平台发布的"商品"是互联网发展过程中的畸形产物，它在满足了一小部分人群的特殊需求，但却不符合道德、伦理和法律的精神，并不为大众所认可。

上述现象在很长一段时间内存在的主要原因之一就是电子商务系统违规处罚制度没有及时建立起来，让一些别有用心的商人钻了空子，给一些不法经营行为造成了可乘之机。电子商务系统的违规运营属于工商、税务及公安、检察机关等部门共同打击规范的范围，需要多个部门的协同管理。但由于电子商务脱胎于国外同类型的业务，又融入了国内一些个性化的元素，这使得电子商务自在中国诞生之日起就带有明显的地域特色，加上中国的情况复杂，民族习俗、地理环境、交通状况、气候因素、生活习惯、消费水平、文化层次等都存在着一定的差异，不同地域的消费者在看待电子商务这一新型的互联网事物的观念也各不相同，所以早期电子商务发展表现出较多的任性和随意也并不足为怪。但针对各种不同表现的违规处置方法的制定却需要一定的时间和资料积累，尤其是对于违反伦理、道德和法律的行为需要制定不同的管理标准来加以规范和约束。

电商领域违规处罚制度的缺失导致电商运营企业在一段时间内心存侥幸甚至有恃无恐，而政府面对众多投诉也因为找不到精准的违规处罚的依据而无所适从，在一定程度上造成了消费者投诉无门。所幸在经历了一段时期的观察与调研之后，国家已经看到了这个问题的严重性，目前正在积极对上述问题进行系统规划，并在全国范围内通过建立智库系统寻求完善的解决方案。

5. 电子商务领域尚未形成系统的税务制度

长期以来，电子商务系统因为其灵活的经营方式和相对简单的流程操作受到多数商家的追捧，尤其是在用工和店铺租金方面的节省使得一些自由职业者纷纷入驻电子商务平台，甚至将电商变成了第二职业或独立创业的项目。然而，寄生于互联网之上的电子商务平台由于其高度的虚拟性导致很多传统商业行为的环节被隐藏，国家税务或工商行政管理部门因为最初没有掌握电商平台的运营数据而对普遍存在于网络上的商业活动缺乏统一的管理，这直接导致了电商平台中的商业行为被隔离在税务管理之外，成为完全自由的商业活动。而这一现象的长期和普遍存在则给国家造成了巨大的税收流失。当然造成这一问题的另一个原因也是国家对于电子商务这一新型行业和商业模式的创新性鼓励。为了避免对处于发展中的行业可能造成的伤害和破坏，国家一开始就对电子商务采取了较为谨慎的态度，给与其相对宽松的政策和较多试错的机会，尽管这对于电子商务平台的运营和商业经营存在某种程度上的纵容，但从长远来看，它也对刺激电子商务的快速发展和繁荣起到了一定的促进作用。

1.2　电子商务系统的规范化建设

电子商务系统的无序状态所引发的社会问题越来越成为市场经济健康发展的障碍，为系统解决这些问题，国家应该采取多种手段来加强对这一领域的治理。从治理理念、完善法规、环境建设等多个维度进行尝试与探索，从实践中积累管理经验并形成理论体系。从问题的表现出发，可以将电子商务治理的方向概括为以下几点：

1. 建立社会诚信制度

要实现这一目标，要从两个方面开展系统工作。首先，普及全民诚信价值教育，通过广泛的社会宣传，系统地传播社会责任意识，提高全民诚信素质。具体实践中要围绕社会主义核心价值观，弘扬社会主义"八荣八耻"观，宣传以诚实守信为荣、以见利忘义为耻的社会价值观。利用媒体与教育表扬诚实经商、诚实消费、诚实做人，揭露不讲诚信、损人利己、见利忘义的丑恶现象，倡导诚信守法的行为规范，提高社会公德和全民诚信素质，打造诚实守信的社会环境，进而促进电子商务的健康发展。其次，加快社会诚信制度建设。制定社会主义诚信守则，对于遵纪守法、讲求信誉的电子商务平台运营方、商家和消费者要进行公开表彰，给予一定的荣誉和物质奖励。对于自觉维护社会诚信体系的公民可以授予一定的称号。而对于无视国家法律法规、破坏社会道德和诚信体系建设的，必须进行曝光并进行处罚，情节严重者须承担相应的法律责任。

2. 健全与电子商务相关的法律、法规和制度的建设

从理论上讲，信用是一个多视角、多范畴的概念，它也是一个法学概念，应该在理论和立法上不断加以完善。它的应用有助于强化和谐社会的基础，因此完全有必要加强信用法制的建设。法律、法规作为诚信的最后一道保障，在不断完善现行法律体系的前提下，建立和完善相关的法律法规，可出台《信用报告法》《社会信用信息法》《企业信用管理条例》等，加大执法力度。同时，根据电子商务的环境和交易特点，建立电子交易法律和制度、电子支付制度、信用卡制度等。

3. 完善电子商务领域社会信用体系

没有诚信就没有电子商务的健康发展。完善的电子商务信用体系应包括以下几个方面：一是建立可查询的网上企业和个人信用信息数据库。实现各个资信机构的信用信息全国互联，继而建立类似个人身份证、学历学位证书一样的管理和查询系统。不管是个人信用信息，还是企业信用信息，该系统应该是覆盖各方面社会经济活动信用的资信系统，以便于人们随时查询企业和个人信用状况，而网络的开放性保证诚信资料的更新。二是建立第三方的信用评价机制。传统商务中建立直接互相信任关系的做法，最常见的一种就是利用第三方资信公司进行资信调查和评级，或利用国际信用证来保证交易双方的支付和运输能够顺利进行。电子商务同样如此，也需要适合其发展的网站认证方法。三是建立政府部门信息监管机构。该机构主要负责监管企业自身网站发布的产品信息的真伪；监管中介机构为各企业发布产品信息的真伪，审核各企业网上交易条款，并进行数字签名。对企业网站和企业发布的产品信息进行严格监管，应做到及时，处罚有效，在监管中避免贸易前的背信问题。

4. 建立科学的电子商务管理系统，保障消费者利益

电子商务是一个复杂的系统，它涉及平台运营、商家和消费者多端运行，任何一端出现问题都会影响其他两端。从技术上，它跨越互联网、通讯、物流、生产、仓储、服务等多个业务领域，不能单凭有限的手段控制就可以实现其健康的运行。所以必须综合考虑电子商务涉及的各个要素，建立科学的电子商务管理体系，基于交易平台的法律地位、运营数据及个人信息的法律属性、信息安全、电子支付流程、互联网公平竞争、代购的法律性质、虚拟货币的权属、交易双方的信用评价、电子商务平台的客户服务协议等要素，从法律层面进行界定和规范，制定科学的电子商务管理系统，充分保障消费者和行业经营者的利益。

另外，对于电子商务的软件技术平台也要进行规范化管理。由于网上购物时消费者不能直接触摸商品，网上购物消费者最大的担心是商品的质量，因此网站应对上架产品提供详尽的描述，尽量保障商品介绍和图片的一致性。充分保障用户的隐私权，对消费者个人信息和购买的商品制定严格的保密制度。增加网络交易平台的数据安全性，保护信息不被外部或内部非法使用。鼓励打造电子商务运营平台的品牌和社会信誉，增加用户的信任。

5. 提高平台的运行效率和服务质量

电子商务平台的运行效率和服务质量是增强用户体验的最直接的手段。

高质量的产品和服务仍是消费者进行网上购物、网上交易所追求的根本利益。电子商务运营企业要及时了解并满足用户的最新要求，必须提高产品的前期、中期和后期的服务，提高网络在线以及网下的服务水准。要求企业将网上业务与网下服务相结合，对用户的问题及时响应，对暂时不能解决的问题应诚恳地做出解释。为了方便消费者咨询、查询和投诉，可提供热线电话或人工服务等传统手段以缓解用户的情绪。对于顾客的网络失误，允许他们在一段时间修改订单。经常与用户保持联系，使用户从信任产品到信任企业，由信任企业到信任企业的未来，从信任企业到信任整个电子商务，以促进我国电子商务健康有序的发展。

第二节
网络游戏管理的制度与标准

2.1　网络游戏管理办法

　　网络游戏是已知的娱乐方式中最便捷的选择之一。近年来，中国游戏产业呈现爆炸式增长，据中国互联网信息中心发布的最新数据，截至2018年6月，中国网民规模达8.02亿，19岁以下网民1.748亿，约占全体网民的21.8%，未成年人首次触网时间越来越提前。2018年3月至11月广东民革与教育厅关工委联合在广东省部分地市做了针对网游在校园扩散情况的讲座和调研，先后发放纸质问卷 3000 份，组织网问卷 14000 份。抽样调查的结果显示，不良网络游戏在校园里已成泛滥之势，如果继续放任这种现象的存在，势必对整个教育行业造成严重伤害。不良网络游戏泛滥诱发的社会问题主要表现为以下几个方面：

（1）对未成年人的身心健康造成严重危害。几乎所有的游戏都没有设置门槛，未成人可以轻易地进入。游戏中各种绑架玩家意志的规则又使得未成年人长期沉迷其中，造成身体和精神的双重伤害。当前未成年人视力的普遍下降和颈椎病多发就是不良游戏伤害的最直接表现，一定程度上甚至造成了国家征兵困难，影响到了国防安全。

（2）滥发虚拟货币，对国家金融秩序造成破坏。现行法律允许游戏运营商发行虚拟货币，在一定程度上相当于赋予了其发行货币的权力。游戏公司利用虚拟货币手段向玩家兜售虚拟物品的行为有违法律公平精神，直接破坏了"等价交换"原则。长期允许这种现象存在，会引发社会资本不断向游戏行业聚集，造成资本非生产价值功能过剩，从整体上阻碍社会的健康发展。

（3）不良游戏中的消费陷阱导致未成年人犯罪增加。虚拟物品的定价缺乏社会监管，网游公司对虚拟道具随意定价的行为未经物价及工商部门的审核批准。而不良游戏规则对人性的刺激很容易引发玩家的非理性消费，成为抢劫、绑架勒索、偷窃甚至杀人等未成年犯罪的重要根源。

（4）一些网游背离了社会主义主流价值观。游戏非但允许恶意 PK 存在，还鼓励抢劫、杀人，一些游戏甚至将对其他玩家的抢劫设置成游戏任务。这必然对玩家的世界观和价值观造成错误引导，成为玩家在现实中犯罪的动因。游戏运营商经常利用违背社会道德的价值取向挑起玩家间的争端，在玩家群体中制造仇恨，引起杀戮，刺激虚拟物品的大量消耗，并从中获取利益。

（5）游戏审读、运营监管存在漏洞。网络游戏在通过国家行政主管部门上线前的审读后，运营中可以不断更新，不需要再向国家相关部门提交更新资料，游戏运营完全处于放任状态，客观上造成了运营中的管理真空。

（6）将同名的网络游戏包装为电子竞技，混淆视听。一些游戏公司不断推出与其运营的网络游戏同名的电子竞技，并组织各种竞赛活动，让社会误认为网络游戏可以为国争光，可以培养人的团队协作，可以通过打游戏赚钱。但事实上，其背后运营的网络游戏与其包装的电子竞技完全不是一个东西，这种混淆视听的做法让社会形成错觉，使人们改变对待游戏的态度。

（7）多数游戏存在以随机或概率方式吸金行为。《网络游戏管理暂行办法》规定，游戏运营企业不得提供随机抽取等偶然方式，诱导用户采取直接或变相投入法定货币或网络游戏虚拟货币方式获取网络游戏产品和服务。但事实上，很多网游企业将概率吸金以道具洗刷属性、抽奖、转盘或功能重置等方式进行伪装，对文化部的管理法规置若罔闻，我行我素。

这些问题自网络游戏成为资本追逐的目标之后就不断涌现出来，反复冲击着人们的思想，成为社会矛盾的焦点。基于网络游戏盲目发展给社会带来的负面价值，国家一直以来十分重视，文化部在2010年6月曾发布了《网络游戏管理暂行办法》（以下简称"《办法》"），以期实现对网络游戏行业的规范管理。《办法》系统地对网络游戏的娱乐内容、市场主体、经营活动、运营行为和法律责任做出了明确规定。这是一部专门针对网络游戏进行管理和规范的部门规章，对中国网络游戏健康有序的发展具有重大且深远的影响。该《办法》共计六章三十九条，于2010年8月1日起正式实施。2017年11月24日文化部部务会议审议通过了《文化部关于废止和修改部分部门规章的决定》，对《办法》进行了修改。

网络游戏管理暂行办法

2010 年 3 月 17 日文化部部务会议审议通过，自 2010 年 8 月 1 日起施行。根据 2017 年 12 月 15 日发布的《文化部关于废止和修改部分部门规章的决定》（文化部令第 57 号）修订。

第一条 为加强网络游戏管理，规范网络游戏经营秩序，维护网络游戏行业的健康发展，根据《中华人民共和国网络安全法》、《全国人民代表大会常务委员会关于维护互联网安全的决定》和《互联网信息服务管理办法》等国家法律法规有关规定，制定本办法。

第二条 从事网络游戏研发生产、网络游戏运营、网络游戏虚拟货币发行、网络游戏虚拟货币交易服务等形式的经营活动，适用本办法。

本办法所称网络游戏是指由软件程序和信息数据构成，通过互联网、移动通信网等信息网络提供的游戏产品和服务。

网络游戏运营是指通过信息网络提供网络游戏产品和服务，并取得收益的行为。

网络游戏虚拟货币是指由网络游戏经营单位发行，网络游戏用户使用法定货币按一定比例直接或者间接购买，存在于游戏程序之外，以电磁记录方式存储于服务器内，并以特定数字单位表现的虚拟兑换工具。

第三条 国务院文化行政部门是网络游戏的主管部门，县级以上人民政府文化行政部门依照职责分工负责本行政区域内网络游戏的监督管理。

第四条 从事网络游戏经营活动应当遵守宪法、法律、行政法规，坚持社会效益优先，保护未成年人优先，弘扬体现时代发展和社会进步的思想文化和道德规范，遵循有利于保护公众健康及适度游戏的原则，依法维护网络游戏用户的合法权益，促进人的全面发展与社会和谐。

第五条 网络游戏行业协会等社团组织应当接受文化行政部门的指导，依照法律、行政法规及章程制定行业自律规范，加强职业道德教育，指导、监督成员的经营活动，维护成员的合法权益，促进公平竞争。

第六条　申请从事网络游戏运营、网络游戏虚拟货币发行和网络游戏虚拟货币交易服务等网络游戏经营活动，应当具备以下条件，并取得《网络文化经营许可证》：

（一）有单位的名称、住所、组织机构和章程；

（二）有确定的网络游戏经营范围；

（三）有从事网络游戏经营活动所需的必要的专业人员、设备、场所以及管理技术措施；

（四）有确定的域名；

（五）符合法律、行政法规和国家有关规定的其他条件。

第七条　申请《网络文化经营许可证》，应当向省、自治区、直辖市文化行政部门提出申请。省、自治区、直辖市文化行政部门自收到申请之日起20日内做出批准或者不批准的决定。批准的，核发《网络文化经营许可证》，并向社会公告；不批准的，应当书面通知申请人并说明理由。

《网络文化经营许可证》有效期为3年。有效期届满，需继续从事经营的，应当于有效期届满30日前申请续办。

第八条　获得《网络文化经营许可证》的网络游戏经营单位变更单位名称、域名、法定代表人或者主要负责人、注册地址、经营地址、股权结构以及许可经营范围的，应当自变更之日起20日内向原发证机关办理变更或者备案手续。

网络游戏经营单位应当按照批准的业务范围从事网络游戏经营活动。

网络游戏经营单位应当在企业网站、产品客户端、用户服务中心等显著位置标示《网络文化经营许可证》电子标签等信息。

第九条　网络游戏不得含有以下内容：

（一）违反宪法确定的基本原则的；

（二）危害国家统一、主权和领土完整的；

（三）泄露国家秘密、危害国家安全或者损害国家荣誉和利益的；

（四）煽动民族仇恨、民族歧视，破坏民族团结，或者侵害民族风俗、习惯的；

（五）宣扬邪教、迷信的；

（六）散布谣言，扰乱社会秩序，破坏社会稳定的；

（七）宣扬淫秽、色情、赌博、暴力，或者教唆犯罪的；

（八）侮辱、诽谤他人，侵害他人合法权益的；

（九）违背社会公德的；

（十）有法律、行政法规和国家规定禁止的其他内容的。

第十条　国务院文化行政部门负责网络游戏内容审查，并聘请有关专家承担网络游戏内容审查、备案与鉴定的有关咨询和事务性工作。

经有关部门前置审批的网络游戏出版物，国务院文化行政部门不再进行重复审查，允许其运营。

第十一条　国务院文化行政部门依法对进口网络游戏进行内容审查。进口网络游戏应当在获得国务院文化行政部门内容审查批准后，方可运营。申请进行内容审查需提交下列材料：

（一）进口网络游戏产品内容说明书（中外文）、产品操作说明书（中外文）、描述性文字、对白、旁白、歌词文本（中外文）；

（二）原始著作权证明书（中外文）、原产地分级证明（中外文）、运营协议或者授权书（中外文）原件的扫描件；

（三）申请单位对进口网络游戏的内容自审报告；

（四）申请单位的企业对用户协议书；

（五）内容审查所需的其他文件。

第十二条　申报进口网络游戏内容审查的，应当为依法获得独占性授权的网络游戏运营企业。

批准进口的网络游戏变更运营企业的，由变更后的运营企业，按照本办法第十一条的规定，向国务院文化行政部门重新申报。

经批准的进口网络游戏应当在其运营网站指定位置及游戏内显著位置标明批准文号电子标签。

第十三条　国产网络游戏运营之日起 30 日内应当按规定向国务院文化行政部门履行备案手续。

已备案的国产网络游戏应当在其运营网站指定位置及游戏内显著位置标明备案编号电子标签。

第十四条　进口网络游戏运营后需要进行内容实质性变动的，网络游戏运营企业应当将拟变更的内容报国务院文化行政部门进行内容审查。

第十五条　网络游戏经营单位应当建立自审制度，明确专门部门，配备专业人员负责网络游戏内容和经营行为的自查与管理，保障网络游戏内容和经营行为的合法性。

第十六条　网络游戏经营单位应当根据网络游戏的内容、功能和适用人群，制定网络游戏用户指引和警示说明，并在网站和网络游戏的显著位置予以标明。

以未成年人为对象的网络游戏不得含有诱发未成年人模仿违反社会公德的行为和违法犯罪的行为的内容，以及恐怖、残酷等妨害未成年人身心健康的内容。

网络游戏经营单位应当按照国家规定，采取技术措施，禁止未成年人接触不适宜的游戏或者游戏功能，限制未成年人的游戏时间，预防未成年人沉迷网络。

第十七条　网络游戏经营单位不得授权无网络游戏运营资质的单位运营网络游戏。

第十八条　网络游戏经营单位应当遵守以下规定：

（一）不得在网络游戏中设置未经网络游戏用户同意的强制对战；

（二）网络游戏的推广和宣传不得含有本办法第九条禁止内容；

（三）不得以随机抽取等偶然方式，诱导网络游戏用户采取投入法定货币或者网络游戏虚拟货币方式获取网络游戏产品和服务。

第十九条　网络游戏运营企业发行网络游戏虚拟货币的，应当遵守以下规定：

（一）网络游戏虚拟货币的使用范围仅限于兑换自身提供的网络游戏产品和服务，不得用于支付、购买实物或者兑换其他单位的产品和服务；

（二）发行网络游戏虚拟货币不得以恶意占用用户预付资金为目的；

（三）保存网络游戏用户的购买记录。保存期限自用户最后一次接受服务之日起，不得少于180日；

（四）将网络游戏虚拟货币发行种类、价格、总量等情况按规定报送注册地省级文化行政部门备案。

第二十条　网络游戏虚拟货币交易服务企业应当遵守以下规定：

（一）不得为未成年人提供交易服务；

（二）不得为未经审查或者备案的网络游戏提供交易服务；

（三）提供服务时，应保证用户使用有效身份证件进行注册，并绑定与该用户注册信息相一致的银行账户；

（四）接到利害关系人、政府部门、司法机关通知后，应当协助核实交易行为的合法性。经核实属于违法交易的，应当立即采取措施终止交易服务并保存有关记录；

（五）保存用户间的交易记录和账务记录等信息不得少于180日。

第二十一条　网络游戏运营企业应当要求网络游戏用户使用有效身份证件进行实名注册，并保存用户注册信息。

第二十二条　网络游戏运营企业终止运营网络游戏，或者网络游戏运营权发生转移的，应当提前60日予以公告。网络游戏用户尚未使用的网络游戏虚拟货币及尚未失效的游戏服务，应当按用户购买时的比例，以法定货币退还用户或者用户接受的其他方式进行退换。

网络游戏因停止服务接入、技术故障等网络游戏运营企业自身原因连续中断服务超过 30 日的，视为终止。

第二十三条　网络游戏经营单位应当保障网络游戏用户的合法权益，并在提供服务网站的显著位置公布纠纷处理方式。

国务院文化行政部门负责制定《网络游戏服务格式化协议必备条款》。网络游戏运营企业与用户的服务协议应当包括《网络游戏服务格式化协议必备条款》的全部内容，服务协议其他条款不得与《网络游戏服务格式化协议必备条款》相抵触。

第二十四条　网络游戏经营单位根据法律法规或者服务协议停止为网络游戏用户提供服务的，应当提前告知用户并说明理由。

第二十五条　网络游戏经营单位发现网络游戏用户发布违法信息的，应当依照法律规定或者服务协议立即停止为其提供服务，保存有关记录并向有关部门报告。

第二十六条　网络游戏经营单位在网络游戏用户合法权益受到侵害或者与网络游戏用户发生纠纷时，可以要求网络游戏用户出示与所注册的身份信息相一致的个人有效身份证件。审核真实的，应当协助网络游戏用户进行取证。对经审核真实的实名注册用户，网络游戏经营单位负有向其依法举证的责任。

双方出现争议经协商未能解决的，可依法申请仲裁或者向人民法院提起诉讼。

第二十七条　任何单位不得为违法网络游戏经营活动提供网上支付服务。为违法网络游戏经营活动提供网上支付服务的，由文化行政部门或者文化市场综合执法机构通报有关部门依法处理。

第二十八条　网络游戏运营企业应当按照国家规定采取技术和管理措施保证网络信息安全，包括防范计算机病毒入侵和攻击破坏，备份重要数据库，保存用户注册信息、运营信息、维护日志等信息，依法保护国家秘密、商业秘密和用户个人信息。

第二十九条 违反本办法第六条的规定，未经批准，擅自从事网络游戏运营、网络游戏虚拟货币发行或者网络游戏虚拟货币交易服务等网络游戏经营活动的，由县级以上文化行政部门或者文化市场综合执法机构责令停止网络游戏经营活动，予以警告，并处 30000 元以下罚款；拒不停止经营活动的，依法列入文化市场黑名单，予以信用惩戒。

第三十条 网络游戏经营单位有下列情形之一的，由县级以上文化行政部门或者文化市场综合执法机构责令改正，没收违法所得，并处 10000 元以上 30000 元以下罚款；情节严重的，责令停业整顿直至吊销《网络文化经营许可证》；构成犯罪的，依法追究刑事责任：

（一）提供含有本办法第九条禁止内容的网络游戏产品和服务的；

（二）违反本办法第八条第一款、第二款规定的；

（三）违反本办法第十一条的规定，运营未获得文化部内容审查批准的进口网络游戏的；

（四）违反本办法第十二条第二款的规定，进口网络游戏变更运营企业未按照要求重新申报的；

（五）违反本办法第十四条的规定，对进口网络游戏进行内容实质性变动未报送审查的。

第三十一条 网络游戏经营单位违反本办法第十六条、第十七条、第十八条规定的，由县级以上文化行政部门或者文化市场综合执法机构责令改正，没收违法所得，并处 10000 元以上 30000 元以下罚款。

第三十二条 网络游戏运营企业发行网络游戏虚拟货币违反本办法第十九条第一、二项规定的，由县级以上文化行政部门或者文化市场综合执法机构责令改正，并可根据情节轻重处 30000 元以下罚款；违反本办法第十九条第三、四项规定的，由县级以上文化行政部门或者文化市场综合执法机构责令改正，并可根据情节轻重处 20000 元以下罚款。

第三十三条 网络游戏虚拟货币交易服务企业违反本办法第二十条第

一项规定的，由县级以上文化行政部门或者文化市场综合执法机构责令改正，并处 30000 元以下罚款；违反本办法第二十条第二、三项规定的，由县级以上文化行政部门或者文化市场综合执法机构责令改正，并可根据情节轻重处 30000 元以下罚款；违反本办法第二十条第四、五项规定的，由县级以上文化行政部门或者文化市场综合执法机构责令改正，并可根据情节轻重处 20000 元以下罚款。

第三十四条　网络游戏运营企业违反本办法第十三条第一款、第十五条、第二十一条、第二十二条、第二十三条第二款规定的，由县级以上文化行政部门或者文化市场综合执法机构责令改正，并可根据情节轻重处 20000 元以下罚款。

第三十五条　网络游戏经营单位违反本办法第八条第三款、第十二条第三款、第十三条第二款、第二十三条第一款、第二十五条规定的，由县级以上文化行政部门或者文化市场综合执法机构责令改正，并可根据情节轻重处 10000 元以下罚款。

第三十六条　本办法所称文化市场综合执法机构是指依照国家有关法律、法规和规章的规定，相对集中地行使文化领域行政处罚权以及相关监督检查权、行政强制权的行政执法机构。

第三十七条　文化行政部门或者文化市场综合执法机构查处违法经营活动，依照实施违法经营行为的企业注册地或者企业实际经营地进行管辖；企业注册地和实际经营地无法确定的，由从事违法经营活动网站的信息服务许可地或者备案地进行管辖；没有许可或者备案的，由该网站服务器所在地管辖；网站服务器设置在境外的，由违法行为发生地进行管辖。

第三十八条　网络游戏的网上出版前置审批和出版境外著作权人授权的互联网游戏作品的审批，按照《中央编办对文化部、广电总局、新闻出版总署〈"三定"规定〉中有关动漫、网络游戏和文化市场综合执法的部分条文的解释》（中央编办发［2009］35 号）的规定，由有关部门依据相关法律法规管理。

第三十九条 本办法自二〇一〇年八月一日起施行。

《网络游戏管理暂行办法》制定的背景是基于网络游戏的爆炸式增长对社会产生的各种不良影响以及社会对网络游戏的负面评价。2009 年，我国网络游戏市场规模已经达到 258 亿元人民币，同比增长 39.5%。但随着网络游戏市场的不断扩大，它所带来的深层次问题也日益显露：未成年人沉迷导致学业及身心健康受损，少数网络游戏产品文化价值观导向偏差给用户造成不良影响，网络游戏虚拟货币管理欠规范引发纠纷，运营推广存在虚假宣传现象，执法有效性亟待完善等日益成为媒体关注的焦点和批判的对象。网络游戏不同于一般的静态文化产品，其互动性、创造性、参与性使得网络游戏呈现出"虚拟社会"的所有特点，影响着用户的人生观、世界观、价值观。因此，加强内容管理是网络游戏管理工作的重要环节。

自 2002 年以来，文化部依据《国务院对确需保留的行政审批项目设定行政许可的决定》（国务院第 412 号令）、《互联网文化管理暂行规定》（文化部第 32 号令）等法律法规，依法对网络游戏进行了管理。文化部在管理中，逐步建立起了主体资格准入、进口网络游戏产品内容审查、国产网络游戏产品备案、网络游戏虚拟货币发行及交易规范、日常巡查监管等基本制度，在规范和引导行业健康发展方面起到了积极的作用。但网络游戏的快速发展使得监管法规滞后、监管措施不足等问题日渐凸显。实施进口网络游戏内容审查和国产网络游戏备案是内容管理的基本制度。2004 年，《文化部关于加强网络游戏产品内容审查工作的通知》（文市发〔2004〕14 号）明确了文化部实施进口网络游戏内容审查和国产网络游戏备案管理的程序、要求，并设立了进口网络游戏产品内容审查委员会。为有效地解决网络游戏市场的突出问题，履行好《国务院办公厅关于印发文化部主要职责、内设机构和人员编制规定的通知》（国办发〔2008〕79 号）及《中央编办对文化部、广电总局、新闻出版总署〈"三定"规定〉中有关动漫、网络游戏和文化市场综合执法的部分条文的解释》（中央编办发［2009］35 号）赋予的网络游戏主管部门的职责，文化部于 2008 年启动了《网络游戏管理暂行办法》的制订工作。在起草过程中，文化部进行了深入的立法调研论证，并广泛征求了相关政府部门、网络游戏经营单位、网络游戏内容审查专家、法律界人士等各方面的意见及建议，制定了《网络游戏管理暂行办法》（以下简称"《办法》"）。《办法》在延续现行有效做法的同时，明确了网络游戏内容审查机构的职责、进口网络游戏内容审查的条件和程序、国产网络游戏备案的方式和网络游戏内容实质性变动时的审查和备案要求。《办法》还要求网络游戏运营企业建立自审制度，保障网络游戏内容和经营行为的合法性。

《办法》在起草的过程中，文化部严格按照《国务院办公厅关于印发文化部主要职责、内设机构和人员编制规定的通知》《中央编办对文化部、广电总局、新闻出版总署〈"三定"规定〉中有关动漫、网络游戏和文化市场综合执法的部分条文的解释》《全国人民代表大会常务委员会关于维护互联网安全的决定》《互联网信息服务管理办法》《规章制定程序条例》等法律法规有关规定，进行了深入的立法调研论证；并依据"开门立法"的要求，广泛征求、吸纳了全国人大教科文卫委、中宣部、中央文明办、中央编办、国务院新闻办、国务院法制办、公安部、工信部、工商总局、中国人民银行、新闻出版总署等相关部门、网络游戏经营单位、网络游戏内容审查专家、法律界人士等各方面的意见及建议，几易其稿，最终形成了《办法》草案。

文化部在《办法》的制定过程中，以科学发展观为指导思想，按照全面、协调、可持续的基本要求，认真梳理网络游戏存在的各种问题，细致研究各相关方的利益诉求，确立了从事网络游戏活动的基本原则：从事网络游戏经营活动应当"遵守宪法、法律、行政法规，坚持社会效益优先，保护未成年人优先，弘扬体现时代发展和社会进步的思想文化和道德规范，促进人的全面发展与社会和谐"，要"遵循有利于保护公众健康及适度游戏的原则，依法维护网络游戏用户的合法权益"。同时规定，"国家鼓励研发、运营弘扬优秀民族文化、内容健康向上、寓教于乐的网络游戏"。

为依法行政，实现对网络游戏行业的全链条管理，《办法》对适用范围予以明确，将从事网络游戏上网运营、网络游戏虚拟货币发行、网络游戏虚拟货币交易服务、网络游戏研发生产等形式经营活动的单位纳入管理；但只对从事前三类网络游戏经营活动的单位实施主体许可管理。同时，为进一步简政放权，加强文化部宏观管理职能，《办法》规定，网络文化经营许可证的审批权限由国务院文化行政部门下放至省级文化行政部门。

《网络游戏管理暂行办法》的制定使得相对混乱的网络游戏市场有了明确的管理依据，这对于促进网络游戏的规范健康发展起到了积极的作用。但中国的网络游戏市场巨大，网络环境复杂，不同地域的文化差异明显，这也使得网络游戏的管理仍然是一个艰巨的任务，国家对网络游戏市场的健康发展引导任重而道远。

2.2　网络游戏绿色度测评标准

不良网络游戏的扩散和蔓延一度让整个社会为之震惊，其影响之严重甚至造成了社会上一部分人群的恐慌。为打造未成年人绿色网络空间，同时为了发掘和培养绿色网络建设的人才，中国青年网联合中国青少年网络协会（现更名为中国青少年新媒体协会）、中国青少年绿色网络建设传播联盟于 2011 年 12 月出台了可作为绿色网络内容选拔依据的《专属网络内容绿色度测评依据（试行）》（简称"《依据》"）。《依据》由中国青少年网络协会联合北京师范大学、华中师范大学、华南理工大学相关部门共同起草，并经教育界、法律界、心理学界、信息技术领域的专家和代表组成的测评委员会讨论通过，旨在向社会提供专属网络内容的绿色度指标和不适宜年龄提示，作为指导未成年人健康上网的参考意见。可以说它是在对既往《网络游戏绿色度测评标准》修订完善的基础上对外发布的网络游戏绿色指数的测评标准。该标准将游戏内容依据暴力度、色情度、恐怖度、颓靡度、管理不良度、广告不当度、时间耗费度、恶意 PK 度、货币耗费度等多项指标，最终给出不适宜年龄提示，为家长、老师和社会在未成年人游戏选择过程中提供参考和指导。

中国青少年网络协会、中国青少年绿色网络建设传播联盟以中国青年网游戏频道为主阵地，开设了游戏绿色度测评专栏，并持续发布网络游戏绿色度测评报告，定期推出绿色游戏评选活动。目前，该专栏已发布各类游戏测评报告 3600 余份。《专属网络内容绿色度测评依据（试行）》的主要内容如下：

前　言

为了建设中小学生专属门户网站，打造未成年人绿色网络空间，同时为了发掘和培养绿色网络建设的人才，需要尽快出台可作为内容选拔依据的绿色网络依据。

《专属网络内容绿色度测评依据（试行）》是中国青少年网络协会联合北京师范大学、华中师范大学、华南理工大学相关部门共同起草，经教育界、法律界、心理学界、信息技术领域的专家和代表组成的测评委员会讨论通过。

本依据旨在提供专属网络内容的绿色度指标和不适宜年龄提示，仅作为指导未成年人健康上网的参考意见。即使测评对象绿色度很高，同样有可能导致沉迷，尤其是游戏类测评对象，建议在学习期间尽量不要使用。

一、测评对象分类

测评对象的载体包括接入或不接入互联网或局域网的各类个人电脑

（台式机、笔记本电脑、平板电脑等）、手持电子终端（移动电话、手持游戏机、电子书等）、置于公共娱乐场所的经营性专用游戏机等。测评对象分为三类：

1. 表现形式

表现形式是网络链接的内容（不包括网络工具和游戏），根据内容的来源具体分为三种：

第一种是测评对象运营单位提供的自身内容，包括：文字（包括标题和内容）、图片（包括 flash、幻灯片）、音频、视频等；

第二种是测评对象运营单位在测评对象中提供的外部链接内容（包括新闻、广告等）；

第三种是测评对象中用户提供的内容，包括文字（包括标题和内容）、图片（包括 flash、幻灯片等）、音频、视频等。

当测评对象内的网络链接中存在网络工具、游戏类等内容时，结合网络工具类和游戏类内容的测评结果进行综合测评。

2. 网络工具类

主要指以客户端形式出现的网络工具。除非网络工具内出现明显涉及色情、暴力、恐怖等不良内容，网络工具类产品暂不作为测评对象。

由于网络工具类内存在的广告、文字内容等对应于具体存在的网站内容，故不作为网络工具类，而是按照表现形式为网络链接的内容分类进行测评。

3. 游戏类

具体分为客户端网络游戏、网页游戏、单机游戏（包括 Flash 游戏）。

二、测评对象适用指标

本依据所有指标中，对于表现形式是网络链接的内容以及游戏类中的单机游戏，只针对暴力度、色情度、恐怖度、颓靡度、管理不良度和广告不当度进行测评；对于游戏类中的客户端网络游戏和网页游戏，针对所有指标进行测评。

三、静态指标

静态指标适用范围不包括广告和用户行为；测评对象内的广告（包括自身和其他产品及内容的广告）和测评对象在其他渠道发布的广告所产生的结果，根据动态指标"广告不当度"进行测评；由测评对象的用户行为（包括发布、上传等）产生的结果，根据动态指标"管理不良度"进行测评。

A．暴力度

此项指标主要针对用户视觉、听觉的直接感受进行测评。游戏类测评对象涉及暴力文化的 PK 系统，在"恶意 PK 度"指标中加以描述。测评内容为：

（1）是否存在或传播含有流血、喷血、碎尸、肢解、内脏、伤口等的文字、图片、音频、视频或游戏背景，以及相应的程度；

（2）是否存在或传播含有直接或间接侵害他人人身、心理、财产等暴力行为的文字、图片、音频、视频等，以及相应的程度；

（3）是否存在或传播含有侮辱、谩骂、恶意攻击他人等语言暴力行为的文字、图片、音频、视频等，以及相应的程度；

（4）是否存在或传播宣扬、美化不当暴力行为的文字、图片、音频、视频等，以及相应的程度；

（5）游戏类测评对象中是否含有允许、鼓励或逼迫用户使用刀具、枪械或其他暴力工具，直接或间接（含视听）侵害他人身体、心理、财产的设置，以及相应的程度。

暴力度测评依据：

0 度

不涉及任何暴力内容，或在游戏类测评对象中含有少量互相打斗的游戏设置，但游戏角色设计卡通可爱，没有流血及血液刻画的画面，没有体现暴力行为和结果的视觉、听觉表现。

测评对象中暴力表现形式并非写实而是卡通等非写实方式的，或者表现的是正义的暴力，可适当降低此项指标评定结果。

1 度

有少量情节所必须的暴力内容，但相关描写或刻画并不逼真；含有少量语言暴力内容，但程度较轻；不含宣扬、美化不当暴力行为的内容；游戏类测评对象中允许用户的游戏角色使用暴力工具直接或间接侵害他人的游戏角色，但对相应行为给予处罚。

2 度

有一定情节所必须的暴力内容，相对逼真的表现溅血画面及击打、砍伤、哀号等声音特效，以增强视觉、听觉刺激；含有一定的语言暴力内容，但程度不高；不含宣扬、美化不当暴力行为的内容；游戏类测评对象中允许用户的游戏角色使用暴力工具直接或间接侵害他人的游戏角色，但并无鼓励或逼迫的设置。

3 度

有较多暴力内容，对血腥场面的描述或展示非常逼真，包括喷血、碎尸、肢解等残忍刻画；含有较多的语言暴力内容；含有宣扬、美化不当暴力行为的内容；游戏类测评对象中允许用户的游戏角色使用暴力工具直接或间接侵害他人的游戏角色，并且给予相应的奖励。

有真实拍摄或录制的比较清晰地展现殴斗、凶杀或大规模打砸行为等内容的，此项指标直接定义为 3。

B. 色情度

此项指标主要针对用户的视觉、听觉和心理感受进行测评，测评关注点包括：

（1）两性知识：关于讲述两性知识的内容；

（2）亲昵举动：亲吻、拥抱、爱抚等相关内容；

（3）家庭生活：恋爱、结婚、离婚、生子等相关内容；

（4）身体刻画：乳房和性器官等相关内容；

（5）姿势、动作或声音：是否存在性暗示、性挑逗或性行为的姿势、动作或声音，以及相应的程度。

色情度测评依据：

0 度

没有对于两性知识具体深入的描述；只有亲情、友情、长幼之间等非恋爱式的亲吻、拥抱和爱抚动作；存在恋爱、结婚、离婚、生子等家庭生活内容，但描述的内容完全符合社会道德，对过程并不深入描述；没有对敏感部位等相关内容的刻画。

当出现带有明显性暗示、性挑逗或性行为的姿势、动作或声音时，此项指标直接定为 3。

1 度

有属于青春期性教育范畴的两性知识描述或刻画；存在少量恋爱式的亲吻、拥抱和爱抚动作，但不涉及敏感部位，不详细描述刻画其过程；游戏类测评对象不提供用户实施亲吻、拥抱和爱抚动作的游戏设置；存在恋爱、结婚、离婚、生子等家庭生活内容，但不详细描述刻画其过程，不对用户造成不良的意识导向；从体现男、女曲线美等健康角度出发，对人体非青春期性教育范畴的描述和刻画，基本不描述、不暴露男女身体的敏感地方。

2 度

有少量科学的或艺术地表现两性关系的描述或刻画，但是无直接的关于"性行为"的描绘，对用户正确认识"性"有一定的帮助；存在一些恋爱式的亲吻、拥抱和爱抚动作，但不涉及敏感部位；游戏类测评对象中不提供违背另一方意愿的强行拥抱和亲吻设置；存在恋爱、结婚、离婚、生子等家庭生活内容，但无宣扬或美化违背社会道德行为的描写和刻画，游戏类测评对象中不向用户提供轻率对待婚姻甚至违背社会道德的游戏设置；可以稍微性感地刻画男女身体，但以体现健康和成熟美为主。

3 度

有较多表现两性关系的内容，或表现得比较深入细致，但并不低俗或淫秽；存在较多恋爱式的亲吻、拥抱和爱抚动作，或相关动作涉及敏感部位，但表现形式并不低俗或淫秽；游戏类测评对象中有违背另一方意愿的强行拥抱和亲吻等设置；恋爱、结婚、离婚、生子等家庭生活内容中有宣扬或美化违背社会道德行为的描写和刻画；对男女身体的描写和刻画比较性感，但并不低俗或淫秽。

对于游戏类测评对象有意提供偷窥女性底裤等设置的，此项指标直接定为 3。

C. 恐怖度

此项指标主要针对用户的视觉、听觉和心理感受进行测评：

视觉：是否存在用文字、图片、视频等方式描述或展现流血、喷血、碎尸、肢解、内脏、伤口等有针对性的深度刻画，或展现造型怪异恶心的人物、怪物、场景，或展现刺激的、吓人的举动，以及相应的程度。

听觉：音频中是否含有诡异的声音特效，或含有刺激的、瞬间出现的致人恐惧的声音特效，以及相应的程度。

心理：是否存在用文字、图片、音频、视频导致用户产生压抑的情感状态，或暗示甚至故意散布天灾、瘟疫、世界末日等谣言或宣传封建迷信，以及相应的程度。

恐怖度测评依据：

0 度

没有任何导致用户在视觉、听觉或心理方面感到恐怖的内容。

1 度

有少量可能导致用户在视觉、听觉或心理方面感到恐怖的内容，但程度较轻。

对以神话故事等为主题的名著和名著衍生品（包括剧本、电影、电视、游戏等），此项指标测评结果适当降低。

2 度

有一些导致用户在视觉、听觉或心理方面感到恐怖的内容，但程度不高；或有少量导致用户在视觉、听觉或心理方面感到恐怖且程度较高的内容。

3 度

有较多导致用户在视觉、听觉或心理方面感到恐怖的内容，且程度较高。

存在用文字、图片、音频、视频导致用户因恐怖而产生强烈的感情压抑等状态的内容，直接定义为3。

D. 颓靡度

此项指标主要针对给未成年人用户在行为习惯、价值观和道德层面带来的影响进行测评。

颓靡度测评依据：

0 度

具有健康的主题，无粗俗文字、图片、视频及不良用语等。

主题和内容等各方面完全符合我国国情和道德规范。

测评对象对用户尤其是未成年人树立良好的人生观、价值观产生积极影响的，此项指标测评结果适当降低。

1 度

内容诙谐幽默，有少量恶搞文字、图片、音频、视频和游戏设置，但不存在人身攻击的意图。

主题和内容等方面基本符合我国国情和道德规范。

测评对象对未成年人用户无生活态度及意识导向方面的负面影响。

2 度

以揭露批判为主，有一定数量的恶搞文字、图片、音频、视频，或存在少量的、社会上使用频率比较高的人身攻击性的用语等。

主题和内容等方面不能完全和我国国情和道德规范相符合的。

测评对象可能对未成年人用户生活态度及意识导向方面产生一定的消极影响。

3 度

主题较为颓废，有一定数量的粗俗文字、图片、音频、视频和游戏设置，或有较多人身攻击性的文字、图片、音频、视频片段和动作设置。

主题和内容方面有和我国国情和现实道德规范不一致的方面，或者出现与社会公认的历史事实和社会现实不一致的内容，但不涉及违法和犯罪。

测评对象对未成年人用户产生较多不良影响，甚至可能误导未成年人用户在现实生活中做出对社会造成不良后果的行为。

测评对象中有宣扬烟草、酒精或违禁药品内容的，此项指标直接定为3。

四、动态指标

E. 管理不良度

此项指标主要针对测评对象运营单位对用户不良行为的监管力度和对用户意见、建议、举报信息的应对能力进行测评。包括：

（1）测评对象运营单位对用户可能发生的不良行为是否有前瞻性的管理措施，和当用户在测评对象中发布或上传的文字、图片、音频、视频等出现不良内容后，测评对象运营单位对不良行为的处理效率；

（2）测评对象运营单位对用户发布意见、建议、举报信息的处理效率和改进程度。

管理不良度测评依据：

0 度

测评对象内部秩序十分和谐，用户之间相互帮助，融洽相处。

　　用户在测评对象内发布或上传的内容根据本依据中 A、B、C、D 四项指标任何一项的测评结果都为 0 度；或者出现高于 0 度的内容时，测评对象运营单位能及时有效处理。

　　对用户在测评对象内发布或上传的内容能够先审核、后发布，同时发布或上传的内容根据本依据中 A、B、C、D 四项指标任何一项的测评结果都为 0 度，则此项指标测评结果适当降低。

　　建立有比较完善的意见反馈和举报系统，能根据用户的意见和建议进行及时回应，对用户举报信息及时有效处理。

　　1 度

　　测评对象内部秩序相对和谐，用户能够融洽相处，有程度轻微的相互攻讦、歧视等内容。

　　用户在测评对象内发布或上传的内容根据本依据中 A、B、C、D 四项指标任何一项的测评结果最高为 1 度；或者出现高于 1 度的内容时，测评对象运营单位能有效处理。

　　建立有意见建议反馈和举报系统，能根据用户的意见和建议进行回应，或对举报信息进行有效处理。

　　2 度

　　测评对象内部秩序不太和谐，用户之间出现一定的相互攻讦、歧视等内容。

　　用户在测评对象内发布或上传的内容根据本依据中 A、B、C、D 四项指标任何一项的测评结果最高为 2 度；或者出现高于 2 度的内容时，测评对象运营单位能进行处理，但处理不够及时、有效。

　　建立有意见建议反馈和举报系统，能根据用户的意见和建议进行回应，或对举报信息进行处理，但处理不够及时、有效。

　　3 度

　　测评对象内部秩序不和谐，用户相互不够融洽，以相互恶搞、讽刺为乐，出现大量相互攻讦、歧视、侮辱等内容。

用户在测评对象内发布或上传的内容根据本依据中 A、B、C、D 四项指标测评结果至少有一项为 3 度，测评对象运营单位不进行处理。

无意见建议反馈和举报系统，或者虽建立该系统，但该系统无相关人员进行管理，或对用户意见、建议和举报信息视而不见，甚至采取删帖、沉帖、恶意封停账号等不当措施。

F．广告不当度

此项指标主要针对广告的内容进行测评（包括文字、图片、音频、视频等）；广告包括测评对象发布的自身广告和为其他产品和内容发布的广告；对于广告出现的数量、形式等技术性问题，一般情况下不进行考虑。

广告不当度测评依据：

0 度

测评对象内不存在任何广告内容，或有宣传测评对象的广告，但该广告内容根据本依据中 A、B、C、D 四项指标任何一项的测评结果都为 0 度。

测评对象内有宣传其他产品或内容的广告，该产品或内容依照本依据，绿色度达到 5 星依据。

在其他媒体和渠道发布的测评对象广告，该广告内容根据本依据中 A、B、C、D 四项指标任何一项的测评结果都为 0 度。

1 度

测评对象内有宣传测评对象的广告，但该广告内容根据本依据中 A、B、C、D 四项指标任何一项的测评结果都不超过 1 度。

测评对象内有宣传其他产品或内容的广告，该产品或内容依照本依据，绿色度达到 4 星及 4 星以上依据。

在其他媒体和渠道发布的测评对象广告，该广告内容根据本依据中 A、B、C、D 四项指标任何一项的测评结果都不超过 1 度。

2 度

测评对象内有宣传测评对象的广告，但该广告内容根据本依据中 A、B、C、D 四项指标任何一项的测评结果都不超过 2 度。

测评对象内有宣传其他产品或内容的广告，该产品或内容依照本依据，绿色度达到 3 星及 3 星以上依据。

在其他媒体和渠道发布的测评对象广告，该广告内容根据本依据中 A、B、C、D 四项指标任何一项的测评结果都不超过 2 度。

3 度

测评对象内有宣传测评对象的广告，该广告内容根据本依据中 A、B、C、D 四项指标评定结果中至少有一项指标达到 3 度。

测评对象内有宣传其他产品或内容的广告，该产品或内容依照本依据，绿色度为 2 星或更低依据。

在其他媒体和渠道发布的测评对象广告，该广告内容根据本依据中 A、B、C、D 四项指标评定结果中至少有一项指标达到 3 度。

当测评对象内的广告或者测评对象在其他媒体和渠道发布的广告，表现形式为大量非用户自愿选择的自动弹出，此项指标直接定为 3。

G. 时间耗费度

此项指标只针对游戏类中的客户端网络游戏和网页游戏进行测评。相对于大型多人角色扮演游戏（即 MMORPG），休闲竞技类游戏致瘾性稍低。因此，对休闲竞技类游戏的测评尺度可酌情稍微放宽。

当游戏不允许未成年人注册时，此项指标直接为 3。对于同真实运动相结合的健身类游戏，此项指标可适当降低。

时间耗费度测评依据：

0 度

游戏时间设置充分考虑游戏用户的工作、学习、休息等日常生活习惯，在游戏时间上进行了比较严格的限制，包括密集提醒、强制下线、定时关服等硬性技术措施，以最大限度保护游戏用户身心健康。

对于已经做了比较严格的时间限制，但事实上依然造成较大比例的用户沉迷，则此类游戏适当提高评定结果。

1 度

游戏时间设置以游戏用户为中心，能考虑游戏用户的工作、学习、休息等日常生活习惯，从而在游戏时间上进行了部分限制，基本能保证游戏用户工作、学习、娱乐、休息的良好循环。

凡是有效安装了防沉迷系统的游戏产品，这一指标最高是 2。当在线时间的长短和游戏用户角色与他人相比的能力没有直接和明确的关联，则这一指标最高是 1。

当游戏公司设计了合理的系统帮助引导游戏用户适度地玩游戏，可适当降低此项指标的评定结果。

2 度

游戏用户角色与他人相比的能力与在线时间的长短有一定的关系，但游戏公司有效安装防沉迷系统，能认真核查用户注册信息的真实性，并及时将未成年人用户纳入防沉迷系统保护范围。

当游戏内以牟利为目的出售延长游戏用户在线时间的游戏道具，此项指标最低为 2。

3 度

游戏中没有安装防沉迷系统，或防沉迷系统不能有效发挥作用，或游戏中存在诱使游戏用户长时间在线的游戏设定，较容易导致游戏用户沉迷。

H. 恶意 PK 度

此项指标只针对游戏类中的客户端网络游戏和网页游戏进行测评。相关名词解释如下：

PK 系统：游戏允许用户攻击其他用户角色的系统。

PK 开关：游戏中有 PK 系统，同时设置 PK 开关。用户可自主自愿开启关闭 PK 开关，决定是否可以主动攻击他人或被他人攻击，但游戏中也可能提供某种方法抵消 PK 开关的作用。

恶意 PK：非竞技性的、违背他人意愿的主动攻击其他用户角色的行为。

PK 惩罚：对恶意 PK 的用户在 PK 行为发生后或者杀死对方游戏角色时，会遭到一定的系统惩罚。

监狱系统：监狱系统属于对恶意 PK 的惩罚措施之一，用户角色在恶意 PK 行为达到一定程度、满足相关要求后，将被关进监狱。但游戏中可能提供抵消监狱处罚的设置。

PK 奖励：游戏本身鼓励用户参与实施恶意 PK 活动，并给予恶意 PK 成功的用户角色相应的奖励。

PK 特权：游戏向用户出售 PK 特权。如《大话西游》中的"杀人香"，购买使用此道具后可以获得恶意 PK 其他用户（包括关闭 PK 开关的用户）的权力。

悬赏系统：用户自身角色针对其他用户角色发起悬赏并提供一定酬劳，成功击杀被悬赏人的用户角色获得相应报酬。

恶意 PK 度测评依据：

0 度

游戏中没有 PK 系统，或只有竞技类 PK 系统，但必须在参与各方同意后方可竞技。

1 度

游戏中有 PK 系统，但不允许恶意 PK，游戏设计十分人性化，不迫使、强制用户参与暴力内容，并将主导权交与用户。或者游戏中允许恶意 PK，但对恶意 PK 用户有严格的惩罚措施。

2 度

游戏中有 PK 系统，允许恶意 PK，但有相应的处罚措施，且 PK 系统不与法定货币购买的道具挂钩。

或者游戏中允许恶意PK，并设置特定背景下的两个或以上阵营相互敌对，敌对阵营游戏用户相互击杀后获得奖励，但PK系统不与法定货币购买的道具挂钩。

对策略性游戏，可适当降低此项指标的评定，并且最高为2。

3度

游戏中允许恶意PK，且没有PK惩罚系统，或游戏中有默许甚至鼓励恶意PK活动的设置。游戏中的PK系统与法定货币购买的道具挂钩，且其效果可以累加，容易导致游戏用户投入较多金钱。

一旦向游戏用户提供如：PK特权，针对监狱系统的劫狱、逃狱、贿赂系统，出售游戏道具帮助用户快速洗刷罪恶等相关服务，针对没有受到游戏中对恶意PK行为进行处罚的用户游戏角色提供悬赏服务，此项评定直接定为3。

游戏中提供非情节所必须（策略类游戏除外）的劫掠任务，且由游戏用户主观实际操作进行的抢劫行为，此项指标直接定为3。

I. 货币消费度

此项指标只针对游戏类中的客户端网络游戏和网页游戏进行测评。

货币消费度测评依据：

0度

游戏中用户角色能力高低全凭用户对游戏熟练程度及操作技巧，不受等级影响。游戏增值业务中，不出售加强用户自身角色或降低其他用户角色能力的道具。用户可以使用游戏过程中获得的游戏货币满足游戏中的日常需求。

对用户每月消费有一定限制，且限制金额较低的游戏类测评对象，可适当降低该项指标。

1 度

出售可加强用户自身或降低其他用户角色能力的游戏道具，但此类道具数量很有限，同一类道具效果不可累加，各个角色可以很容易达到平衡；出售帮助用户角色过关的游戏道具，但在与其他游戏用户的直接对抗和竞争中帮助很小或没有帮助。

游戏中有提升装备性能的设定，但在其过程中，无须直接消费现金。

2 度

出售可加强用户自身或降低其他用户角色能力的游戏道具，同一类道具效果可以累加，但累加效果有限；出售帮助用户角色过关的游戏道具，在与其他用户角色的直接对抗和竞争中有一定帮助。

游戏中有提升装备性能的设定，需要投入一定现金，但数额不大。

游戏中有少量类似博彩性质的内容，但只能使用游戏货币，不能与真实货币有直接关联。

3 度

出售可加强用户自身或降低其他用户角色能力的游戏道具，同一类道具效果可以累加，会导致各个角色之间产生很大差距；出售帮助用户角色过关的游戏道具，在与其他用户角色的直接对抗和竞争中帮助很大。

游戏中有提升装备性能的设定，装备性能的提高与投入的现金数量成正比，很容易导致游戏用户投入较多金钱。

游戏中出售直接用于游戏用户间 PK 的消耗性游戏道具，并通过纵容恶意 PK、制造游戏用户仇恨等，促进此类游戏道具的销售。

游戏中有类似博彩性质的内容，以开宝箱、抽奖等直接或间接方式诱使游戏用户投入大量金钱。

游戏中出售用于公共聊天频道广播的喇叭类道具，当公共聊天频道出现大量谩骂、色情等不良信息以及虚假信息，且游戏公司基本不加处理时，此项指标直接定为 3。

五、最终评定

评星结果：

★★★★★：建议 6 岁以下年龄段人群（相当于学龄前儿童）不要使用，或需要监护人陪同和指导；

★★★★：建议 12 岁以下年龄段人群（相当于小学生及以下）不要使用，或需要监护人陪同和指导；

★★★：建议 15 岁以下年龄段人群（相当于初中生及以下）不要使用，或需要监护人陪同和指导；

★★：建议 18 岁以下年龄段人群（相当于高中生及以下）不要使用，或需要监护人陪同和指导；

★：建议 18 岁以下年龄段人群（相当于高中生及以下）不要使用，而且可能给用户带来较大负面影响。

建议 6 岁以下年龄段人群（相当于学龄前儿童）不宜使用，或在监护人陪同和指导下使用，各项指标满足条件：

静态：A0 \ B0 \ C0 \ D0

动态：E0 \ F0 \ G0 \ H0 \ I0

综合评定满足条件：全部指标均为 0。

建议 12 岁以下年龄段人群（相当于小学生及以下）不宜使用，或在监护人陪同和指导下使用：

在指标中出现 1，但任何一项指标不高于 1。

建议 15 岁以下年龄段人群（相当于初中生及以下）不宜使用，或在监护人陪同和指导下使用：

在指标中出现 2，但任何一项指标不高于 2。

建议 18 岁以下年龄段人群（相当于高中生及以下）不宜使用，或在监护人陪同和指导下使用：

在指标中出现 3，不过为 3 的指标数不超过 3 个，而且在出现 3 的指标方面高中生以上的人群基本可以正确理解和应对，负面影响不大。

建议 18 岁以下年龄段人群（相当于高中生及以下）不宜使用，且可能给用户带来较大负面影响：

在指标中出现 3，且为 3 的指标超过 3 个，或者在出现 3 的指标方面可能给用户造成较大负面影响。

《专属网络内容绿色度测评依据（试行）》以下简称"《依据》"）在中国青年网上发布以后，受到了业内人士的关注，并在不同的场合和媒体上加以引用。中国青年网也组织了很多成员以上述《依据》为标准对市面上正在运营中的网络游戏进行了绿色度测评。截至 2018 年 6 月 30 日，中国青年网累计发布网络游戏的测评报告 1826 款，成为行业内唯一的网络游戏绿色度测评资料来源。

2.3　网络游戏的社会评价系统

网络游戏市场的管理一直缺乏一个科学的机制，游戏行业存在的问题往往经媒体报道后才上升到国家的层面进行讨论，但时间的延迟带来的负面影响却很难在短期内消除。网络游戏的价值判断通常依赖于业内的专家的意见，但因为网络游戏是一种相对复杂的娱乐系统，对它的评价并不能完全根据经验。况且不同类型的网络游戏有其不同的特征，即使是同一类型的网络游戏，也因为游戏的不同而存在巨大差异。最不可回避的困难还在于，对一款网络游戏的评价往往要经过很长一段时间的体验才能形成相对符合实际的判断，这通常需要几周甚至数月的时间，这对于多数专家的耐心是一个不小的考验。所以仅靠业内专家的评价意见对于庞大的网络游戏市场是不现实的。即使国家十分重视对网络游戏的评价，也往往因为游戏数量的不断增加而显得力不从心。可以说，网络游戏的飞速增长与行业内评测专家的匮乏形成了一个不可调和的矛盾，要真正解决这个问题，必须寻求其他的途径。到目前为止，有关网络游戏的社会评价一直没有一个官方的机构来主导形成结论。

国家对网络游戏的运营实行许可制度，即网络游戏在上线运营前需要得到国家的行政许可。作为文化产品，由于网络游戏具有媒体的特征，文化部和新闻出版部门都有对网络游戏的审读机制，即网络游戏在运营前要向审读机构提供游戏脚本从内容和运营模式等方面进行审查，符合标准的，给予版号允许发行。但网络游戏与一般出版物的区别在于，无论是电影、电视还是报纸、杂志、期刊，出版后其内容也随之固定，任何人也无法更改，而网络游戏则不同。网络游戏的运营是一个持续的行为，一般情况下，每一款游戏每周都有一次或多次的例行更新。游戏每更新一次就意味着内容上的一次改变，当运营一段时间以后，网络游戏可能在很多方面与上线前相去甚远，甚至大相径庭。所以网络游戏存在的问题不是运营前的问题，而是上线运营后出现的问题。而网络游戏在上线运营后，社会上没有任何一家机构对网络游戏进行监管，网络游戏完全处于放任状态，客观上助长了网游企业的骄横与跋扈。因此社会需要一个第三方的网络游戏监督或评价机构。网络游戏行业要实现两端平衡才能够健康发展。所谓两端平衡就是游戏运营企业与游戏玩家群体两端要达成价值对等。现实的情况是，由于利用虚拟货币实现利益的方式不被法律禁止，造成了社会资本向游戏行业的盲目聚集，进而促成了网络游戏的无序发展，而一些无良企业的急功近利行为，又对原本混乱的局面推波助澜，使社会矛盾不断激化，长期成为社会关注的焦点。

笔者通过多年来在网络游戏健康发展方面的研究经验，曾经提出一个打造网络游戏评价中心的思路和方法，那就是要建立一个民间的网络游戏评价机构或评价中心来调节游戏行业的两端平衡，进而推动或促进网络游戏的健康发展。它的原理是，利用游戏评价系统作为杠杆来调节游戏输出企业和玩家两个群体之间的平衡。一般情况下，游戏输出企业（即游戏生产企业）生产游戏并不是基于社会的真实需求，而是基于自身利益的需要。他们通常利用人性来设计消费规则，绑架玩家。但玩家是被动的一方，他们对游戏生产没有自主选择权，只能在已推向市场的游戏中进行选择。这就造成了行业非平衡状态。游戏评价恰恰是调节两者之间平衡的杠杆。它的作为游戏输出的一端尽管十分强大，单个力量无法撬动，但另一端则是广大的玩家和家长等群体，他们可以在另一端不断加码，最终实现游戏行业的两端平衡。评价机构之所以是民间的，就是希望对网络游戏的评价不能过度依赖于少数精英的力量，而要全民参与，以人民的名义实现对网络游戏的专业和非专业的评价。所谓专业评价，就是通过对网络游戏的价值观、世界观、收费规则、对玩家权益的保护、虚拟物品的定价、虚拟物品的发行数量、游戏内容、对时间的消耗程度、客户服务协议等方面进行综合评价。评价的方式就是针对上述的指标建立多维度评价模型，用户根据此模型对各项指标进行打分。模型的建立有多种方法，其中一种最方便的做法就是将每一项指标设置三个评分级别，分值分别为1、0、-1。正向评价最高得分为1，最低为负1。这样设置的目的在于方便实现对巨量用户评价数据的统计。因为用户在评价的时候，可能对于同一个评价对象不同用户会给出不同甚至完全相反的评价结果，但这在系统中恰好通过数字进行抵消。如，对一款游戏的价值观判断，一个用户给出很高的评价，结果为1，而另一个用户则给出最低的评价，结果为负1，那么两个人结合的评价结果就是中性的。再如，对一款游戏的某项指标，有10万人参与评价，其中有6万人给出正向最高分，3万人给出负向最高分，1万人给出中性结果，那么此项指标的综合得分为30000。这说明在10万个用户中，说好的比说坏的多出3万人。因此该游戏的此项指标算是健康的。而一款游戏的多项指标在评价模型中的呈现都是类似标准化的，用户只需对每一项指标进行评分，而一款游戏的综合评价结果是将每项指标的代数和进行加权平均，系统根据每一项指标的重要程度赋予不同权重。这样得出的最终结果就是该款游戏的综合评价。不过，这种评价模型之所以称为专业评价，是因为评价的主体必须是评价对象（游戏）的玩家或者对所评价的对象有较深入的了解，否则无法形成正确的评价结果。在专业评价模型中，一个用户对一款游戏的评价次数不能多于2次，以防止恶意刷分现象的发生。用户若想对某款网络游戏进行评价，那它必须先在系统平台上以手机注册并绑定，用户登录后可以直接对游戏进行评价，当单款游戏的评价次数超过2次时，系统会给出错误信息，不再接受该用户的评价结果。如果用户没有登录，也可以参与评价，不过评价中系统会向用户手机发送验证码，以保证用户评价信息是来自本人。

另一种评价方式是非专业评价。这主要针对一些学生家长，他们可能从来没有接触过网络游戏，也不了解游戏，甚至对网络游戏一无所知。但这些家长应该知道自己的孩子有没有玩游戏，玩什么游戏，一天玩多长时间，有没有在游戏中花钱，花了多少钱，有没有影响学习，有没有影响亲情或家庭关系等，非专业的评价模型就是根据这些问题设计的。这类用户可以直接把自己所了解的非游戏内部的信息通过评价系统进行提交，系统会形成非专业的评价结果。结果的呈现方式就是对上述问题的评价得分进行排名。排名可以按周、月度、季度、半年、一年为周期，分别给出玩家最多的游戏排行榜、最烧钱的游戏排行榜、最消耗时间的游戏排行榜、陷阱最多的游戏排行榜、最影响学习的游戏排行榜、最影响亲情的游戏排行榜等。这些排行榜因为是来自非游戏玩家的评价结果，所以会是一个大数据而非少数意见的呈现，它的客观性会显著提高，对游戏行业的触动效果也会更深刻。

目前，笔者正通过华南理工大学顺德产业园区项目将游戏评价纳入首批孵化项目，笔者也希望通过学校和当地政府的支持在顺德建立中国的网络游戏评价中心或评价基地，以期实现对网络游戏市场的有效调节。

　　另外，2018 年，笔者代表华南理工大学新闻学院与广东省教育厅联合发起了"广东省绿色网络校园行"大型公益活动，在全省多个地市做了有关网络游戏知识及防沉迷宣传。"绿色网络校园行"活动分四个部分。首先是绿色网络公益讲座，面向广大学生、家长、学校老师，由华南理工大学新闻与传播学院专家到中小学校开展。针对如何引导学生正确使用网络，如何应对各种网络及电信诈骗，如何在网络新媒体时代选择健康游戏、分辨各种消费陷阱等方面进行广泛宣传；同时通过广东省教育系统关工委网站和相应的在线教育平台同步直播，并录制精品教育课程通过该平台进行分享。家长通过远程学习可以了解家庭教育经验，提升网络素养和心理弹性，与学校共同营造良好的教育氛围，指导孩子科学预防游戏沉迷，规避因教育方法不当引发的游戏失控及意外伤害等。其次，面向中小学校长、德育负责人开展"校园网络健康教育"专题培训，旨在提高学校管理者对不良网络游戏对教育影响的全面认识，协助学校开展绿色网络和网络媒介素养教育，防止网络游戏在校园里的扩散、蔓延，提升学校预防和治理游戏沉迷的能力。再次，结合学校校本教育特色活动，由学校推荐"少年爱心志愿者"共同开展"爱心牵手"活动，并组织大学志愿者对沉迷于网络游戏的学生和问题家庭进行爱心帮扶，在学校内建立帮扶小组，帮助受不良游戏伤害的学生重新恢复正常的学习生活。最后，组织社会力量全面推动建立绿色网络产品的评价和判断标准，给学校和家长提供选择的建议和指导性意见。

　　"绿色网络校园行"大型公益活动取得了良好的效果，活动的持续举办必将为当前处于不良游戏侵害危机中的中小学教育注入防护的灵力，在一定程度上会缓解教育管理的压力，并为改善校园网络生态提供思路。而由教育部门牵头、其他社会组织和机构协同参与、广大学校和家长积极响应的局面也必然会形成对不良游戏侵害的坚强防范，成为新媒体快速发展环境下的协同防御阵地。活动呈现的效果会成为校园网络环境传播和建设的示范，并对全国其他地区形成正面辐射性影响。借助于这类活动，网络游戏评价体系可以顺利地进入到每一个学生、老师和家长的视野，成为他们表达游戏意见的窗口。而来源于社会各个角落的关于网络游戏评价的声音会汇集成一种强大的力量，对游戏输出企业的任性状态产生震慑效果。这些评价的结果进而也会形成游戏行业健康状况的大数据报告，一方面服务于玩家和家长，帮他们主张和维护权益，一方面为游戏公司改良游戏产品提供建议，同时也为国家的游戏治理提供有效的数据支持和依据。

第五章

互联网巨头的战争

第一节
产业布局中的资本队列

或许很多人都曾注意到这样一个现象，在互联网产业生态中，一些行业巨头会逐渐形成对行业内其他势力的吞并或吸收，最后形成一家独大的局面。这些行业巨头长期操纵着行业的命脉，主导着对行业内势力范围的划分。他们容不下其他任何势力的染指，也不允许其他力量对其既得利益的觊觎，甚至对任何虎视眈眈的行为都心存戒备。这些行业巨头按照互联网业务类型分成了不同的派系，分别是以搜索引擎为代表的百度系，以社交为代表的腾讯系，以电商为代表的阿里系，以安全为代表的 360 系等。这些大的互联网巨头因为体量巨大而被打上了 BAT 的行业标签，成为行业的标志性产物。

在互联网不同领域中，这些巨头们所形成的规模化作战效应往往让很多从事相同业务的互联网公司望而生畏，一些小型的公司经常四面楚歌，心惊胆战，只能悄悄地发展业务，在夹缝中求得一线生存机会，一旦他们的业务成长到让巨头们可视的范围，巨头们就会引起警觉，并快速做出反应。这种反应往往就是利用自己的技术或资本优势对这些正在成长中的中小企业进行围堵，试图通过打压手段消灭潜在的对手。如果围堵不成，就想法对其进行剿灭，其围剿的手段也十分残酷。通常利用挖墙脚、攻击对方服务器或寻找其法律漏洞等形式对其进行打压。常常在一轮攻击之下，很多中小型公司就会成为炮灰。所以社会上有一个说法就是，在互联网行业中，只有老大，老二与老三通常都是仰其鼻息，避其锋芒，甚至艰难生存。

基于以上事实，在互联网的不同领域中，凡是涉及行业竞争，一些资本就会首先权衡行业巨头的优势，他们常常不自觉地站队到与自身利益关联度最高的队列中，不敢轻易与行业巨头形成对立。所以一些小型企业在业务发展的初期，苦于对资本的依赖和扩张的限制，很多都倒在了拼杀失败的血泊中。不是说项目没有前景或缺乏价值，而是一些风险资本根本不敢上前营救，因为面对行业巨头的潜在威胁，任何资本都无法填补一个被巨头们设置下的黑洞。资本逐利和嗜血的特性也会导致资本的方向性偏移，它们更倾向于快速获利，进而减少风险。

近年来，互联网领域的厮杀态势已渐趋明朗，几度浪淘沙后，互联网的格局已基本形成，行业内无论是资本还是技术都被分成了以行业巨头标签为特征的队列，风险资本投资于哪个队列，就意味着其风向指向哪个领地，很少会跨越队列标签而任性选择。避免出现投资风险已经成为资本的首要选择。

但任何事物的发展都存在一定的偶然，即使被大众认定为无可争议的结果仍有无数种可能。比如近几年在社交媒体中杀出了一匹黑马，它就是张一鸣的今日头条。最初，张一鸣通过新闻推送起步，利用人工智能算法，着眼于推送引擎的开发，很快取得了用户的认可。今日头条又利用人性的因素设计了形式多样的推广方式，因此在极短的时间内迅速积累了大量的用户。很快腾讯看到了其未来巨大的价值和潜在的竞争关系，向今日头条抛出了橄榄枝，但张一鸣的一句话直接对此做出了回应，"我创立今日头条，不是想成为腾讯的员工。"这看似委婉的简短表达或许是对互联 BAT 的最有力的拒绝。因为当时在 BAT 垄断互联网市场的环境下，各大创业公司基本都难逃被收购或被入股的命运，而另一部创业公司则纷纷以抱上 BAT 大腿或站队 BAT 为主要目标。在此局面下，张一鸣带领的今日头条却能拒绝腾讯抛来的橄榄枝，也就是拒绝了巨大的诱惑，坚持自身成为平台级公司的远大目标，看得出其在事业上的抱负。尤其是今日头条在拒绝腾讯投资后，还面临着 BAT 和其他竞争对手的围剿，这确实彰显了张一鸣的胆识和勇气。很多风险资本被张一鸣的选择惊出了一身冷汗，认为他疯了，因为这不符合资本对行业的判断。投资界普遍认为，在互联网顶级巨头主动表达投资意愿的前提下，张一鸣的回绝简直就是错过了一个上天赐予的机会，他的结局注定就是一场惨败，甚至会成为业内的笑话。然而，今日头条的发展势头彻底超出了互联网界的普遍预期，它推出的各个栏目均受到了大量用户的认可甚至喜爱，尤其是抖音的裂变式膨胀让微信都始料未及。随之而来的风暴基本验证了互联网行业竞争的激烈和残酷。大家很快就发现原本在微信朋友圈内津津乐道的抖音短视频一夜之间不见了，所发的链接全部被屏蔽或无法打开。对此，腾讯的解释是，"为避免刷屏影响阅读体验，分享次数达上限将自动屏蔽处理，次日恢复正常"。这种此地无银三百两的解释更加直白地暴露了腾讯的真实目的。说到底就是头条的发展已经触碰到了腾讯的核心利益，影响到了腾讯作为社交老大的地位。当然抖音在发展初期，的确利用微信和微博的 API 和社交分享功能，从这两个平台上获得了很大的流量。但这也正是微信打压头条的根源。他们不可能坐视一个新生的平台利用自己的资源悄悄地壮大而最终与自己形成竞争。因此，找到一个看上去相对合理的理由对其进行限制，阻滞其发展的速度就势在必行。

互联网行业内，长期以来每一个巨头在潜意识中都普遍认为他们已经完成了势力范围的划分，他们把自己所掌控的业务范围和用户资源视为自身生存和发展的专属领地，不允许任何人对其渗透或染指。一旦有新的企业试图分享其中的利益，他们就认为是对自己的挑战，因此围剿与反围剿的战争就不可避免。2010 年由网络安全业务引发的奇虎 360 与腾讯 QQ 的大战就是其中的典型。这场战争让互联网用户见证了这种无硝烟的战场上的另一种残酷，也认识到了一个新生互联网在面对巨头压制下生存的艰难。

正是因为行业巨头所表现出的敏感、警觉与紧张，使得很多资本在选择投资项目前被迫站队，在几乎所有的投资版块中所做出的选择都带有巨头队列的标签。人们在看待一个具有一定规模的投资行为时，首先会分析这个资本投向的对象所属的队列，比如是腾讯系还是阿里系。因为只要是有前景的项目，在成长之初如果没有被几个互联网巨头的阵营剿灭，就会被其收编，从而变成互联网巨头旗下的业务，而在巨头的羽翼下生存或成长就安全得多。这种情景也导致了越来越多的互联网公司为了减轻压力、降低风险纷纷倒向一些巨头公司，有意识地向其靠拢，以求通过抱其大腿能够得到保护并指望其输出流量和资源。

然而，这种局面的持续会导致一个非常严峻的后果。首先，巨头的势力会影响到行业生态的自由度，限制产业生态链中企业的多样性发展，进而造成业务基因的单一化。其次，有希望快速成长的企业如果选择拒绝被巨头收编，往往就会被打压或围剿，很快被挤压于夹缝之中，导致生存艰难。第三，巨头按自己的意志在行业内垄断资源，用资本打压创新，使得一些中小型企业得不到有效的支持，常常因为资金和人才的缺乏而陷入困境。第四，巨头基于长期形成的资源优势，往往会固守既得利益，自身创新动力持续降低，最终可能会造成行业发展产生瓶颈。

在互联网巨头为争夺资源而进行的势力范围的分割中，腾讯系和阿里系因为各有自己支付平台的原因而产生了许多以支付方式为竞争手段的事件，并且连累了站队企业增加了与用户之间的对立。例如美国最大的零售巨头沃尔玛在中国市场携手腾讯，加入了微信支付的队列。但由于微信支付与阿里的支付宝在市场上长期处于竞争状态，所以腾讯绑架沃尔玛要求禁用支付宝付款方式。这个行为在消费者群体中引发了强烈的震动，遭到了广大网友的一致批评，认为这剥夺了消费者选择支付方式的权利，是互联网巨头利用资源滥用权力的体现，属于欺行霸市行为。当然因为在法律上没有明确的规定，这种行为无法以行政的手段加以约束。然而，因为此举破坏了市场竞争规则，给支付宝造成了巨大的利益损伤，因此也引起阿里的反弹式报复。据说，目前阿里好像正与美国的第二大零售巨头克洛格进行合作，沃尔玛禁用支付宝，那么克洛格就禁用微信支付。双方的竞争表面上体现的是利益的竞争，但实际上是势力范围扩充过程中双方矛盾激化的结果，但无论如何最终都会影响到在消费群体中的信用。

互联网行业内的资本队列是互联网发展到一定阶段的一个现象，它是利益驱动下的产物，它的长期存在会影响整个社会的健康发展，因此应该引起社会的高度关注。

第二节
互联网势力范围分割引发的战争

上节曾提到，2010 年 10 月前后曾经发生过互联网行业内重要的争端，就是奇虎 360 和腾讯之间的战争。当时很多人都关注到互联网业内的一个悄然升级的事件，大佬百度、腾讯、金山、傲游、可牛共同发表一份《反对 360 不正当竞争及加强行业自律的联合声明》，上述企业表示，通过发布联合声明的方式表达愤怒是"忍无可忍"的无奈选择，因此在倡导同行公平竞争、呼吁主管机构介入调查的同时，也承诺并呼吁同行企业"不与 360 发生任何形式的合作"。针对上述事实，360 随后也发布了一份声明，并披露腾讯偷偷扫描用户硬盘的最新证据——"超级黑名单"。360 甚至奉劝腾讯等企业主动承认错误、接受用户监督，而不是"抱团取暖"，合伙作恶。

为什么会发生如此的事件？360作为一个在网络安全领域快速发展的企业，缘何相继与江民和瑞星开战，与阿里巴巴PK，与百度交恶，与金山为敌？进而发展到以卵击石，正面挑战互联网行业老大——腾讯？周鸿祎究竟在做什么？一个小有成就的互联网企业，在羽翼未丰之际就胆敢公然与如日中天的一帮团体大佬对决，其下场会是什么？这是整个互联网圈子都十分关注的问题。许多业内人士都对360的疯狂行为表示不可理解，而一些旁观者也对其嗤之以鼻或表示不屑。相当多的媒体认为，360耍起了"流氓"，从之前的"360不与QQ竞争"到如今的撕破脸，这回360是急上火了。也有很多网友指出，他们都是"被360代表"了，而360也未能提供证据确凿的网民调查报告来作为之前那些"公告"的凭证。更有甚者，有媒体批评，"见不得别人好"似乎已经成为360的一大毒瘤。反其道而行必定会引起行业的愤怒，这份声明或许就是360惹祸上身的佐证。此番连环事件在某种程度是对诚信的一种亵渎，也会因此打击到公司自身的形象。

形形色色的针对这一事件的议论，铺天盖地地弥漫在无处不在的各种形式的媒体上，以各种极端的方式刺激着人们的眼球，使"娱乐""作秀""嫉妒"等词反复地使用。然而，也许很少有人能够想到，周鸿祎看似丧心病狂的行为，其实早就成竹在胸。周鸿祎其实早就看清了形势，在当前的互联网发展的形势下，基本成了百度、腾讯、阿里巴巴等巨头一统天下的局面，很多新生的网络企业在刚一问世就遭到兼并或斩杀，而这些网络巨头斩杀的行为也是众目皆睹。且不说被舆论称为"创新杀手、剽窃之王"的腾讯利用手中的用户及环境资源对互联网的暴力垄断，也不说百度在谷歌离开中国后如何得意忘形，单说这些企业的民族责任意识，就不由得让人失望。面对一个完全以利益为目的，以打击潜在的新生对手为目标的所谓行业巨佬，一个代表亿万民众和数以千计的受挤压和迫害的网络企业利益的公司怎能不揭竿革命？又怎能不受到那些被压迫企业的积极响应？在当时的形势下，几乎所有的人都能够看到腾讯所推出的五花八门的产品，其通过大量发行虚拟货币圈钱的手段差点就动摇了中央银行的领导地位。腾讯仰仗一些数字化的虚拟物品被巨量的用户所沉迷使用，一步步推出只能用人民币兑换的 QQ 币的购买方式，不断诱使用户开通各种形式的会员，不断用时间或直接损耗来蒸发用户用 Q 币换来的虚拟物品。有人在互联网上连续发问：有多少人没有被 QQ 空间中眼花缭乱的虚拟物品所诱惑？有多少人没有在其甜言蜜语的广告宣传中被捆绑消费？且看其推出的各种物品的定价，就可以看出"等价交换"这一交换原则是如何在今天被这些网络企业所破坏的。QQ 农场中一袋化肥的定价最高达到了 3 元，而一棵菜往往需要几个阶段才能成熟，有的玩家为了满足游戏中的攀比心理，为了满足被游戏诱发起来的一时的虚荣，在 QQ 农场中种一畦菜竟然付出 200 多元的代价！这简直可以抵过现实中农民种几亩田的耗费！QQ 秀中一套饰品也高十数元，而且所买的衣服也很快地度过它的使用寿命，要想继续使用必须重新购买。很多玩家更是被 QQ 宠物中无穷无尽的洗澡、喂食、送礼等消费行为所骚扰，尽管目前 QQ 宠物已经停运，但在 2010 年前后曾经让亿万用户沉迷其中，其中有相当一部分是未成年人。而 QQ 空间中的更多应用，以及腾讯所推出的其他游戏或产品，其利用虚拟货币圈钱的手段更是发挥得淋漓尽致！在腾讯运营的很多游戏中，涉嫌赌博、抽彩等概率吸金的比比皆是，加上后来微信的运营所挂载的各种游戏，两个社交平台所吸纳的数以十亿级的用户不断地被输送各种应用或娱乐，成为案板上的肥肉。这种现状一直被其他互联网公司所羡慕。很难看出一个网络巨头的社会责任和获取财富上的用心是一种怎样的平衡！谷歌在退出中国时曾经遭受过很多用户的指责，原因之一是不遵行中国的审查法规，导致低俗内容泛滥。然而事实是，此后百度的行为也并没有让用户满意，甚至通过百度搜索出的内容相比于谷歌更令人担忧。尤其是对一些低俗内容的过滤，百度似乎并不愿意付出努力。2016 年的魏则西事件所牵扯出的莆田系医院的百度广告丑闻，曾让百度成为全国的众矢之的。2018 年，作家六六狂骂百度事件，又把百度推上了风口浪尖。作家六六在微博发文，怒斥百度唯利是图：搜个大使馆官网，全是签证代办的骗子广告！她说，她在搜索上海美国领事馆官网地址时，百度出来的都是广告，不得已改用其他引擎搜索后，第一个就是正确的网址。这从一个角度说明了百度作为一个搜索行业中的佼佼者，并没有真正承担与其声名相符的社会责任。利益至上是导致了其格局的有限，也造成了其发展后继乏力。

在搜索的内容上，百度的情况也不容乐观，与谷歌相比，它并没有什么优势。下面是 2012 年 4 月某机构根据搜索词汇的不同，从细节上对百度和谷歌的搜索结果进行的比较和结论：

第一，在对一些色情网站如"www.milftubemoms.com"进行搜索时，百度显示结果的第一条就是该色情网站，并且点击后可以直接进入；而谷歌却对此网站进行了屏蔽，无法直接进入。在对该网址中涉嫌色情内容的单词缩写"milf"进行搜索时，百度显示的结果中，第二、第三条均为色情网站，且点击后可以直接进入；而谷歌显示的结果中却未发现色情信息。

第二，在对一些明显涉嫌色情的关键词，如对"肛交""口交""肏""鸡巴""屄""18 禁"等进行搜索时，百度虽然大多提示有"根据相关法律法规和政策，部分搜索结果未予显示"，但仍能显示搜索结果，且显示的部分结果中，仍有色情网站信息的内容（如对关键词"肏"的搜索中，第二页就显示有多个色情网站）；而谷歌却对类似词汇加以完全屏蔽，无法显示搜索内容。

第三，在对一些可能具有色情意味，但也符合医学生理词汇，如"阴蒂""阴道"的搜索中，百度搜索结果多为医学部分内容，但是在"百度图片"中搜索"阴道图"时，会出现大量真实阴道图片；而谷歌却对这些词汇完全做了屏蔽，"谷歌图片"中也无任何图片显示。

第四，在对一些本不具色情成分，但在俚语或其他语境中却具有色情意味的词汇，如"干""打炮""野炮""露出""呻吟"等进行搜索时，百度会显示相应搜索结果，且具有明显的色情意味（特别是在百度"干"的搜索结果中，第一条即是色情网站"依依社区"的提示）。而谷歌对"打炮""野炮""呻吟"词汇的搜索结果完全屏蔽，对"干""露出"的显示结果也很少有色情成分。

第五，在对一些根本不具有色情意味的词汇如"女护士""舔"等进行搜索时，百度不仅会显示搜索结果，且搜索结果中大多含有涉性等低俗内容。而谷歌却是把这些词汇作为屏蔽词汇对待，不显示搜索结果。

第六，在对一些网络上出现的涉性事件类关键词，如"艳照""脱裤门""摸奶门""跳蛋门"等搜索结果中，百度均会显示搜索结果，且有低俗内容的提示。而谷歌的显示结果中，"艳照""脱裤门"二词已被屏蔽，"摸奶门"也只显示"门"的搜索结果，仅"跳蛋门"中出现了低俗内容，且暴露尺度远低于百度。

第七，百度和谷歌均有图片搜索功能，在对一些人体艺术、人体艺术模特，如"人体艺术""张筱雨""汤加丽"等关键词进行搜索时，百度显示的图片会出现明显的女性裸体，其暴露尺度较大，甚至会显示女性的下身；而谷歌显示的图片中，很少出现女性全裸图片，偶尔出现的，也不会显示女性下身。

第八，百度和谷歌都设有搜索框提示功能，即输入搜索的词汇时，在输入框内会出现由该词开头的其他搜索词汇提示。在输入"18 岁"时，百度会自动给出"18 岁身份证和姓名"提示，这可能会为未成年人进行网络游戏、逃避防沉迷系统提供便利，而谷歌却自动取消该词的搜索提示功能；同时，在使用关键词如"日本妞""A 片下载""偷拍自拍""视频服务"等在百度进行搜索时，其头条显示结果即为色情网站，而谷歌对"A 片"

"偷拍"等词汇做了过滤，无法显示相关内容，同时"日本妞"和"视频服务"的显示结果中，也无色情内容出现。

通过对百度和谷歌关键词搜索结果的对比，不难发现，在测试中对可能涉嫌低俗的词汇搜索时，百度和谷歌所显示的结果具有明显的差异：百度对测评中使用的所有涉嫌色情的词汇都没有进行完全屏蔽，同时在多词并列搜索时出现色情内容，而谷歌则采用对大部分涉嫌色情信息的词汇全部屏蔽的做法，无论采用何种方式，都无法搜索到与该词相关的色情内容；在百度可以搜索到并能直接打开色情网站的链接，而谷歌则不提供色情网站的显示和链接功能；在两者都显示搜索结果的词汇中，百度显示的结果中，多会出现涉嫌低俗的内容，而谷歌显示的结果中，大多不涉及低俗内容，其百度图片显示结果的暴露程度也明显大于谷歌图片的暴露程度；在部分词汇的搜索框提示中，百度竟然会给出色情网站的提示；同时，百度竟然会将一些本不具有色情内容的关键词提供明显的低俗内容链接；更有甚者，百度还会将明显具有色情内容的网站放置在搜索结果的首位。

可以看出，作为一个行业的龙头老大，其发展的状况和对社会的责任意识令人担忧。一个真正站在民族利益上勇于承担社会责任的公司，其健康快速的发展，理应受到用户的期待和支持。然而，金钱至上，不顾用户的感受，无视良心、道德的谴责而一味强调企业的利益增长，却成了一些网络巨头的首要选择。在当年，360站了出来，举着保护公众利益的大旗，尽管这种行为有炒作之嫌或其他商业目的，但它却代表了很大一部分群体的利益，反映了不少人的心声。360通过这一次众目睽睽之下的战争，赢得了业内的赞许，也让自己的企业登上了一个更高的台阶，这似乎是上天赐予勇士的另一个机会。但社会需要一个真正的平衡，平衡才能稳定，稳定才能和谐，和谐才能得以健康发展，这也是自然的规律。一个互联网企业，当它扩张到足以吞并行业内其他绝大多数企业之后，如果其野心过度膨胀，不是出于社会责任去维护社会公平或主张社会正义，而是利用自身的资源优势去消灭异己，那么，它付出的就不单是流血的代价，而有可能是大伤元气，甚至自取灭亡。

第三节
资本规模所形成的政治影响

什么是资本规模？可能很多人经常听说但又无法完全说清。严格来说，资本规模是指企业、自然人、国家拥有的现有总资产额或者固定资产额。资本会随着企业的发展壮大而不断增长，当企业的资本规模达到一定程度后，因其掌握了多方面的社会资源，会形成一种社会权力乃至政治势力，影响政府对社会的治理，对民众的权益、行业发展、社会稳定产生一定的影响。马克思指出，资本具有两面性，一是逐利性和贪婪性，二是对社会进步的积极性和推动性。在当今社会，资本市场急功近利的趋势，对社会发展的消极影响逐渐凸显，值得关注。

1. 资本逐利对社会和谐的影响

独角兽企业是 21 世纪开始出现的新经济现象，一般指投资界对于 10 亿美元以上估值且创办时间相对较短的创新型公司的称谓。近年来中国独角兽企业发展迅猛，不少优秀企业获得资本的青睐，迅速成长为独角兽。据 CB Insight 数据统计显示，从 2013 年至 2018 年 3 月，全球共有 237 家独角兽企业。其中来自美国的共 118 家，占 49.78%；中国紧随其后，共 62

家，占 26.16%。这反映出中国整体创新实力的提升和经济实力的增长。

但值得警惕的是，资本具有趋利性，追求利润最大化是它们天然的本能。对于被资本疯狂追捧和推高的企业而言更是如此。一些巨头企业受金钱主导的逻辑驱使，将提高的成本转嫁到消费者身上。以滴滴出行为例，滴滴入局网约车市场时，声称要改变传统出租车行业打车难、打车贵、份子钱高等问题，在早期确实依靠巨额补贴缓解了这些难题，也形成了庞大的用户群。但随着滴滴不断做大做强，曾经出现在出租车行业的弊病又显现在滴滴身上。自从与快的合并，并收购优步中国后，滴滴成为国内最大的网约车服务平台，在与司机、乘客的关系中占据主导地位，因而不再需要通过巨额补贴和优惠活动去吸引消费者，针对司机端、乘客端的补贴奖励越来越少，条件越来越苛刻，导致司机收益减少，乘客花费增多，引起不满。目前，滴滴采用动态调价系统，比如在上下班高峰时段、恶劣天气等的情况下，滴滴便会提价，以此调节车辆供需平衡，提价之后的整体价格甚至高于出租车。虽然动态调价功能有双重封顶机制，即溢价倍数和溢价金额双封顶，但仍然引起用户的反感和社会舆论的抨击，原因在于用户在使用滴滴打车时可选择加价与否、加价多少，平台会告诉用户不同价格接单的可能性，当用户打不到车时可继续加价。这就存在一个道德风险，司机很可能不会接没有加价的单子，乘客为了打到车只能多次加价，花费了更多的时间和金钱。用户使用滴滴进行打车的时间变得更长，而不用滴滴，在马路边也很难打到车，用户打车难的困境再次出现。当用户享受了互联网＋打车浪潮的便捷和廉价后，便难以回到传统的路边打车时代。滴滴在市场竞争上呈现一家独大的垄断特征，消费者实际上并没有太多的自主选择权，要么改变早已习惯的出行方式，要么被迫接受滴滴的定价，这与利用互联网对消费者进行打劫有何区别？除此之外，滴滴作为一个轻资产公司，从司机身上抽走了可观的收入分成，导致乘客并没有少付钱，但司机获得的收益大大减少。抽成是滴滴的主要收入来源，基于盈利的压力滴滴难以降低分成比例。

更令人担忧的是，近来频发的暴力事件包括郑州滴滴顺风车命案、疯蜜创始人张桓在北京遭遇了"滴滴打人"，让公众对于网约车的安全产生了质疑，平台是否担负起了自己应承担的责任？滴滴也发表声明承认，"作为平台我们辜负了用户的信任，在这件事情上，我们负有不可推卸的责任"，同时也进行了整改。但对于用户权益的保障不能靠一次次的恶性事件来推动，而是本应做到的事。2018年科技部发布的《2017年中国独角兽企业发展报告》显示，滴滴以560亿美元估值位列第二，资本的注入让滴滴快速成长，但也让滴滴被资本的洪流裹挟，急功近利的快速扩张使其忽视了用户安全保障和提升服务质量。恶性事件的发生并不是偶然，滴滴平台在身份审核、监管、投诉机制上存在漏洞，甚至有部分游离于法律之外。滴滴作为一家掌握着巨大市场和数据的公司，即便法律无明确的规定，也应守住自己的社会底线，为消费者提供安全的服务，在技术、流程上也完全有能力做到降低危险事故发生的概率。政府和企业不能因噎废食，应该反思行业的发展，加强规范和监管。如果连乘客最基本的安全要求都达不到的话，"滴滴一下，让出行更美好"的美好愿景又怎能实现？

一如滴滴的高歌猛进，共享单车领域的摩拜单车也成了资本的猎物。在2018年4月被美团收购之前，摩拜巨大的融资额、知名的股东阵容和极快的融资速度，让人咂舌。摩拜打破了互联网历史上最快的融资速度，一年之内拿了五轮，C轮到E轮的融资总额超过11.7亿美元。在资本的狂热追逐下，不断烧钱，排挤竞争对手，垄断市场，在消耗了大量资源后，以大数据、人工智能等华丽的噱头推高估值，获得密集的融资。摩拜作为曾经的"独角兽"如今委身他人，背后是资本裹挟的无奈。原摩拜CEO坚持独立发展，但"胳膊拧不过资本的大腿"，摩拜单车最终还是被美团收购了。

很多共享单车企业包括摩拜单车都宣称共享单车是一种绿色环保的出

行方式，在很大程度上解决了众多市民"最后一公里"的出行难题，提升了城市交通效率，得到政府的支持和鼓励。但实际上，共享单车仍然存在着政策风险。不少用户将共享单车在城市中乱停违停，再加上由于企业更新换代、运营维护等工作做得不到位，一些共享单车被集中堆弃，既影响了市政环境也阻碍了市民的日常活动。同时共享单车企业重投放轻管理，为抢占市场，共享单车被大量无序投放，也不利于城市治安管理。资本本身所具有的逐利缺陷使共享单车在给民众带来便利的同时也带来无序。随着共享单车的影响与日俱增，政府有必要介入和进行规划，整治市场乱象。

不少企业经过多轮的融资，引入如此之多的投资方，股权结构变得错综复杂，创始人的股份早被大幅稀释，上文提到的滴滴和摩拜便是两个具有代表性的例子。入局的每一方利益诉求都有所不同，对盈利和退出预期也有不同的要求。资本市场上，股权投资分为四个阶段，就是我们通常所说的，募集、投资、管理、退出，其中管理是创投的重要一环。值得注意的是，企业创始人很可能并不能完全控制投后管理，真正的话语权被资本市场上的重量级玩家所把控。对于多数投资人而言，获取利润是他们的目的。远超人们想象的融资速度像是一场击鼓传花的游戏，在这场资本游戏中，社会责任、社会利益通常被忽视，推动企业上市或进行并购完成资本退出，实现高溢价获利是必然的选择。对于在创投圈中被资本疯狂追逐的企业而言，这或许是一个不错的选择。但一个企业要想得到良性发展，绝不能被资本所绑架，而应坚守住一个企业最起码的认知和底线，主动承担社会责任，为消费者提供高质量的服务。

除此之外，互联网巨头纷纷涉足金融领域。由于移动支付是金融领域中与用户联系最为紧密的交易，也是用户日常生活中必不可少的高频场景，互联网巨头们都想在移动支付领域分一杯羹。如今，支付宝和微信支付几乎垄断了整个支付行业，第三方咨询公司易观发布的《2017 年第 3 季度中国第三方移动支付市场监测报告》显示，第三方移动支付交易额近 30 万亿元，其中支付宝以53.73%的市场份额继续占据市场头把交椅，以微信支付为主体的腾讯金融份额为39.35%。万亿级的资金在第三方支付的账户上流动，并产生了庞大的沉淀资金规模。2018年4月，深圳警方破获一起新型电信网络诈骗案，涉案团伙在十余天内骗取七百多万元，利用第三方支付渠道套现、洗钱。当不法分子恶意利用平台上的资金，所造成的金融损失和社会影响将无法估量。因此，政府出台了一系列措施去规范第三方支付机构，以减少金融风险。2018年5月，支付宝接入国家网联，这意味着此后支付宝的每笔交易都处于中国人民银行的监管下。在此之前，绕开了国家监管的第三方支付机构有可能会做出损害用户权益的行为，如随意扣取用户费用，同时不同机构上产生的交易数据不与央行联通，造成金融信息孤岛，也不利于我国金融的长远发展。国家不断颁布新政策，增强监管的权威性和威慑力，引导第三方支付行业的规范发展，以保证国家金融安全。

2. 资本巨头对中小企业创新的影响

拥有庞大资产规模的巨头企业，很可能会扼杀中小企业的创新能力。一旦中小企业出现产品或商业模式的创新，往往会遭到巨头企业的围剿或者抄袭，导致行业两极分化严重，大企业不断壮大发展，而小企业则难以生存。尤其是已经在互联网行业形成高度垄断的巨头企业，能轻而易举地对中小企业的边缘创新进行扼杀和伤害。

前文提到的摩拜被美团收购，这背后闪现着美团和摩拜共同的投资方腾讯的身影，腾讯牵头并主导了这次的收购。尽管原摩拜CEO在股东会上投了反对票，但仍无法改变商业市场的选择。靠着资本积累和庞大体量，巨头企业不费吹灰之力就能将凝结着创始者的心血——创新结晶收入自己的囊中，而这通常伴随着创始团队在与资本的博弈中被资本踢出局的局面。从一个初创公司发展到一个具有一定规模的企业，创业者付出了很多心血。一个初创公司面临着巨大的威胁，资金的短缺和资源的匮乏是其主要的发展瓶颈，但市场的开拓和渠道的推广正需要大量的资金。选择时机和行业、确定商业模式、筹集资金这些创业环节，无一不蕴藏着巨大的风险，创业的艰难由此可见。当创始人付出的创意和努力都付诸一炬，是否会扼杀中小企业创新的动力，降低创新热情？

在市场经济中，中小企业被大企业收购、合并是正常的市场行为。收购、合并是企业优化资源配置、进行自我增值的一种手段，但这是必须以适度为前提的。巨头企业通过频繁的并购，不断完善自己的生态链，轻而易举地将处于风口上的产品或行业纳入自己的生态系统，进一步增强了自身在市场上的绝对优势。这会导致一种"赢家通吃"的局面，巨头企业的实力不断增强，独霸市场，而留给创新型小企业的市场空间则十分小。在巨头企业的包围下，很多中小企业难以立足和突围。巨头企业往往掌握着上下游的垄断性资源，对中小企业形成重压。新兴的创业型企业在人力、物力、财力均不如巨头们的情形下，如果不与巨头合作，很难真正打入市场。少数几家行业巨头垄断了绝大部分的资源，新兴企业想要独立地快速发展直至足够强大是十分困难的。在中国互联网产业的语境下，中小企业的选择似乎只有两种：融入巨头企业的生态链，在外部资本的加持下扩大规模，快速发展，抑或生活在巨头的阴影下甚至破产倒闭。

巨头企业经过长期的资本和用户积累，再加上人才队伍如技术开发团队的完善，在发现出现在新兴企业中的产品或商业模式创新后，如果有意抄袭，所需的成本很小。一面是行业巨头，实力雄厚，一面是初创企业，势单力薄，要争夺相同的市场领域，谁胜谁负已经很明显了。行业巨头在"借鉴"了新兴企业的产品和商业模式后，凭借强大的技术团队和资金力量，完全有能力在很短的时间内打造一款更好的产品并推向市场，蚕食新兴企业本就为数不多的市场份额。面对行业巨头的"借鉴"，创新型的初创企业显得有些无力。一个好的想法在付诸实践时便被巨头抄袭，由于各方面的实力不能与行业巨头抗衡，羽翼尚未丰满的产品半路夭折。2017 年 9 月 28 日，知乎认证用户以息科技 CEO 发表文章《在今天这个故事里，阿里巴巴就是四十大盗》，称阿里巴巴以合作的名义拿走了他们团队的技术方案后借故拖延合作事项，随后在淘宝 APP 中上线的"智能测肤"模块，全盘抄袭了他们研发的叫"你今天真好看"的 APP。天猫发布《关于"你今天真好看"团队投诉内容的调查及处理》，承认说明文案存在抄袭行为，决定永久下线"智能测肤"功能，但也指出此前与"你今天真好看"团队的商业接触以及最终合作未进行是独立事件，与"智能测肤"项目没有任何关联，更不存在盗取代码的行为。以息科技 CEO 表示阿里巴巴的行为属于诈骗，不接受避重就轻的道歉。事件经过发酵后，另一个创业项目"小鲤鱼育儿"也直称阿里巴巴通过合作的名义骗取技术和创意方案后终止合作。无独有偶，2018 年 2 月腾讯上线的立知 APP 与即刻 APP 的页面、功能定位十分相似，不少网友质疑腾讯团队存在抄袭行为，立知被迫下线。令人惊讶的是，随后即刻 CEO 在朋友圈表示："谢谢大家关心，腾讯是我们的股东，而且也一直对我们帮助很大。腾讯投资部、业务部和法务部都非常友善专业。立知团队也和我们沟通了，中间因为缺乏沟通存在误会，并非腾讯的风格。"广大中小型创新企业要么被行业巨头恶意抄袭模仿，要么被收购，依附于巨头企业而存在，他们如何能够成长起来？初创企业财力、物力、人力相对不足，它们能够利用的优势是创新创意包括商业模式、代码技术方案乃至文案。在互联网行业抄袭成风的情况下，它们的成长空间被严重挤压。

部分巨头企业通过并购、抄袭等方式将处于成长期但已具有竞争威胁的对手扼杀在摇篮里，这种打压和残杀竞争对手的方式，会降低中小企业创新的热情，乃至破坏整个社会创新的氛围，显示出对创新不利的迹象。

3. 资本阴影笼罩下的媒体

从理论上讲，媒体应该对行业巨头的不当行为进行报道，以起到舆论监督的作用。但在现实环境中，常常出现资本操纵媒体的现象，不少媒体成了资本集团的利益代言人和维护者。

在大众的心目中，媒体是"妙手著文章，铁肩担道义"的形象，理应揭露社会发展过程中的不公，对资本集团进行舆论监督，以促进社会的和谐发展。然而在媒介市场化、产业化的背景下，市场化的媒体难以再靠政府的资金补贴生存，市场化改革迫使它们进行激烈竞争，竞争的激烈使原有的利益被同业或者新兴的互联网媒体分摊。媒体的运营逐渐向商业化靠拢，甚至出现了"商业主义统合导致专业主义离场"的迹象。

广告仍然是不少媒体的主要收入来源，虽然大部分媒体的采编部和广告经营部是分离的，但媒体要在市场化环境中得到良好发展在很大程度上依托于所赚取的商业利润，在商业目标的指引下，媒体的采编很难保证不受商业力量的影响。一些巨头企业打着投放广告的旗号，实则利用商业利益关系间接影响甚至控制媒体的采编。企业投放的大笔资金，既是对广告版面或者受众注意力的购买，也是对"媒体不报道企业负面新闻"的购买。俗话说"吃人嘴短，拿人手软"，媒体自然不敢得罪广告主，当发现企业的不当行为，大多选择压下不报道，否则失去的是拥有雄厚资本的广告主，流失的是自身的商业利益。由于媒体自身与资本集团经济体量对比的悬殊，媒体在与广告主的对话中几乎失去了话语权。长此以往，失去了媒体和公共舆论的监督，资本集团是否会更加无所顾忌逐利，罔顾消费者的合理权益和行业的健康发展？

令人担忧的是，不少互联网巨头利用自身的媒体资源，为自己进行形象传播，并不惜代价清除媒体负面报道。互联网巨头企业收购、投资持股的媒体数量之多远超人们的想象，俨然形成了自己的媒体帝国，如百度持有爱奇艺80%的股份；阿里巴巴收购优酷土豆集团，入股华谊兄弟、第一财经、虎嗅网、新浪微博、华数等媒体；腾讯旗下拥有大楚网、大粤网、大申网、大燕网等多个门户网站，并入股财新集团、柠檬影业、知乎。以上仅仅是互联网巨头直接或间接控制的媒体资源的一部分。而且互联网巨头企业所控制的媒体大多是已在社会上有一定影响力和地位的网络新媒体。

在互联网时代，这比传统媒体有更多的传播优势。传统媒体需要依靠互联网巨头的流量入口和技术支撑去进行内容的发布，这使得传统媒体为了扩大自身的影响力不得不与互联网巨头合作，双方成为利益共同体。在双方的利益关系中，传统媒体依赖于互联网企业的分发渠道，无疑处于被动的地位，如此一来媒体的新闻操作难有自由、独立可言。传统媒体的发展受互联网企业的掣肘，合理评判互联网企业的论述便很难出现在新闻报道中。

在某种意义上，这些互联网巨头一方面可以依托自己拥有的媒体资源进行传播和公关活动，推广自身的产品和服务，向大众展现利于企业良好形象塑造的信息；另一方面可利用技术手段如调整算法权重的方式屏蔽不利于企业的负面新闻和评论，以影响舆论走势。需要强调的一点是，这实际上相当于技术赋予了互联网巨头某种议题设置的权力，互联网巨头依托自身掌控的多种媒介资源，可以获得引导网络舆论的主动权。网络公共舆论场域中常常出现网民表达情绪化、群体极化的现象，网络舆论甚至直接推动某些群体性事件的发生。当权力被资本挟持，网络舆论可能会被商业利益集团利用自身的媒介资源有意识地操控，这给政府的网络舆情控制提出了全新的挑战。当网络舆情的管控和引导不到位时，很可能会对民众的政治认同，对社会的和谐稳定发展产生消极影响。也就是说，互联网巨头所掌握的议题设置的权力存在着弊端，甚至蕴藏着某些破坏性的力量。

4. 国家引领，携手前进

经济与政治从来都是密不可分的，经济基础对政治制度、社会文化起着决定性的作用。第二次工业革命后，西方国家经济迅猛发展，生产和资本高度集中，出现了垄断组织，如美国的"八大财团"、日本的"四大财阀"。垄断组织适应了生产社会化的要求，在一定程度上促进了生产力的发展，但随着它们的规模和势力日益增大，控制着国家经济命脉和国家机器，逐渐使资本主义国家成为垄断组织的利益代表。

以史为鉴，我们必须警惕资本形成政治势力后可能发生的后果。正如上文提到，部分巨头企业作为既得利益的获得者，在巨额利润的驱动下，忽视自身的社会责任，侵害普通民众的合法权益。资本的厮杀和追逐，严重挤压了中小型创新企业的生存空间，扰乱市场秩序，显现出对创新不利的迹象，不利于整个行业的长远健康发展。不仅如此，连媒体也被卷入资本的洪流中，巨头企业公关沿着资本进入媒体，间接拥有了影响舆论的权力，对社会和谐和国家安全产生不利影响，给政府的治理带来极大的挑战，并且与国家治国理念相违背。

当今中国正在加快完善社会主义市场经济体制，如何趋利避害，减少资本的趋利性，发挥资本对社会的积极性和推动性，是我们推动改革纵深发展必须要思考的问题。在社会主义市场经济中，我们不是要禁止资本的发展，而是要通过各种手段将资本的负面影响降到最低，发挥其积极作用。国家应充分发挥社会主义核心价值观对资本的引领作用，彰显价值导向。用正确的价值观和人文精神引导资本在社会公平和公共利益上承担更大的责任，维护和发展普通民众的权益。除此之外，国家应出台相应的法律，完善管理办法，加强监管的权威性和震慑力，用法治手段警示、惩戒不良资本，捍卫社会的公平正义，使资本的发展符合法律的规范和社会的需求，让资本沿着合法合理的轨道发展，起到激发市场活力，推动经济发展的积极作用。

以游戏行业为例，2017年中国游戏市场收入达到2036.1亿。中国游戏产业发展迅猛，但是泛滥的不良网络游戏吸引了众多心智尚未成熟的青少年，在吞噬青少年时间和精力使其学业荒废的同时，也催生了扭曲的消费习惯。不少缺少独立经济来源的青少年为了购买游戏中的道具和装备，在短时间内将父母的血汗钱挥霍一空的情况时有发生，甚至误入歧途，选择通过抢劫、盗窃、诈骗等违法行为来获取金钱。温岭一位家长被一则关于17岁少年抢钱充值手机游戏的新闻所触动，写了《被网游毁掉的孩子》一文，发表在《新闻每日电讯》上，后经多方转载在网上引起热议。在这篇文章中，他讲述了他的孩子原本开朗活泼、兴趣广泛，但后因沉迷网络游戏，健康状况直线下降，学业荒废，高考失利，他希望网络游戏厂商能承担起应尽的社会责任，减少不良网络游戏对青少年的毒害。

青少年网络游戏沉迷问题亟待解决，国家相关部门出台了不少规则、政策来规范网络游戏市场，保护青少年的权益。2010 年文化部发布的《网络游戏管理暂行办法》要求网络游戏虚拟货币交易服务企业不得为未成年人提供交易服务；2016 年文化部发布《关于规范网络游戏运营加强事中事后监管工作的通知》，要求网络游戏运营企业对用户进行实名认证，严格落实"网络游戏未成年人家长监护工程"的有关规定，设置未成年用户消费限额，限定未成年用户游戏时间，采取技术措施屏蔽不适宜未成年用户的场景和功能。

游戏企业也采取了一些措施，如推行防沉迷系统，但防沉迷系统实名认证存在漏洞，玩家可以用多种手段进行规避和破解，未成年人通过买卖账号或借用他人身份证甚至自编信息就能轻松绕过限制。面对新问题，游戏企业不应敷衍了事，而应继续跟进，积极响应国家号召，服从政府制定的公共政策，主动担起自己的责任，充分利用其资金和技术，完善防沉迷系统，填补技术漏洞，严格遵守网络游戏监管政策要求，促进青少年网络游戏沉迷问题尽快解决。2018 年，国家互联网信息办公室、公安部、文化部、国家税务总局、国家工商总局、国家新闻出版广电总局六部委表示将共同整治打击低俗炒作行为，对热衷炒作、涉嫌违法违规的各类行为，进行全面排查清理和依法综合整治。国家加大整治互联网环境的力度，内涵段子被永久封停，快手整改，短视频、直播平台纷纷被约谈，责令做出整改措施，加强自我监管。

在国家的规范和引领下，经过整改，企业加大了平台自身内容审核的力度，平台环境得到改善。这些企业应该持之以恒地贯彻落实国家的方针政策，地方政府在扶持龙头企业、拉动区域经济发展的同时，也要加强监管执行力度，继续整治市场乱象，所出台的公共政策不能偏袒相关企业，否则会影响调控效果。

　　十九大报告中明确指出，国家统筹推进经济建设、政治建设、文化建设，防止市场垄断，以及"坚持国家利益至上，以人民安全为宗旨，以政治安全为根本，多谋民生之利，多解民生之忧"。在尊重资本市场价值的同时，政府加强对市场的调控，用好"看得见的手"，防止资本发展的无序化，维护社会主义市场经济的健康发展。相信只要在法律上形成规范，在商业上加强监管，引导和规范巨头企业合理利用资本力量，承担应有的社会责任，不远的未来，社会将会呈现出晴朗的天空！

参考文献

【1】袁勇，王飞跃．区块链技术发展现状与展望［J］．自动化学报，2016，42（04）：481-494.

【2】明宗峰．网瘾是这样炼成的-深度揭露不良网游的陷阱与黑幕［M］．科学出版社．2014.1.

【3】庹祖海．网络时代的文化思维［M］．北京邮电大学出版社．2011.1.

【4】向勇．全球视野下产业融合与文化振兴［M］．金城出版社．2011.5.

【5】吴晓波．腾讯传［M］．浙江大学出版社［M］．2017.1.

【6】向勇．面向2020，中国文化产业新十年［M］．金城出版社．2011.8.

【7】https：//blog.csdn.net/zeb_perfect/article/details/52574915.